PUHUA BOOKS

我们一起解决问题

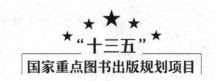

"十三五"
国家重点图书出版规划项目

# 创业孵化管理

## BUSINESS INCUBATOR MANAGEMENT

马凤岭　王伟毅　杨晓非◎编著

人民邮电出版社

北　京

**图书在版编目（CIP）数据**

创业孵化管理 / 马凤岭，王伟毅，杨晓非编著. --
北京 : 人民邮电出版社，2019.7
ISBN 978-7-115-51067-9

Ⅰ. ①创… Ⅱ. ①马… ②王… ③杨… Ⅲ. ①企业孵
化器－教材 Ⅳ. ①F276.44

中国版本图书馆CIP数据核字（2019）第064725号

## 内 容 提 要

我国科技企业孵化器发展方兴未艾，对从业人员的创业孵化服务能力和水平提出了更高的要求。本书从孵化器的基本概念和发展历程入手，在科技企业孵化器的规划创建、组织制度建设、运营管理、市场开发、服务体系建设以及政策支撑等关键层面细细展开，重点突出了孵化器为创业企业提供创业辅导服务、技术创新与投融资服务的具体方法，能够帮助科技企业孵化器从业者建立完善的知识体系。

本书注重将理论知识与经典案例相结合，提供具体的操作工具与参考资料，适合科技企业孵化器的从业人员和科技管理人员参考阅读。

◆ 编　著　马凤岭　王伟毅　杨晓非
　　责任编辑　陆林颖
　　责任印制　彭志环
◆ 人民邮电出版社出版发行　　北京市丰台区成寿寺路 11 号
　　邮编 100164　　电子邮件 315@ptpress.com.cn
　　网址 http://www.ptpress.com.cn
　　北京天宇星印刷厂印刷
◆ 开本：787×1092　1/16
　　印张：17　　　　　　　　　　　2019 年 7 月第 1 版
　　字数：280 千字　　　　　　　2025 年 8 月北京第 46 次印刷

定　价：69.00 元

读者服务热线：（010）81055656　印装质量热线：（010）81055316
反盗版热线：（010）81055315

# 编委会

主　编：段俊虎

副主编：陈晴、孙启新

编　委：马凤岭、王伟毅、杨晓非、刘祯、徐示波

# 编写组

组　长：马凤岭

副组长：王伟毅、杨晓非

成　员：（按姓氏笔画排序）

于乔、王荣、王雪峰、王莹、刘文军、孙晓辉、杨杉、李靖、张静、张倩、
张玮、陈曦、胡波、胡胜全、董博、舒鼎秀

# 前　言

科技企业孵化器（简称孵化器）是对各种类型的孵化器、留学人员创业园、大学科技园、众创空间等创业孵化机构的统称。按照《国家科技企业孵化器"十二五"发展规划》的精神，自2012年开始，全国各地按照"统一教材、统一师资、统一考试、统一发证"的模式，开始了对孵化器从业人员的普遍性培训，使孵化器从业人员的基本素质和能力得到了有效提高，为适应全国"大众创业，万众创新"形势下孵化器的大发展提供了人才保障。

培训教材是培训工作的重要基础。在培训实践中，我们直面孵化器行业中的难点和痛点，结合学员的反馈，不断吸纳科技企业孵化器的发展成果，总结经验，改进培训的体系和内容，充实与提高培训中的实操比例，取得了不错的效果。在培训内部资料多年试用和实践工作基础上，我们根据孵化器从业人员培训班的公益性定位和学员特点，专门编写《创业孵化管理》一书，以便推动培训工作向更高质量发展。

本教材突出了当前对科技企业孵化器从业者知识体系的要求，全书内容架构中既包括了孵化器（含众创空间）的基本概念、发展历程与现状、运营管理、孵化服务体系构建与孵化服务等内容，也涵盖了新的科技企业孵化运营模式、孵化器市场化与国际化发展、孵化器发展趋势与转型升级、孵化与创业政策等内容。在体例编排上，我们注重将常识、技能与经典案例相结合，在讲解基本概念、基本规律和基础技能的过程中，通过经典案例展现相关内容，可以帮助学员更好地理解书中的内容。为便于讲师安排课程，我们将紧密相关的内容组合在一起，在章节编排上尽量做到局部自成体系。在部分章节中还设置了专栏，提供具体的操作工具与参考资料，让学员可以拿来即用。本书各章末还设置了课后思考题。

本教材注重将通用性的基本内容与辅助性的延伸内容相结合，以通用内容为主，既能让学员掌握创业孵化管理的基本观点、基本规律、实用技能，也为学员提供了大量的新理论、新观点、新案例。延伸阅读的内容以专栏等形式进行编排，讲师和学员可以灵活使用。

在本教材的使用方法上，讲师可以采取全面覆盖与重点精讲相结合的方式，重点内容可以分章节详细讲解，以便更好地满足学员岗位工作的需要。

本教材旨在为从事科技企业孵化器运营管理和服务的行业新人提供基本知识和一些操作实务，书中没有如学术著作那样严格列示各类观点和数据的来源，在此谨对那些未标注引用的作者表示谢意。

国科火炬企业孵化器研究中心

2019 年 6 月

# 目　录

1

# 第一章
# 科技企业孵化器概述

## 第一节　科技企业孵化器的诞生与发展

### 一、企业孵化器的国内外起源

#### （一）企业孵化器的诞生及初期发展

1959 年 7 月，美国人约瑟夫·曼库索创立巴达维亚工业中心，初衷是希望解决经济不景气时破产的农机厂房整体出租问题，该中心将农机厂厂房分割成小单元出租给小微企业使用，同时提供共享办公设施、企业管理咨询以及融资顾问服务，这样既满足了招商需要，又帮助了这些企业发展。巴达维亚工业中心开张不到 18 个月就吸引了 24 家企业入驻，得益于巴达维亚工业中心发挥的巨大推进作用，巴达维亚市确实渡过了难关，就业人数回升，经济状况好转，地方税收增加。按照曼库索开玩笑的说法，他就是在为小企业提供一个"孵化器"。"孵化器"这个词经当地新闻报道之后，一个专门协助初创企业发展，与当地风险投资企业一起为需要资金支持的企业提供帮助、为发展顺利的企业提供用于扩展的土地和办公设施的协同模式就此发展起来。

20 世纪七八十年代，由于世界经济普遍不景气，许多西方学者和政治家都在为振兴经济寻找出路，人们越来越重视小企业的发展，特别是创业企业在经济发展中的作用被普遍认可。在美国，为了扶植与培育小企业发展，众多的企业孵化器纷纷建立，1980 年，全美国已有 12 家企业孵化器，1984 年约有 20 家，1987 年约有 70 家。其中，世界第一家科技企业孵化器是 1980 年成立的伦斯勒工业学院孵化器，专门针对科技型初创企业提供服务。截至 1991 年初，美国和加拿大已有 500 家企业孵化器。美国建立了全国企业孵化器协会（National Business Incubation Association，简称 NBIA），将其国内的孵化器组织起来，研讨行业发展问题，同时也吸引世界其他国家和地区的孵化器和相关组织参加他们的年会；他们还出版了大量创业孵化方面的专著。据 NBIA 报告，进入 21 世纪以后，其会员已超过 1200 家。

### （二）企业孵化器在全球的普及

小企业在经济发展中的作用受到各国普遍重视后，企业孵化器作为小企业服务体系的一部分，与其他措施一起，在发展小企业、创造就业机会与促进区域经济方面，形成了一股世界性潮流。

从世界范围看，企业孵化器发展大致可分为四个阶段。从第一家企业孵化器诞生到20 世纪 70 年代是初创期，孵化器的发展主要在美国，处于探索试验阶段。20 世纪 80 年代是发展的第二阶段，孵化器在美国获得进一步的发展。在欧洲、亚洲的许多国家，孵化器也获得认可，并得到初步发展。在欧洲一般称这类机构为企业创新中心（Business Innovation Centres），为潜在的企业家提供支持与服务，包括对企业家进行基本素质和管理技能的培训，以及有关建立企业和准备商业计划的咨询等。企业创新中心在进入运营中期后，应能自负盈亏，以标准化的形式提供一揽子服务与支持，应当具有一套选择企业家的程序。20 世纪 90 年代是第三阶段，这一阶段的显著特点是随着互联网经济的兴起，科技型企业与孵化器的结合更为紧密。进入 21 世纪，孵化器的发展进入到第四阶段，孵化器的国际化特征明显，并在一定程度上形成了竞争态势。

国际组织对全球孵化器的发展起到了积极推动作用。自 1980 年开始，联合国开发计划署、联合国工业发展组织以及世界银行等国际组织，从关注知识转移与创新企业发展、促进就业、发扬企业家精神、弱势群体发展、环境保护以及消除贫困等角度出发，积极在国际上推动企业孵化器发展。一些发达国家的对外援助组织也纷纷帮助受援国建立企业孵化器。继发达国家之后，大量发展中国家也实施了企业孵化器建设计划，企业孵化器已遍布世界各大洲。

世界经验表明，企业孵化器作为一种特殊的社会经济组织形态，对于转化科技成果、扶持新创企业、吸引人才、培育企业家、提供就业机会、减少投资风险以及繁荣区域经济等，具有非常重要的作用。企业孵化器作为一种非常有效的区域经济发展工具，在全世界得到了广泛的应用和推广，建立孵化器促进科技创业活动已经成为全球一致的行动，对全球经济可持续发展将产生深远的影响。

### （三）企业孵化器在我国的产生

20 世纪 80 年代中期，我国开始着手研究企业孵化器这种国际通行的培育小企业和促进科技成果转化的形式。1984 年，一份关于迎接世界新技术革命挑战的对策性文件由当时的国家科委呈报到国务院，提出要在我国有条件的城市试办科学园区，同时提请研究制定科学园区和企业孵化器的优惠政策。1987 年 6 月，武汉东湖创业者服务中心在东湖高新区诞生。当年，国家科委党组部署了国家科委中国科技促进发展研究中心在武汉开展科技创业中心可行性研究工作，并迅速扩展至天津、广州、深圳、上海和西安等城市。

科技企业孵化器全面发展，得益于我国高新技术产业发展计划——火炬计划的实施。1988 年 8 月，经国务院批准，加速我国高新技术产业化发展的"火炬计划"开始实施，在大力倡导建立和发展高新技术产业密集开发区或科技园区的同时，鼓励结合中国国情，建立和发展高新技术创业服务中心——科技企业孵化器，为培育科技型中小企业和高新技术企业提供创业服务，为企业建立和成长创造良好的环境。"火炬计划"的实施标志着中国科技企业孵化器建设列入国家科技产业发展计划。

科技企业孵化器作为"火炬计划"的重要组成部分，承担着培育科技型中小企业和科技企业家的重要使命。不同于国外孵化器，我国的孵化器从一开始就定位于发展高新技术产业，把高新技术成果的转化、高新技术企业的孵化和培育，以及高新技术企业家的培育和培养作为核心任务。这是我国科技发展战略制定者依据改革开放进程，在全面评估我国发展高科技产业后的战略选择，我国高科技产业要"两条腿走路"，即一方面支持和鼓励改组、改造和改革当时的大中企业，使其采用高新技术、开发高新技术产品，从而变成高技术企业；另一方面，大力培育高新技术中小企业，特别是民营科技企业，促使更多的具有自主知识产权的科技型中小企业普遍发展。我国实施了以"科学技术面向经济建设，经济建设依靠科学技术"为方针的科技体制改革，大力扶持科技型企业和民营高科技企业，进一步鼓励科技人员进入市场，动员更多的科学家，特别是中青年科学家面向市场，努力培育有高新技术背景、以发展高新技术产业为目标的中小企业，培育支柱产业，形成富有勃勃生机的高新技术产业群体。科技企业孵化器的发展鲜明地体现了国家的方针政策，激励科技人员勇敢投身经济建设第一线，到市场中去，开创新事业，发展高新技术产业。孵化器要成为高新技术成果商品化的重要基地、高新技术企业的摇篮和培育科技企业家的学校，要给一切响应号召、献身创业的科技人员指出方向，给予激励，传授经验，坚定信心，创造良好的发展环境。

一系列支持和鼓励孵化器建设和发展的行动付诸实施：1989 年 2 月，国家科委火炬计划办公室委托中国科技促进发展研究中心设立"高新技术创业服务中心现状、性质与管理的研究"课题，开始了我国孵化器的第一个专题研究，为促进我国孵化器的建设奠定了科学的理论依据；1989 年 3 月，国家科委在广州举办了首届创业中心主任国际培训班，参加培训班的 20 多名学员中除来自武汉和深圳的学员外，其余都是正在筹建中的创业中心主任，1990 年 8 月，国家科委在北京召开了全国创业中心第一次工作会议，明确了创业中心"服务为主，开发为辅"的基本方针，确定了中国科技企业孵化器初期发展的方向，进而开启了波澜壮阔的中国科技创业孵化事业。

## 二、我国科技企业孵化器的发展历程

我国科技企业孵化器事业的发展，至今大致经历了三个阶段。

### （一）探索发展阶段

1987—1999 年，是我国科技企业孵化器的探索发展阶段。当时，我国改革开放刚刚开始十年，科技与经济还有些脱节，大批科技成果没有转化为现实生产力，民营科技企业发展步履艰难。我国科技企业孵化器依据"经济建设必须依靠科学技术，科学技术工作必须面向经济建设"这一科技工作总方针，致力于"发展高科技、实现产业化"，在火炬旗帜的引领下，唤醒沉睡的企业家精神，激发科技工作者投身经济建设主战场的勇气，为科技成果转化和新兴科技企业生长提供了良好的土壤。到 1999 年底，全国共建立了 117 家企业孵化器，其中绝大部分是依托当地高新区或者是由地方科技主管部门建立的综合技术孵化器。

这一阶段，我国突出政府为主的榜样示范作用，以地方科委和高新区兴办的综合技术孵化器为主体，绝大部分是自收自支的事业单位，由各级政府、科委和高新区提供场地、资金和条件，为孵化企业提供尽可能的政策扶植、孵化场地、共享服务设施，以及包括资金筹集、市场开拓、人员培训、咨询诊断、信息网络、公共关系等在内的孵化服务，减少了企业的创业风险，提高了企业的成活率，形成创业企业发展所需的"局部优化环境"。同时，科技企业孵化器推动建立了以企业为主体的科技成果转化机制，把技术、人才和市场紧密联系在一起，鼓励企业以市场为导向，开发有良好市场前景的技术和产品，尽快完成中试、批量生产，积极培育和开拓市场，并以市场的发展带动科技成果的商品化、产业化，提高科技成果转化率，培育了一批机制灵活、技术先进、人员素质高的高新技术企业。孵化器适应了我国大力发展高新技术并加速其产业化、实现经济增长方式转变、发展多种所有制形式的要求，为解决长期困扰我国的"科技与经济脱节"问题提供了有效手段。

这一阶段，我国孵化器的倡导者、政策制定者和实践者提出了"服务为主，开发为辅"的基本方针，勇敢摸索符合我国国情的孵化器发展模式。一方面，努力将孵化器办成"科技企业的摇篮、科技企业家的学校"，孵化企业，孵化企业家，体现孵化器的社会公益性质；另一方面，面对孵化器缺乏场地和运转资金等困难，大胆尝试房屋租金以外的孵化基金投资、担保基金以及共享产品销售等资金回报渠道，以保证组织可持续发展。这种早期自发的"开发"行为，为日后建立服务规范和商业模式打下了基础。

这一阶段，我国孵化器初步形成规模，为快速发展奠定了基础。据1996年对我国70家孵化器进行的统计，孵化场地总面积达56.6万平方米，培育高新技术项目3000多个，在孵企业年总收入达36.3亿元，其中上亿元的企业达10多家，成为高新区的骨干企业。这些企业群体形成了当地新的经济增长点，为地区产业结构调整、缓解就业压力提供了有力的支撑。1997年，国家科委认定了首批9家国家高新技术创业服务中心。

这一阶段，国家科委召开了三次全国创业服务中心工作会议，总结出政府支持是孵化器发展的首要因素等发展经验和教训，明确了孵化器作为发展我国民族高新技术产业的重要基础性措施的作用和地位，提出了坚持为高新技术产业进行技术创新服务，促进高新技术成果转化、培育科技企业及企业家的战略方向。

### （二）蓬勃发展阶段

2000—2013年，是我国科技企业孵化器的蓬勃发展阶段。企业孵化器的数量从2000年的137家增长到2013年的1467家。在这一阶段，我国市场经济体系进一步完善，国家和各地方将孵化器的定位进一步提升为创新成果的重要转化载体，连接知识创新源头和高新技术产业的重要社会经济组织，孵化器已成为国家科技创新体系的重要组成部分，并且全面融入我国科技经济与社会事业发展，成为一种有利于高新技术产业发展的国家公共基础设施。在这一时期，我国也更加强调孵化器对培育科技型中小企业，提高我国自主创新能力，促进社会经济发展等方面的重要作用。"鼓励创新、宽容失败、不断探索、追求卓越"的创新创业文化开始形成。2007年财税部门开始对符合条件的科技企业孵化器实施税收扶持政策。

这一阶段，我国孵化器遵从社会主义市场经济发展规律，充分发挥市场配置资源的基础性作用。国有与民营企业、创投机构、专业科研机构和大专院校等各类主体进入创业孵化行业，孵化器从中心城市向有条件的市区县等基层辐射，实现了创新创业与当地资源、产业方向和创业者需求的有机对接。地方行业组织开始建立并发挥作用，行业管理更加体系化。孵化器发展呈现出了多元化、专业化、网络化、国际化和市场化的特征，孵化器为科技企业和创业者在构想、研究、开发、生产、销售直至企业包装、上市的创业过程中提供了更大范围、更高层次的服务，孵化质量大大提高，从而提升了创业企业的成功率。

在这一阶段，形式多样、适应各类创新创业主体需求的、富有特色的孵化器不断涌现。一批针对软件、生物医药、新材料、高端制造、多媒体、工业设计、环保、集成电路设计和农业高新技术等行业的特色鲜明的专业技术孵化器应运而生。孵化器在孵化条件、服务内容和管理队伍上更加专业化，更加有利于孵化企业的市场开拓和规模发展。留学人员创业园开始大量建设，为留学归国人员创业提供全过程、全方位的服务，很好地促进了留学人员回国创业热潮的形成。依托高校创办的大学科技园/孵化器呈现良好的发展态势，在加强大学科技成果转化、培育创新创业人才等方面发挥了重要作用。国际企业孵化器开始建设，孵化器初步显现国际化发展趋势。

国家对孵化器的运行质量提出了更高的要求。科技部相继出台《关于加快高新技术创业服务中心建设与发展的若干意见》《中国科技企业孵化器"十五"期间发展纲要》和《关于进一步提高科技企业孵化器运行质量的若干意见》，提出要正确处理孵化器硬件与软件建设的关系、正确处理经济效益与社会效益的关系；围绕建设高新技术创业服务体系，推出了建设公共技术设施平台等举措。科技型中小企业技术创新基金开展了依托孵化器，对初创期的科技型中小企业进行小额资助的试点工作。各地方政府也相继出台了许多专门针对企业孵化器发展的法规和文件，有力推动了全国孵化器的迅速发展。

这一阶段，我国孵化器数量迅速增长，实力大大增强。我国孵化器的增长率在2000年末出现了明显提速，数量和规模仅次于美国，排名世界第二，位居发展中国家之首。越来越多的孵化器依托信息网络等现代技术为企业服务。以上海、北京承办的面向发展中国家的企业孵化器国际培训班和西安APEC企业孵化器管理培训中心为标志，我国开始向发展中国家输出孵化器建设和管理经验，并赢得了良好的国际声誉。

这一阶段，我国孵化器服务进一步深化。"十一五"期间启动的中国火炬创业导师行动，形成了"创业导师＋辅导员＋联络员"三级辅导体系，根据孵化企业的实际需求，开展企业成长促进服务，推动了被辅导企业的快速成长；"孵化器＋天使投资"模式进一步促使技术与资本相结合，形成投资人、孵化器和孵化企业的利益共同体，这样既解决了创业企业的融资难题，又为孵化器可持续发展提供了新的商业模式选择。同时，学术界对孵化器发展的关注度显著提升。

这一阶段，孵化器形态不断创新发展，我国依托孵化器设立了一大批大学生科技创业见习基地，强化了孵化器与大学的战略合作，形成了带动大学生以科技创业促进就业的创新模式；出现了孵化活动向前延至创业活动的酝酿阶段（"创业苗圃"），向后延至创业企业的成长阶段（"企业加速器"）；以东湖创业街和成都天府新谷为代表的社区孵化苗头初现；由一家富有经验和基础稳固的孵化器衍生出多家专业孵化器的"一器多基地"模式在各地兴起。

（三）迅猛发展阶段

2014年至今，是我国科技企业孵化器的迅猛发展阶段。孵化器的数量从2014年的1700余家增长到2018年的4849家，孵化场地面积1.32亿平方米，在孵企业20.6万家，创业带动就业290多万人。

这一阶段，"大众创业、万众创新"浪潮涌动，各类社会主体投身创新创业事业，推动众创空间建设，形成了一批低成本、便利化、全要素、开放式的创新创业平台，有效降低了大众参与创新创业的门槛，极大激发了国人的创业潜能。到2018年底，全国纳入火炬统计的众创空间有6959家，提供了129.5万个开放式工位，服务41.4万个创业团队和初创企业，实现了创新、创业、就业的有机结合与良性循环。在"双创"战略与政策激励下，得益于孵化器、众创空间等创业孵化机构的推波助澜，我国的科技创业大潮汹涌而起。

这一阶段，我国的创业孵化在科技服务业中成为亮点。孵化器的发展原则，从政府主导开始转变为政府引导，即在充分发挥政府引导作用的同时，发挥市场配置资源的决定性作用。同时，非营利组织性质的孵化器也更多采用市场机制服务企业。孵化器的管理体制和运行机制进行着全面、深刻的改革创新，在许多方面突破了原有体制机制对科技创业和技术创新的束缚，实现了投资主体多元化，经营机制的企业化运作方向愈加明显，市场成为了调动和配置科技资源的主要手段。在此阶段，创业孵化行业特征凸显，以专业孵化为引领，形成了具有相当规模的科技创业孵化机构群体，并形成了相当规模的专业化从业人员队伍。在国家产业结构调整指导目录的鼓励类产业中，高新技术创业服务中心被列入科技服务业包含的子产业，2014年10月，国务院印发《关于加快科技服务业发展的若干意见》，提出重点发展创业孵化等八项专业科技服务和综合科技服务，提升科技服务业对科技创新和产业发展的支撑能力。创业孵化业正在构建以专业孵化器和创新型孵化器为重点，以综合孵化器为支撑的创业孵化生态体系，为我国创新型经济发展提供强大助力。

# 第二节　科技企业孵化器的基本概念

## 一、科技企业孵化器的概念、宗旨与功能

### （一）科技企业孵化器的基本概念

根据科技企业孵化器的功能、作用以及提供的服务等，我们可以从多个方面描述企业孵化器。

鲁斯坦·拉卡卡在联合国开发计划署出版的相关文献中对孵化器所作的定义是比较全面、完整的，他认为企业孵化器是"**一种受控制的工作环境**。这种环境是专为培养新生企业而设计的。这个环境中具备一些条件来训练、支持和发展出成功的小企业家和获利企业。这个环境有许多明显的特点：这里的企业是经过审慎选定的，它们是处于早期或初创阶段并具有发展潜力的；这里给每个承租人提供工作空间，分配企业运作所需的设施，如通信和管理设施；提供负责训练、开发和帮助新创业者的管理小组；提供关键的专业性服务，如法律和财务上的帮助；提供小企业负担得起的租金和服务费用；在孵化器中居住3~4年后，创业者可以取得毕业资格。虽然国家和地区政府机构通常都会帮助建设孵化器的设施并支持它初创时期的运作，但孵化器本身一般要作为企业自主经营，要有在创立数年后达到财务自立的计划"。孵化器是一种服务设施，通过孵化器人员及其联系网络提供一系列的支持性资源和服务，帮助企业克服初创期和成长期的困难，加速企业发展。

美国全国企业孵化器协会从功能的角度认为，孵化器培育新生的公司，帮助它们在最容易夭折的初创时期得以存活和发展；孵化器为创业企业提供现场管理支持和资金渠道，让初创企业共享办公设施、设备渠道和工作空间，对企业进行商业和技术上的专业指导。欧洲的主流观点认为，企业孵化器是新生企业的聚集地，通过提供共享设施、管理支持和工作空间，提高企业的成活率。

我国科技部相关文件指出，科技企业孵化器（含众创空间等）是以促进科技成果转化，培育科技企业和企业家精神为宗旨，提供物理空间、共享设施和专业化服务的科技创业服务机构。孵化器是国家创新体系的重要组成部分、创新创业人才的培养基地、大众创

新创业的支撑平台。

上述定义虽然在文字表述上有差异，但本质上孵化器就是围绕创业活动提供孵化服务的组织。

（二）企业孵化器的功能、特征

**1. 孵化器的目标**

在我国，孵化器建设的总体目标是落实国家创新驱动发展战略，构建完善的创业孵化服务体系，不断提高服务能力和孵化成效，形成主体多元、类型多样、业态丰富的发展格局，持续孵化新企业、催生新产业、形成新业态，推动创新与创业结合、线上与线下结合、投资与孵化结合，培育经济发展新动能，促进实体经济转型升级，为建设现代化经济体系提供有力支持。

发展科技企业孵化器的具体目标，就是依靠国家制定的有关政策和各级政府提供的必要条件，创造局部优化环境，以服务为宗旨，为新创办的科技企业提供综合服务，帮助新创企业完成创立过程并克服各种瓶颈和管理障碍，加速企业成长，促进产学研结合和技术创新，培育新的经济增长点，促进经济结构转型，加速高新技术成果的商品化，为社会创造财富和就业机会，培育创业文化，促进区域经济持续稳定增长。通俗地讲，就是培育科技企业和企业家，将孵化器办成有发展潜力的科技型企业的摇篮、未来企业家的学校。

**2. 孵化器的功能与作用**

孵化器的主要功能是围绕科技企业的成长需求，聚集各类要素、资源，提供创业场地、共享设施、技术服务、咨询服务、投资融资、创业辅导、资源对接等服务，降低创业成本，提高创业企业存活率，促进企业成长，以创业带动就业，全面激发社会创新创业活力。

孵化器是专为培养初创企业而设计的一种优化环境，创造条件来训练、支持和发展小微科技企业。对于创业者和创业企业成长来说，孵化器具有保护、支持、调节和加速四方面的功能，是促进创业企业发展的功能载体。

首先，受传统观念制约和改革进程所限，我国仍处于建设"创业友好型"环境的发展阶段，孵化器能够创造局部优化的、减少各方面干扰的环境，这对初创企业的成长至关重要，保护弱小的初创企业是孵化器的重要职责。

其次，孵化器支持初创企业成长，为初创企业提供工作空间、优质设备和办公服务，分配企业所需的公共设施，提供业务咨询和专业服务，创造舒适的商务环境，形成并保持良好的创业氛围。

再次,调节就是帮助创业者和初创企业协调政企、银企、介企、投企、校企、研企和企业与企业之间的关系和资源分配,帮助初创企业更好地获得外部资源。

最后,具有较强创业导师队伍和天使投资功能的孵化器具备较好的加速企业成长功能,就是以咨询、股权投资、客户市场等为杠杆,塑造企业战略和经营方式,能够使初创企业根据发展需求灵活调整创业方向、理顺创业团队关系、重组业务结构等,加速其成长。

基于上述功能,孵化器对多方面创新创业主体发挥着重要作用。

初创企业可以在孵化器的帮助下降低启动成本和创业门槛,避开陷阱,节省时间,提高成功率;可以通过孵化器,接近社会资源,获得政府支持;可以取得良好声誉和合法身份,增加企业的价值。

大学和科研院所可以通过孵化器加强与企业界的联系,孵化器为其提供了获取市场知识或技术诀窍以及获取专利转让费的机会,能够为在校学生提供创业见习机会和工作岗位,为大学教职员工、科学家、工程师提供创办企业的机会,使社会能够从对大学与研究机构的投资中获益。

对于创立孵化器的大企业来说,孵化器有助于其发展新产业、新事业,创造新的合作关系。创业企业为大企业提供了对创新产品的投资机会并可能成为大企业的供货商,让大企业找到新的成长点。大企业可以利用孵化器衍生出新企业,开发新产品,使其与企业共存,成为克服"大企业病"的良方。

风险投资公司运营孵化器有助于弥补投前投后管理的不足,降低投资风险,把孵化与投资业务结合起来,从初期开始培育自己的投资对象,近距离观察创业企业的发展情况,适时投资进入和退出,从而获得高收益、高回报。

对于科技主管部门来说,孵化器可以不断培育创新产品与服务,促进科技成果转化和技术创新,促进科技型中小企业发展,培育战略性新兴产业的种子。孵化器还可以吸引与培育创新型人才,包括吸引留学人员回国创业,促进整个国家向创业型社会转变,促进创新型城市、创新型国家建设。

对于地方政府而言,支持科技企业孵化器发展能够实现增加就业、促进科技成果商品化、促进区域发展与出口等目的,同时政府又能以税收形式获得直接的经济回报。

**3.孵化器的特征**

每一类组织都具有自身的特定特征,使其有别于其他组织。

孵化器具有如下几类特征。

一是有孵化场地与公共设施，而且这种供初创企业使用的场地是弹性的共享空间；二是面向特定的服务对象——新创办的科技型中小企业；三是能提供以企业发展服务为核心的孵化服务；四是具有服务导向，具备拥有复合型专业知识和能力的服务团队；五是结合外部环境与政策制定了符合自身特点的孵化服务制度。

我们判断一个机构是否是孵化器，不看机构名称中是否有"孵化器"字样，主要看它是否具备这几个特征。

孵化器特征的外在表现为：孵化器管理团队是由熟悉科技发展和企业成长的人员组成的，且在人员数量上能够保证孵化企业所需；除了基本物理空间和共享设施外，专业孵化器还应具备与其专业方向一致的开发、测试等共享技术服务平台；要具有一定的孵化资金，要能提供降低企业创业成本、促进企业发展的融资渠道，帮助企业度过初创期的"死亡之谷"；与大学和科研院所等研究机构紧密联系，保证孵化企业能够得到源源不断的技术支持；所孵化的企业是科技创业企业，具有显著的成长潜力；当孵化企业具有一定的独立发展能力后要毕业并离开孵化器，然后孵化器再吸纳新的创业企业入驻，形成新创企业和毕业企业的孵化循环，孵化时间通常为3~5年；及时迁出无法取得毕业资格的企业，将孵化资源提供给其他有发展潜力的新创企业；与当地其他相关的科技服务组织有紧密联系，以保证更有效地利用社会资源为孵化企业发展提供服务；不论以何种组织形式存在，孵化器本身都应该被当作企业来经营，向孵化企业提供增值服务，并获得相应的服务收益，从而保证孵化器的良性循环和可持续发展。

**4. 孵化器的本质**

目前，孵化器被看作准公共产品的观点已得到普遍接受。因此，孵化器具有特殊的双重属性，即社会公益性和经济营利性。社会公益性是其本质属性，是孵化器产生和运行的根本出发点，是"政府工具箱中得心应手的工具"，用于纠正"市场失灵"，激励创新、鼓励创业。经济营利性是其衍生属性，是维持孵化器可持续发展的条件。保持社会公益性是孵化器实现经济营利性的前提，维持经济营利性是孵化器实现社会公益性的基本保障。

## 二、科技企业孵化器的类型及特点

### （一）基本类型划分

依据不同的划分标准，我国的科技企业孵化器类型可以进行如下划分。

（1）按孵化的行业或技术领域，可以将科技企业孵化器分为面向各类技术领域创业的综合技术孵化器，以及面向特定行业或技术领域创业的专业技术孵化器，如生物技术孵化器、软件园等；

（2）按投资主体分类，可以将科技企业孵化器分为政府投资的孵化器、企业投资的孵化器、大学孵化器、研究院所孵化器，以及内资孵化器、外资孵化器等；

（3）按认定层级分类，可以将科技企业孵化器分为国家级孵化器、省（自治区、直辖市）级孵化器，以及市县级孵化器；

（4）按孵化的特定群体划分，可以将科技企业孵化器分为国际企业孵化器、留学生创业园、青年孵化器等；

（5）按孵化器本身的所有权性质分类，可以将科技企业孵化器分为事业单位孵化器、国有企业孵化器、民营企业孵化器等；

（6）按代理契约关系分类，可以将科技企业孵化器分为营利性孵化器与非营利性孵化器。孵化器的这种分类以创办人是否要求分配利润为划分标准，反映了创办人的根本目的和要求，决定着孵化器根本的制度模式；

（7）按孵化器的空间分布结构来划分，可以将科技企业孵化器分为拥有单一孵化器空间的单体孵化器，以及孵化器空间布局呈多点分布的网络型孵化器。

>> 延伸阅读

除了专门孵化科技企业的孵化器，还有这样一些孵化器：

为初创企业提供基本商业化条件、接受各种企业入驻的一般性质的孵化器；

专门为创造新的就业机会服务的孵化器，即在国外非常普及的就业型孵化器；

赋权型孵化器（"赋权"的意思是使人更有能力、更有信心），这里指专为某些弱势群体提供服务的孵化器；

虚拟孵化器（无墙孵化器），是指那些不是基于物理设施的，只是通过计算机和通信网络为企业提供孵化服务，而无需把这些企业吸纳到孵化器里边来的孵化器，因而只需较低的费用。虚拟孵化器被认为是在关键性资源不足的地区，服务于中小企业的可行之路；

互联网公司孵化器（Dot.com Incubator），诞生于新经济浪潮中的美国，拥有强大的风险投资支持和较短的孵化周期（从2~3年缩短到几个月），因此也叫加速器（Accelerator）。这种孵化器大都是营利性的，有着高风险、高死亡率的特点，2000年"互联网泡沫"后其数量锐减。但"加速器"这个名称被赋予了新的内涵，是指那些通过大量募集创业项目，对其筛选后给予短期小额投资等服务后希望快速变现的孵化器；

衍生孵化器（Spin-off Incubator）是指推动衍生创业活动，鼓励内部创业、外部联合的孵化器。例如，海尔等大企业孵化器、大学与研究院所的孵化器也属此类。

### （二）典型孵化器的基本特点

这里，我们简单概述几种典型孵化器的基本特点。

➢ 综合技术孵化器面向各类技术创业企业，提供物理空间、办公设施和各类基础服务及增值服务。我国最早建立的孵化器大多是综合技术孵化器。

➢ 专业技术孵化器仅面向特定行业的技术创业企业，一般拥有专业性较强的管理和服务团队，建立有为孵化企业提供试验、检测等技术服务的公共技术服务平台，匹配专业化的创业投资。

➢ 国际企业孵化器专为国外中小企业和研发机构到中国发展而创立，同时提升我国中小企业的国际化水平，在孵化器内促进国内外企业的合作。国际企业孵化器的管理团队应具备国际化素质与能力。

➢ 留学生创业园是专门为在国外留学的中国学者回国创业而设立的，一般依托优惠的政策体系吸引留学人员回国创业。

➢ 海外创业园一般是由我国创业孵化机构在国外设立的孵化器，便于我们利用两个市场、两种人力、两方资源，孵化成功的企业也更加国际化，能够促进我国经济与世界经济的深度融合。

➢ 大学孵化器一般由大学投资兴建，也有一些是大学科技园或其组成部分。虽然有些大学孵化器不一定是专业技术孵化器，但一般都具有较强的专业背景，与大学共享专业设施等资源。创业者可以来自校内外，但以校内师生为主。

➢ 研究院所孵化器主要服务于院所自身科研成果的转化，利用院所拥有的物理空间，管理服务团队由院所派出，与院所共享专业设施等资源。虽然这类孵化器也吸纳外部创业者，但以院所有组织的内部创业、科研人员衍生创业为主体，一般为专业技术孵化器。

➢ 非营利性孵化器是创办人仅以实现社会公益目标为目的创办的孵化器，即使孵化器利润丰厚，创办人也不得分配利润。我国事业单位性质的孵化器和民办非企业孵化器都是非营利性孵化器。一般来讲，事业单位性质的孵化器是由地方科技部门或高新开发区管委会主办的，他们与上级机关关系密切，执行上级机关的指示，人员特别是主要领导是由上级机关安排任命的，日常活动受政府机关的支持和约束都很大。

➤ 营利性孵化器是创办人以最终获取经济收益为目的而创办的孵化器，尽管可能因当期亏损而无利润供股东分配，或股东决定暂不分配盈利。国有企业和私营企业性质的孵化器都是营利性孵化器。相比事业单位孵化器，企业性质特别是私营企业性质的孵化器决策机制更灵活、行动更迅速。

# 第三节　科技企业孵化器的创新发展

科技企业孵化器紧密围绕科技创业活动展开孵化服务，新时期我国科技创新创业事业发生了深刻变化，科技企业孵化器也在不断创新，在服务内涵上前伸后延，产生了创业苗圃、加速器，以及众创空间等新发展形态。

## 一、科技企业孵化器创新发展的几种形态

### （一）创新发展的依据与遵循

"孵化"的本质是创业服务，即孵化器聚集创新创业资源并将资源提供给创业企业。孵化器创新发展的依据是对创业活动规律的认识和把握，从而更好地为创业活动提供服务。孵化器在服务内涵上前伸后延，围绕着创业企业成长生命周期规律展开，将孵化器原有服务拓展到创业活动的全过程；同时，孵化器服务延伸也是为了适应我国数量众多、日益活跃的科技创业企业对差异化孵化服务的需求。

企业成长生命周期理论揭示出，企业成长开始于创意的概念阶段（称为孕育期），经历创业期、成长期，直至进入平稳发展的成熟期。孵化器的原有服务专注于企业初创与存活，对创业阶段处于孕育期以及成长期的企业缺乏有效服务手段。在总结孵化器实践经验和借鉴国际经验基础上，《国家科技企业孵化器"十二五"发展规划》提出"注重科技创新创业的全链条孵化"，围绕科技创业成长不同阶段配置所需的各项资源要素，依托"创业苗圃"和"加速器"向前后延伸孵化服务，从而将孵化活动更好地对应并服务于创业活动的全过程。图 1-1 显示，全链条孵化完整地覆盖了企业孕育期、创业期和成长期这三个创业阶段。

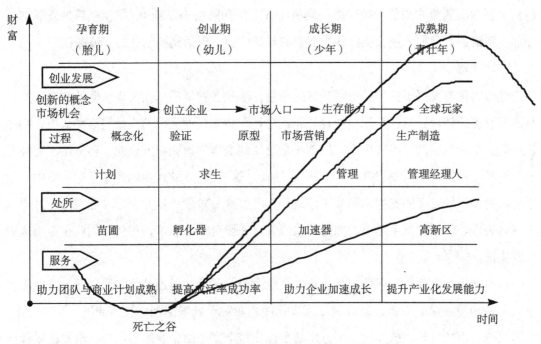

**图 1-1　企业创业成长与科技创业全链条孵化模型**

## （二）我国科技企业孵化器创新发展的几种形态

### 1. 创业苗圃

科技创业者敏锐地发现市场机会、提出创新产品与服务概念，但这远远不够，还要把这样的概念具体化，快速将它转化为一个创新的计划并筹备实施，需要借助自身以外的力量，寻找合作伙伴，确定战略战术，完善设计方案，寻找资金支持。这些环节若无法落实，概念就不会变为企业。

孵化器服务向前端延伸形成创业苗圃，针对性地扮演了启蒙教练的角色，提供相关资源，助力团队与商业计划的成熟，帮助那些潜在的创业者达成创立企业的目标，有些初创企业进入孵化器实施实际创业。因此，实践中，作为创业孵化链条重要组成部分的创业苗圃一般只吸纳不需注册的创业者和创业团队。由于创业苗圃并不需要大的物理空间和复杂设施，孵化器一般会开辟出来一部分相对独立的空间用于创业苗圃，同时将服务向前延伸，实施"预孵化"。

创业苗圃鼓励有创业意向的科研人员、大学生、留学人员等开展创业实习，为尚未注册企业的优秀创业项目和创业团队提供专业、系统的"预孵化"服务，提高创业团队的素质和技能，降低创业成本和门槛，开展选种、育苗和移苗入孵工作。创业苗圃的主要功能包括为创业团队免费或低价提供办公场所（含工位和网络等设施）；提供项目的发展前景评估；聘请创业导师为企业提供各类创业辅导和培训，包括模拟创业的实训课程等。

### 2. 加速器

虽然孵化器充当了科技创业者教练的角色，匹配各种资源从而实现从创业概念到产品与服务原型的转换，帮助初创企业在"死亡之谷"中攀援而上，初步获得市场认可，提高这些创业企业的成活率和成功率，但创业企业要蜕变为快速成长的企业，还有赖于更高级的教练悉心呵护，不仅要将其"扶上马"，还要"送一程"，纳入当地产业发展环境中，给予它们更多市场要素的支持，助其更好成长，度过这一阶段，创业企业才能在国内外市场上崭露头角。从孵化器后延出的加速器就成为这一职责的承担者，担负起创业企业加速成长的重任。

加速器通常以孵化器毕业的高成长性企业为服务对象，通过产业组织创新、资源配置方式创新和服务模式创新，充分满足高成长性企业对于发展空间、技术研发、资本运作、人力资源、市场开拓、国际合作等方面的个性化需求，帮助企业加速成长，培育区域经济新增长点。加速器的主要功能包括为企业提供可租可售的办公场所和厂房；自身具有投资功能；作为第三方服务平台，引入专业服务机构，为企业提供技术研发、市场开拓、知识产权、人力资源、投融资服务，以及并购和上市辅导等定制化的服务。

### 3. 孵化链条

孵化链条建设就是打造"创业苗圃＋孵化器＋加速器"孵化体系的过程，即针对科技企业不同成长阶段的需求，建设与之相适应的以孵化器为核心的不同类型的科技创新创业孵化载体，提供差异化服务，使创业企业能够得到从创业苗圃（如大学生科技创业见习基地）到孵化器、加速器，再到产业园等一系列完整的科技创新创业孵化服务，从而得以在一个体系内将各类资源和服务有效集成，形成适应科技企业发展的完整生态系统，助推企业迅速发展壮大，促进区域经济转型发展。

在孵化链条中，创业苗圃重点孵化创业团队和项目，推动在苗圃内有潜力的团队和项目入驻孵化器；孵化器重点孵化初创期企业，从孵化器毕业的高成长性企业进入加速器；加速器培育从孵化器毕业的高成长性企业，促进企业快速发展壮大。三个部分有效链接，在任务上既有分工又有合作，在服务上既有差异又注重集成，进而形成从项目初选到产业化发展的全链条一体化创业孵化服务体系。

### 4. 众创空间

"十二五"期末，科技部在调研北京、深圳等地的创客空间、创新型孵化器的基础上，总结各地为创业者服务的经验，提炼出"众创空间"这一新概念，来突出界定一大类低成本、便利化、全要素、开放式，实现创新与创业相结合、线上与线下相结合、孵化与投资相结合，为广大创新创业者提供良好工作空间、网络空间、社交空间和资源共享空间的新型创业服务平台，以专业化服务推动创业者应用新技术、开发新产品、开拓新市场、培育新业态。在实践中，众创空间已逐渐取代创业苗圃而更为人们所熟知。本书为了体现孵化器工作的延续性，对创业苗圃和众创空间分别进行了描述。

需要说明的是，人们对于从孵化器基本功能衍生出的新事物有不同的称呼。在有些地方，那些在孵化器基础上有所创新的孵化机构被统称为创新型孵化器；另有一些地方，各类孵化机构又被称为创新创业载体。由于创新创业活动的持续活跃，孵化器基本概念的衍生即功能的延伸与服务的创新还在继续，比如创业大街、创业社区、创业小镇等概念。

## 二、孵化链条建设

全链条孵化注重形成完整合理的科技创业孵化体系，要求孵化器管理人员和服务人员在数量、结构和能力上能满足服务需求，形成一整套科技创业孵化的服务规范和标准。科技创业孵化链条建设要能够满足不同成长阶段的科技企业的需求，聚集各类创新要素，为科技企业提供全方位、多层次和多元化的一条龙服务，营造良好的创新创业生态环境，最终形成组织体系网络化、创业服务专业化、服务体系规范化。

### （一）创业苗圃在孵化链条中的功能和作用

#### 1. 创业苗圃的含义与定位

创业苗圃是指通过提供专业、系统的预孵化服务，帮助尚未成熟的创业项目逐步具备商业价值并成立企业的场所和平台。

创业苗圃通过营造优化的微观创业环境，提供专业系统的"预孵化"服务，旨在扶持尚未成熟的科技创业项目，尝试创业实践，实现智力转化，体现商业价值；使更多具有创业意向但尚未正式启动创业实践的科研人员、大学生和其他潜在创业群体实现创业梦想，通过项目评估、遴选，提供实施创业的必要空间、资源与硬件支持以及科学专业的辅导和培训成为具有一定创业技能的创业人才。创业苗圃建设有助于培训创业精神，促进科技成果转化，降低创业门槛，减少创业风险，强化创业扶持，引导和挖掘更多潜在的科技创业群体。

创业苗圃常常由孵化器作为主要建设者，这使创业苗圃与孵化器在服务对象（准创业者、创业者）、组织使命（鼓励扶持创业、孵化企业）、功能定位（整合创业资源、提供抚育服务）、建设目标（引导扶持创业项目转化为经营运作实体，把创新优势转化为产业优势）以及承担的社会公益责任等方面具有一致性。创业苗圃相对于孵化器存在必然的承接与递进关系，创业苗圃可以为孵化器源源不断地输送优质的创业"种苗"；孵化器则可以适时地为之提供良好的环境，保证"种苗"健康、快速地成长；创业苗圃与孵化器的承接与递进关系可以保证孵化服务的连续性，实现孵化服务的针对性，提升孵化企业的"根植性"，特别是可以充分利用孵化器既有的创业服务资源，体现创业资源使用的集约性。

**2. 创业苗圃的构成要素**

创业苗圃的物理环境

创业苗圃需要拥有专门场地，配备相应资源，确保入驻项目和创业者拥有一定面积的办公空间和商务设施。根据创业准备期的实际需要，并实现创业资源的充分利用，创业苗圃可以采取共享商务区域与独立办公空间相结合的方式，为入驻项目与创业企业提供共享办公桌椅、电话、网络、商务洽谈室、文印中心等配套的基本办公服务设施。

创业苗圃的"专业化"服务

企业苗圃的"专业化"服务是指为孕育期的准创业者提供的"预孵化"服务，主要依据他们通常缺乏创业资金与社会历练、实务操作能力较弱以及市场拓展能力不强等特点，设置具有针对性的培训、辅导和服务平台，为他们提供创业辅导、项目转化、实训体验、资源支持等专业化服务。

创业苗圃的专业支撑

根据科技创业项目通常具有专业性强和跨学科的特点，创业苗圃应积极整合社会创业资源，依托具有相关专业技术背景和管理经验的团队，搭建各类专业技术共享服务平台，为不同行业的创业项目提供专业的技术支撑。一般来说，创业苗圃常常借助建设主体（孵化器、科技园、高校等）已建立的公共技术服务平台供创业者使用，并借助其专业团队提供专业支撑。

创业苗圃的服务团队

为保障创业苗圃的日常运营和可持续发展，创业苗圃应配备一定的专职人员形成专门的服务团队，为科技创业项目提供日常咨询与辅导服务。创业苗圃对入驻项目的服务包括基础服务和重点服务。基础服务由科技创业苗圃服务人员提供，主要包括为入驻项目配备服务"园丁"，进行主动式服务，如通过对在孵项目的走访联络，及时、准确地了解项目进展现状及存在问题；向入驻项目传递国家和地方政府的各项科技政策信息；帮助创业项目充分利用共建的专业技术服务共享平台，协助解决项目发展过程中遇到的各种问题等。重点服务则由与孵化器共享的创业导师专家团负责提供，主要包括为有成长潜力的项目配备拥有创业经验的资深导师，进行综合辅导，为入驻项目出谋划策、指点迷津，诊断辅导和完善创业计划或商业模式，并尽可能在资源上给予支持，帮助创业项目规避创业风险，加快项目有效转化。

### 3. "选种、育苗、移苗"全流程孵化服务

创业苗圃通过"创业种子"遴选机制，定制式、精细化的"创业幼苗"培育以及专业化、创新型的"成长管理"运作体系，展开"选种、育苗、移苗"全流程孵化服务，努力将其培育为创业企业，输送到孵化器继续孵化。

创业苗圃的"选种"

"选种"是创业苗圃全流程孵化服务的首个环节。创业苗圃输入的是创业者的创业计划、创业设想以及知识产权，凡有创业想法并提交正式创业项目计划的创业者都可提出申请入驻。

创业苗圃根据运营规划与经营管理的不同要求确定入驻项目的标准，包括创业者的年龄层次、学历层次、专业领域等各方面的因素。基本条件是：项目团队和入驻申请人具有坚定的创业意愿并做好能力、心理等各方面的准备；申请人应是本项目的专职人员，负责本项目主要的开发和经营管理工作，对项目行使决策权，并承担主要职责；所从事研发、生产的项目或产品应总体符合各省市的产业发展方向，以及通过与传统产业嫁接，可以推动产业技术升级或商业模式创新的其他创业项目。

创业苗圃要对申请人的资质、学习工作经历、创业动机、产品或服务创新性、商业模式、核心优势、短期规划等进行审核，以确定创业者本人的整体素质与项目的发展潜力。符合创业苗圃基本条件的项目，即可入驻。

创业苗圃的"育苗"

"育苗"服务包括硬件环境创业培训、园丁服务与导师辅导等几个方面的内容，服务具有广泛适用的特点。创业苗圃可整合各实施单位的优势资源，规范基本服务的内容，优化服务资源的配置，不断拓展服务的广度与深度。

（1）创业苗圃要为创业者提供良好的"拎包入住"硬件环境，降低科技创业项目前期的运作成本，包括配置电脑、办公桌椅、电话、网络等基本办公设备，共享商务区会

议厅、商务洽谈室、文印中心等设施。创业苗圃还可采取公共空间和独立空间相结合的方式。

（2）创业培训是创业苗圃服务的基础内容，创业苗圃可以自行开发或引进社会专业培训机构或高校相应资源，建立长期的合作关系，共同开发和实施培训课程，以创业者特训营、主题课程及专门知识培训等形式展开，也可以采取素质拓展、模拟实训（含沙盘演练、市场营销、商务谈判模拟等）创业见习等实训形式，使创业者经过一定时期的实训，提高创业技能并获得系统的创业知识。讲师主要由创业导师（主要指具有成功创业经历的企业家）、专业培训师、高校讲师及相关行业专业人士担任。

（3）园丁服务是苗圃孵化的重点。园丁主要由苗圃服务人员担任，负责对创业者和创业项目的一般性辅导，以及与创业导师之间的联络、沟通、协调等基础工作。园丁服务的主要职责有：参与孵化项目的筛选与评定；推进孵化协议的制定与签订；负责孵化项目的日常走访联络（包括定期走访、专题走访和随机走访），提供一般性辅导和持续的跟踪服务，对相关文件撰写的指导，以及在孵化项目与创业导师之间进行协调等。

（4）导师辅导是苗圃孵化的核心。要选择具有成功创业经验，有专业服务技能、愿意为企业提供创业指导的企业家或创业家作为创业导师，对创业项目在成长过程中的难点、瓶颈给出咨询诊断，及时提供针对性的专业指导，为创业者传授企业管理、市场营销、风险防范、团队建设等多方面的宝贵经验。

（5）为创业项目对接天使投资。通过投资路演等活动，与天使基金、风险投资机构、公益基金等多方合作，强化创业者资本运作理念，为有潜力的创业项目寻求投资资金，对接行业优势资源，提供持续的跟踪支持服务。

创业苗圃还可以依托孵化器的相关资源，让创业者共享专业技术平台，并为其提供技术咨询、技术检测、设备租赁等系列化技术服务。

创业苗圃的"移苗"

创业苗圃要对创业项目实施分阶段考核评估，采取定量与定性相结合、定期与不定期相结合的方式，实时监督和判断创业者和创业项目的进展。考核至少每三个月一次，与入驻苗圃时孵化协议中确定的每一个进度节点对应，以掌握项目的成熟度，并确定项目是否应提前移出、中止孵化或申请成立公司等。

一旦创业项目的各方面发展成熟，苗圃即应与孵化器接洽，在孵化器中正式成立创业公司，由孵化器接手新一阶段的孵化服务。苗圃园丁应负责向孵化器相关服务人员介绍创业者和创业项目的详细发展情况，并转交创业者和创业项目档案。苗圃园丁要对移苗到孵化器的项目进展情况实施跟踪，分析研判苗圃服务的成效，从而为更多的创业者和创业项目提供更好服务。

（二）加速器在孵化链条中的功能和作用

在链条孵化中，加速器以孵化器毕业的高成长性企业为主要服务对象，通过产业组织、资源配置方式和服务模式等方面创新，充分满足高成长企业对于发展空间、技术研发、资本运作、人力资源、市场开拓、国际合作等方面的个性化需求，帮助企业加速成长，培育区域经济的新增长点。

加速器的主要功能包括为企业提供充足的办公场所和厂房；自身具有投资功能；作为第三方服务平台，引入专业服务机构，为企业提供技术研发、市场开拓、知识产权、人力资源、投融资服务，以及上市和并购辅导等定制化的服务。

**1. 加速器的含义与定位**

我国孵化链条中的加速器是指以具有一定规模的高成长性企业为主要服务对象，通过专业服务与服务创新，充分满足高成长性企业对空间、管理、服务、合作等多方面的个性化需求的新型空间载体，是孵化器功能和服务的延伸和扩展。

首先，我国的加速器适应了孵化器毕业企业的需求。孵化器虽然在规定时限内实现了对创业企业的孵化培育，毕业企业走出了"死亡之谷"，初步形成了自我生存和发展的能力，但这只完成了创业过程的一部分。这些年产值在 2000 万元到 2 亿元之间，"个头不大，跑得快、跳得高"的瞪羚企业，对办公与生产空间的需求面积一般在 500 平方米到 20000 平方米，但尚没有一种服务载体能满足其需求。因此，孵化服务应向后端拓展，为毕业企业提供产业化发展所需的物理空间、风投资金、上市辅导，以及市场与社会资源等延伸服务。加速器可以巩固企业的孵化成效，弥补企业产业化发展资金的不足，使之具备独自抗拒市场竞争的能力，迅速做强做大。

其次，加速器的出现是孵化器商业模式创新的需要。孵化器毕业的高成长性企业对商务服务、金融服务、信息服务、展会服务、财务法律服务、咨询服务等提出了更高的要求，通过建立加速器，提供与之相适应的加速服务，既能够最大程度地满足毕业企业生产空间和经营发展的需求，提高毕业企业对技术与市场风险的控制力，加速企业做大做强，又能够通过市场化的商业服务实现更好的利益回报，同时集聚众多毕业企业的加速器，有助于形成规模经济效益和产业集群，为孵化器的孵化服务提供资金支撑，便于形成孵化器可持续发展的良性循环，突显孵化器在科技服务支撑体系中的核心作用。

最后，加速器是对科技园区运营模式的创新。企业加速器填补了高新区针对企业服务的空白，是在高新区土地资源紧缺条件下加快企业集约发展的重要手段，是使科技企业快速形成主导产业的要求。加速器为高成长性企业提供新型空间载体、服务网络以及个性化的高端服务，充分满足高成长企业对空间、管理、服务、合作等方面的需求，具有很强的集群吸引力和创新网络生态。作为具有产业集聚效应的新型载体和产业组织创新的有效形式，加速器将在很大程度上改变高新区以经营地产、大企业入驻建厂为主的招商模式，而代之以经营房产、大企业入驻带动小企业入驻的新模式，从而促进配套产业发展。

**2. 加速器的建设标准**

（1）战略定位清晰，发展方向明确，主要承担促进科技企业加速发展的职责。

（2）可自主支配的场地面积在 15 万平方米以上，其中加速企业使用的场地占 2/3 以上；除生产性物理空间外，也需要一定的办公面积、会议空间、生活配套设施和"独栋"大楼等；具有足够标准化的和必要的设施，能够针对特定行业需求或能够根据企业需求进行个性化定制。

（3）区位交通便利、自然环境优美；贴近人才密集地区，能够满足企业快速扩张的人才需求。

（4）有独立的管理、服务和运营机构，机构设置合理，运作机构中具有大学本科以上学历的管理人员占所有人员的 80% 以上。

（5）市场化运作能力较强，能够集成、配置市场化资源，有较强的投融资功能，有盈利方式和机制，来自市场的收入要占所有收入的 80% 以上。

（6）企业数量要超过 30 家，企业入驻前的营业收入不能低于 1000 万元。

（7）在加速器内的企业总收入能够保持连续增长的态势，能不断培育出销售收入 10 亿元以上的企业或上市公司。

（8）与加速器紧密合作的中介服务机构超过 20 家，中介服务机构服务能力强，可为企业提供商务、资金、信息、咨询、市场、培训、技术开发与交流、国际合作等多方面的服务。

**3. 加速器的服务**

加速器的服务要满足高成长性企业对配套设施的需求、对政策环境的需求、对投融资服务的需求、对人力资源服务的需求、对专业化研发服务的需求、对市场网络服务的需求等，加速器要能提供更好的商务服务、信息服务、展会服务、财务法律服务、咨询服务等。具体包括基础型、发展型和延伸型三类服务，其中每类服务又包含若干具体内容。

基础型：三个保障

开放的、可快速拓展的空间。高成长性企业对于办公场所，尤其是标准生产厂房存在快速拓展的需求，加速器需要提供足够大而且标准化的发展空间。

优质的、高增值的配套设施服务。加速器的周边环境要基本满足宜居要求，能够配有丰富的商业活动场所、娱乐活动场所，逐步形成浓厚的生活氛围。

优惠的、前瞻性的政策服务。政府相关部门建立集中的、功能统一的"一站式"服务窗口，提供政策信息服务、政策咨询、政策指导以及相关事务代理等服务。

发展型：四大平台

开拓型市场网络平台。市场开拓能力和技术研发能力是企业成长的重要核心能力。加速器能够争取市场关注，整合政府、区域和企业各方面资源，协助企业建立与客户联系的渠道与合作关系。

专业化研发平台。加速器能够整合区内外研发、设计、测试等服务机构，建立服务平台，为高成长性企业提供实验室服务、中试服务、加工服务、测试服务、标准和专利服务等，降低企业研发成本，实现研发资源共享。

规模化融资平台。加速器能够联合担保公司、信用评价机构、银行、创投公司等机构，建立低成本、高效率的担保贷款通道，为高成长性企业提供符合企业发展特点的投融资解决方案。

高端 HR 平台。加速器通过与人才服务中心、人才市场等进行协作，建立若干个针对不同产业需求的人才招聘网络接口，为高成长性企业提供会员制服务；为企业提供全面的人才规划和个人职业生涯规划等服务，帮助企业积极预防人才流失。

延伸型：五类服务

全方位商务服务。加速器主要针对高成长性企业的知识产权、首次公开招股（IPO）、贷款融资、产品或技术的代理经营以及市场流通渠道等，提供高成长性企业所需的商务服务解决方案。

开拓性展会服务。加速器可以与产业协会联合，组织高成长企业参与不同规格的展会进行产品宣传和品牌宣传。

深层次财务法律服务。针对企业成长过程中的知识产权问题、投融资的合法性问题、跨国投资问题、上市企业交易问题、公司内部财务问题等，加速器整合专业服务机构为企业提供相关财务及法律服务。

合作型咨询服务。加速器可以建立专家联系库，甄选相关技术专家、管理专家和战略专家，促成企业与专家的相互交流与合作，为高成长性企业的发展提供高质量的、全面的、可执行的智力支持。

定制的、互动的信息服务。加速器针对不同企业提供时效性信息的定制服务，通过展示板、简报、手机短信、微信、邮件等多种形式快速送达。建立企业间的网络交流平台，会员可以在平台上探讨管理问题、交流生活信息、组织集体活动等。

### （三）孵化链条实践中的问题与解决方案探索

#### 1. 实践中存在的问题

在创业苗圃建设发展中，创业苗圃对科技创业项目的吸引力有待提升，创业苗圃聚集创业者和创业项目的状况还不够令人满意；创业苗圃对创业项目的培育期一般为3~6个月，较短的培育期限决定了创业项目具有较大的流动性，给创业苗圃的管理带来了挑战，创业苗圃在人力、物力等方面的运营成本较高；创业苗圃缺乏相应的服务价值回收机制，可持续发展模式有待探索。

建设加速器的普遍性问题是缺乏土地资源和资金资源，这极大地限制了孵化器的前伸后延服务。

#### 2. 解决方案探索

第一，科学规划链条建设的各个环节，避免盲目建设。要切实结合孵化器的自身条件和现实需求建设链条，科学合理地预期创业苗圃和孵化器（特别是苗圃）实现收益的时间。那些不具备条件的孵化器，不一定要开展链条建设。

第二，清醒认识孵化器自身商业模式的不足，积极学习、充分借鉴优秀市场化孵化服务机构的发展经验，积极探索市场化运营机制，着力补足缺乏价值增值手段这一短板。

第三，孵化链条建设要弥补孵化器自身不足，要将链条的整体收益作为考量孵化活动收益的基础。

第四，注意综合运用孵化器的人力、物力、财力、技术、渠道等资源，避免链条各环节独立作战、单打独斗，合理降低综合成本。

第五，放弃依靠政府运营链条的想法，既不要将政府补贴纳入预算，也不要依靠政府来获取客户，而是要坚定不移地打造自身的核心竞争力，树立品牌形象，提高知名度，凝聚吸引力。

第六，强化孵化器的资源整合能力，突出自身优势，借助政府资源和各类市场资源，加强合作，以合建、联建、租借、先租后买、以租代买、受托管理等形式，突破场地、资金方面的限制建设创业苗圃和加速器，以优秀的业绩，回报链条建设的合作者。

## 三、众创空间的发展

### （一）众创空间的基本特点

众创空间是在创客空间、新型孵化器的基础上提炼出的全新概念，是低成本、便利化、全要素、开放式，实现创新与创业相结合、线上与线下相结合、孵化与投资相结合，为广大创新创业者提供良好工作空间、网络空间、社交空间和资源共享空间的新型创业服务平台。众创空间继承发扬了孵化器培育科技企业和企业家精神的服务宗旨，同时对既有孵化器概念有进一步的拓展。

**1 孵化要素**

在孵化要素上，众创空间突破了传统孵化器的物理空间局限，载体空间弱化，面积可大可小，还可以使用非固定共享工位。众创空间具有轻资产、低成本的特点，仅具有简单实用的设施，特别是互联网设施，其他研发设施大多采用与合作方共享的方式。众创空间注重的是专业化综合服务能力，打造创业者找圈子、找技术、找项目、找钱、找人、找咨询、找代办的创业全要素生态圈。

**2.孵化手段**

在孵化手段上，众创空间突出采用"专业孵化＋创业导师＋天使投资"模式，创业导师与创业者联系紧密，多为一对一型，权利义务责任明确。根据创办者不同的资源优势，众创空间灵活多样地调动在相关技术领域、行业渠道、媒体信息、密集培训等方面的资源，提供互联网创业服务的众创空间，大多实现了线上与线下相结合。

**3.孵化对象**

在孵化对象上，孵化器仅服务注册并入驻的企业，基本不对外部创新创业者开放，而众创空间既吸纳直接注册的创业企业，又吸纳不需注册的创业者、创业团队，体现开放式特点，适应创业活动的大众化、泛在化特点。

**4.孵化管理**

在孵化管理上，众创空间强调由具备创新创业服务能力的专业团队运营管理，重视发挥行业领军企业、创业投资机构、社会组织等社会力量的主力军作用，管理人员大多富有运行企业的经验，专业、行业经验丰富；强调协同与互助机制，通过沙龙、训练营、培训、大赛等活动促进创业者之间的交流，形成行业圈子，共同的办公环境能够促进创业者之间的互帮互助、相互启发、资源共享，达到协同进步的目的，通过"聚合"产生"聚变"的效应；入驻手续简便，体现了便利化的特点。

可见，众创空间是互联网时代的新型孵化器，是推动大众创业、万众创新的新型创业服务机构，是在既有孵化器基础上的前伸和外延，与既有孵化器也有所重叠。它不仅包括了创业苗圃服务早期创业的特征，而且比创业苗圃的外延更宽、门槛更低，更加方便早期的大众创业。众创空间的服务内容更多、服务要求更高，能够为创业者提供创业培训、投融资对接、商业模式构建、团队融合、政策申请、工商注册、法律财务、媒体资讯各方面创业服务。

### （二）众创空间的基本类型与服务模式

众创空间还在不断发展过程中，基本类型不断分化，服务模式也在不断创新。依据现有众创空间的孵化服务模式划分，众创空间可分为：投资促进型、培训辅导型、媒体延伸型、专业服务型、创客孵化型、产业链衍生型、院校平台型、综合生态型等。

**1. 投资促进型**

投资促进型众创空间针对初创企业最急需解决的资金问题，以资本为核心和纽带，聚集天使投资人、投资机构，主要为创业企业提供融资服务，并帮助企业对接配套资源，从而提升创业成功率，典型代表有创新工场、车库咖啡等。

这类众创空间的创办者有的是天使投资人，有的是创业投资机构。他们创办的众创空间并不一定要盈利，而是方便聚集创业者、方便实施投后管理，有利于聚集更多投资人、创业资本和创业资源，通过投资收益实现更好的回报。

---

**>> 延伸阅读——典型众创空间案例：投资促进型**

1. 创新工场

创新工场由李开复博士创办于 2009 年 9 月，旨在培育创新人才和新一代高科技企业，是一个全方位的创业平台，它致力于早期阶段投资，并提供全方位创业培育。创新工场通过针对早期创业者需求的资金、商业、技术、市场、人力、法律、培训等提供一揽子服务，帮助早期阶段的创业公司顺利启动和快速成长。同时帮助创业者开创出一批最有市场价值和商业潜力的产品。创新工场的投资方向立足信息产业最热门的领域：移动互联网、消费互联网、电子商务和云计算。

2. 车库咖啡

车库咖啡由身为投资人的苏菂等人在中关村创办，是我国第一家孵化器式的创业咖啡厅。

---

车库咖啡是以创业和投资为主题的咖啡厅，创业者只需每人每天点一杯咖啡就可以在这里享用一天的免费开放式办公环境。对于早期创业团队来说，车库咖啡也是他们跟其他创业团队和投资人交流的平台，在这里你不仅能够见到许多活跃的创业者，还有可能碰到潜伏在车库寻找项目的投资人或者圈里的各路大佬。车库咖啡不仅是创业者的低成本办公场所，也是投资人的项目库。

### 2. 培训辅导型

培训辅导型众创空间侧重对创业者的创业教育和培训辅导，以提升创业者的综合能力为目标，充分利用其丰富的社会资源，邀请知名企业家、创投专家、行业专家等作为创业导师，为企业开展创业辅导，典型代表有联想之星、亚杰商会、北大创业训练营等。

这类众创空间的创办者拥有突出的培训辅导资源，背后还有强大的创业投资机构。培训只是形式，目的是聚集创业者、筛选创业项目，并在辅导后实施投资，最终实现更好的投资收益。

>> **延伸阅读——典型众创空间案例：培训辅导型**

1. 联想之星

联想之星由中国科学院和联想控股有限公司于2008年共同发起，通过免费创业培训、天使投资、开放平台等扶持手段，致力于发现并培养优秀的科技创业领军人才，为早期科技创业企业提供天使资金，树立并传播科技成果产业化、科技创业的观念，探索适合高科技成果产业化的"三位一体"科技创业孵化模式。

2009年，联想控股出资4亿元人民币设立天使投资基金，主要投资领域涉及移动互联网及其应用、高端制造、新材料、生物医药和医疗器械、节能环保技术，以及其他高增长的新兴领域。为了帮助更多的创业者，2010年联想之星启动了"区域短训班"和"创业大讲堂"。其中"创业大讲堂"是面向当地创业者的千人以上规模的大型活动，与各地为创业企业服务的政府机构合作，由柳传志领衔，参会嘉宾和创业者就具体创业问题展开交流。该活动已在无锡、武汉、成都、北京、天津等地举办多场，并通过网络进行直播，覆盖数万人。

2011年，为了给科技创业者提供持续服务，整合更多有利于创业的政府和社会资源，联想之星创业联盟成立，以联想之星特训班各期学员为主体，与各地政府相关机构（北京、上海、苏州、武汉、无锡、天津、成都、广州等地）、知名投资机构（红杉、KPCB、经纬中国、创新工场、中新创投、金沙江、北极光等）以及社会专业服务机构（上海大学生科技创业基金会、汉口银行、硅谷华源科技协会等）建立战略合作关系，共同为创业企业提供全方位的持续服务。

2012年，联想之星与上海市大学生科技创业基金会、天津经济开发区、苏州工业园区合作，分别在上海、天津和苏州联合设立联想之星创业孵化基地。

2. 亚杰商会

亚杰商会起源于美国硅谷，全称为 Asia America Multi-technology Association（亚美高科技商会），经过 30 多年的成功运作，它已成为美国商界最具影响力的亚裔科技商业协会之一。亚杰商会由一批具有丰富经验和资源的成功企业家、投资银行家、管理咨询专家发起成立，他们抱着对中国未来商业和创业企业极强的责任感和使命感，以自己的资源、经验推动中国科技产业和创业企业的发展、进步。

"摇篮计划"是亚杰商会一项推动中国青年创业家成长与进步的公益项目。从 2006 年开始，商会每年邀请 10 位科技、商业、投资金融界的精英人士作为导师，同时通过多种渠道甄选 20 位富有潜力的创业家，以一对一辅导、讲座培训和集体活动等多种方式，为年轻创业家创造面对面向导师学习的机会，打造了一个导师与学员、学员与学员之间交流分享的网络化学习型组织。亚杰商会已有 98 位导师、214 位创业家进入"摇篮计划"，已先后有完美时空、海兰信、鑫泉物联网、煦联得节能、多玩游戏 YY、兰亭集势（Lightinthebox）、聚美优品等 12 家企业分别在美国纳斯达克、我国的创业板及新三板成功上市或挂牌。该计划融资额超过 380 亿元人民币（不包括 IPO 融资），并有 10 余家企业在上市申请中，"摇篮计划"已成为国内最具影响力的公益性创业家培育、孵化平台。

### 3. 媒体延伸型

媒体延伸型众创空间是由面向创业企业的媒体创办的，利用媒体宣传的优势为企业提供线上线下相结合，包括宣传、信息、投资等各种资源在内的综合性创业服务，典型代表有创业家、创业邦和 36 氪等。

这类众创空间的创办者是传统创业媒体和新媒体资源的所有者，具有较强的资源汇集能力。他们以媒体为平台，通过活动机制筛选出创业资源的提供者和需求者，实施以包括直投、众包在内的服务，从而更好地促进创业发展。

### >> 延伸阅读——典型众创空间案例：媒体延伸型

1. 创业邦

创业邦成立于 2007 年 1 月，由美国国际数据集团（IDG）和清科集团共同投资设立。创业邦致力于成为中国创业类的第一媒体集团，成为中国创业者的社区和自媒体平台，帮助中国新一代的创业者实现创业梦想，推动中国中小企业成长壮大。

作为在中国的创业企业中有着广泛影响力和资源的两家机构，IDG 集团拥有深厚的国际媒体资源和经验，中国的《计算机世界》《IT 经理世界》《时尚》等著名媒体的成功崛起莫不得益于 IDG。

而清科集团则拥有国内最强大的创业投资人关系网络，在创业者中也拥有很强的影响力，曾帮助过众多创业企业成功获得上亿美元的风险投资。双方强强联手，旨在共同打造一个对中国新一代创业者最具吸引力的互动媒体平台。

创业邦已推出创业邦网站、《创业邦》杂志和各种创业类活动。创业邦网站是中国创业者的资讯门户和互动平台，致力于成为中国创业者的网上家园。《创业邦》杂志致力于成为中国创业者的思想乐园和行动指南，为成长中的中小企业提供发展中遇到的各种问题的解决办法。此外，创业邦定期举办创业沙龙、项目展示等各种活动，为创业者提供了可以广泛结识商业伙伴、积累资源、分享他人成功创业经验的渠道；同时作为创业企业自我营销的平台，为创业企业提供了一个可以有效推销自己以及扩大市场影响力的媒体平台。

2. 36氪

2010年12月，36氪作为科技媒体正式上线，专注互联网创业。36氪不仅有备受顶级投资机构关注的高效互联网融资平台（氪加），还有专注于互联网创业项目孵化的氪空间（Kr Space），首创了"不收费、不占股、全球资本、平台服务"的新型孵化器模式。同时，36氪的科技媒体已成为最前沿的科技资讯平台，也是互联网创业者寻求报道、接洽资本的首选入口。媒体、氪加和氪空间三条产品线构成了36氪专注互联网创业的生态圈模式。36氪从4个创始人到现在已拥有上百人的团队，其中90%的员工都是85后，平均年龄25岁，了解年轻人，了解创业者，更了解创投的生态环境。

高效的线上创业融资平台氪加是36氪从创业观察者到践行者的升级，从媒体到平台的延伸。36氪认为，只有存在更活跃、更透明的投融资对接市场，投资人才能够最有效地发现创业者的优秀价值。氪加团队由资深媒体记者、产品技术开发团队、专业财务顾问、数据库人才组成。同时，在这一平台内也活跃着逾千名国内外专业投资人，以及数以万计的互联网创业者。氪加的理念在于，创造一个为创业者展示项目，吸引融资的平台，筛选并匹配优秀专业的投资机构和投资人。已有至少83个项目正在平台挂牌融资，其中30多个已经完成融资，同时在后台申请挂牌的项目也已经超过3000家，这个数字每天都在被不断刷新。

### 4. 专业服务型

专业服务型众创空间依托行业龙头企业建立，以服务移动互联网创业企业为主，提供行业社交网络、专业技术服务平台及产业链资源支持，协助优质创业项目与资本对接，帮助互联网行业创业者成长，典型代表有上海杨浦云计算孵化器、诺基亚体验创新中心、微软云加速器等。

>> **延伸阅读——典型众创空间案例：专业服务型**

1. 云计算孵化器

上海杨浦科技创业中心云计算孵化器，是以"打造移动互联产业、云计算产业为核心的区域创新集群，成为区域发展的创新引擎，并通过对产业链的合理布局，实现对于产业链端企业和创新集群本身的投资价值"为宗旨，以 IT 技术为支撑，以专业市场为引导，以 IAAS、SAAS、PAAS 等不同业务类型的产业集聚为抓手，面向长三角乃至全国的具有示范意义的科技孵化器。2012 年，上海杨浦云计算孵化器根据自身的定位，结合社会资源和政府政策，为在孵企业提供了六类专业服务：云计算数据中心基础服务、云计算实验平台服务、云计算技术人才培训服务、云计算企业投融资服务、房租（宽带费）补贴中的云计算认定服务、云计算企业市场对接服务。这些服务的具体提供模式可归纳为三类：一是整合社会资源，搭建专业平台提供服务；二是结合政府优惠政策，提供云计算技术评定服务；三是发挥自身优势，引导企业市场对接。

云计算孵化器利用自身掌握的企业信息，引导云计算企业形成市场和技术研发的联合体，针对长三角地区及全国的信息化改造和网络建设，为企业提供专业市场对接机会；同时，通过线上企业信息展示平台为云计算企业提供信息交流、取长补短的在线信息对接服务。

云计算孵化器一方面整合社会资源搭建联合供给平台，增加专业服务供给数量，另一方面，通过云计算企业评定，使符合规定的云计算企业获得相关的政策优惠，解决了房租（宽带费）补贴政策的"拥挤性"问题，避免园区企业"搭便车"现象的发生。

2. 诺基亚体验创新中心

诺基亚体验创新中心简称 NEIC，于 2012 年 9 月在北京成立，是通过资源扶助、技术支持、培训服务、交流探讨等方式，为移动互联领域创业者提供全套创业解决方案的平台。NEIC 旨在扶持创业者成长，鼓励并孵化初级创业者向互联网公司迈进，为打造一个软件生态园奠定基础，创建企业与政府双赢发展的模式。

NEIC 的第一个目标是从开发者和创业团队提交的创新想法及应用中遴选出 3000 个创意，并为之提供技术和业务支持，帮助他们将创新萌芽转化为真正的商业机遇；第二个目标是扶持 300 家创业企业，为他们提供加速发展的各项支持；第三个目标是帮助 30 家创新企业上市，通过全方位的紧密合作助力这 30 家公司实现更进一步的发展。

### 5. 创客孵化型

创客孵化型众创空间是在互联网技术、硬件开源和 3D 制造工具基础上发展而来的，以服务创客群体和满足个性化需求为目标，将创客的奇思妙想和创意转化为现实产品，为创客提供互联网开源硬件平台、开放实验室、加工车间、产品设计辅导、供应链管理服务以及创意思想碰撞交流的空间，典型代表有创客空间、柴火空间、点名时间等。

## 6. 产业链衍生型

产业链衍生型众创空间指行业龙头企业将自身的科研与制造能力、管理与市场渠道等创新资源开放共享，鼓励自身员工以创业者身份开发新产品，并吸引外部创客或创业企业开展核心领域外围的应用型技术研发和产业化，丰富与完善产业链，与上下游企业共同打造"研发共同体""应用共同体"，与周边相关企业构筑创业创新生态群落，形成创新创业生态和产业生态，激发全员创新活力，助力实体经济实现转型升级，典型代表有海尔集团、TCL集团、潍柴集团等。

**搭建众创平台，服务创新创业**

——创业教育平台。"海创汇"创建海尔创客学院，开设创业公开课、创业训练营、举办创业大赛，支持小微创业成长。它与北大、清华、山大、麻省理工等国际一流院校，共同发起成立创客训练营、创新创业联盟，累计帮助4万余名创客实现了创业梦想；它发挥海尔大学作用，围绕40余个创业主题，开展了30余场公开课，吸引海内外创客26000余人参加培训，先后组织10期创业训练营。

——创客实验平台。"海创汇"开放集团加工实验资源，建立集研发设计、检验检测、技术优化、产品中试等于一体的开放式创客工厂，为创业者提供中试生产线及各种研发设计资源服务，后与30余家高校共建创客实验室；同时，依托互联网建立了HOPE、模具云等线上交互系统，帮助创客整合技术资源，优化设计；聚集3000名在线设计师、5800余个成果，通过平台展示、交流或再开发；通过HOPE平台吸引技术资源，注册用户达3.5万、解决方案6000余个；开放5280家模块商资源，3839个用户需求，4030个解决方案。

——融资融商平台。"海创汇"设立创客基金和创业种子基金，为创新创业提供资金保障和投融资咨询服务；建立线上线下的众筹、众包服务；依托集团的产业资源，通过3万家线下体验店、3个线上平台、100多家贸易公司，为创业者提供线上、线下的营销服务。

——孵化加速平台。"海创汇"建设创业孵化园区，配置孵化服务和创业导师人才队伍，提供从创业培训到企业注册、人员招聘、财务管理、市场拓展等全流程、一站式服务，该平台举办创业活动58场，通过举办"我是创客"大赛等系列活动，征集了319个高校创业项目。

——资源对接平台。"海创汇"创建了将创业资源和创业者对接的"海立方"线上创业平台。目前，"海立方"线上创业平台共有注册用户178万、1000余个创业项目、5787名合伙人，吸引1331家风投基金、98个孵化器、108个社群组织加入。

**创新众创模式，广开创业渠道**

——集团内部孵化模式。一是与集团主业强相关的创业项目，按照企业占大股＋引入风投＋员工跟投的方式成立A类创业公司，如草根创业的雷神游戏本。二是与集团主业弱相关的创业项目，按照企业占小股＋引入风投＋员工跟投的方式，成立B类创业公司，如开放资源创业的小帅影院。

——脱离母体孵化模式。这是指让创业团队完全脱离集团，自筹资金，借助企业资源自我发展，达标后企业承诺回购的孵化模式。如2014年10月上市的有住网（互联网装修的开创者），推出首款产品百变加，2015年估值达到5亿元。

——众筹创业发展模式。合作伙伴参与众筹，既是股东，又是社区经营者，众筹股份达标后可转化为上市公司股份。如通过众筹4亿元、海尔配套4亿元和阿里共同投资创办的快递柜。

——轻资产小微创业模式。如车小微项目，集团不投资，以轻资产方式，只提供订单、结算、信息化等服务系统。大众可带车抢入，车主即是小微主，在平台上自主创业，目前已有9万个车小微诞生。

——创新生态圈创业模式。通过开放式创新生态圈，集团开放源代码，通过 4200 个在册的研发接口人，吸引全球在平台注册的 15 万合作伙伴围绕创新生态圈实现创业。

**释放政策红利，鼓励创客成长**

"海创汇"平台在为创客们提供个性化、差异化服务的同时，还推出了若干优惠服务政策，帮助创客实现创业梦想。

——基本服务政策。"海创汇"为入驻众创空间的创客免费提供办公场地并使用有关办公设施；帮助入驻项目争取有关政策支持；免费获得 HOPE 技术资讯服务；免费获得创业公开课以及与创业导师、创业成功人士交流的机会；帮助对接海尔生态圈内的基金、供应链、渠道、物流、用户等资源和合作机会。

——增值服务政策。创业者在"海创汇"可优惠获得工业设计、外观设计等深度服务；优先获得海尔天使基金投资；优惠获得 HOPE 技术情报深度服务；优先获得项目路演及投融资推荐机会；有机会利用海尔积累的用户资源、研发资源和物流配送资源；优惠利用供应链资源；优惠获得"创意-设计-制造-销售"全产业要素服务。

## 7. 院校平台型

院校平台型众创空间是科研院所和高校搭建的成果转化平台，有利于开放科研资源，建立成果转化激励机制，调动科研人员转化科技成果的积极性，让科研人员以及其他有想法、有创造力的员工释放活力，实现研究成果与创业企业的精准对接和高效转化，成为科技成果到现实生产力转化的直通车。典型代表有中国科学院西安光学精密机械研究所众创空间、上海工业自动化仪表研究院众创空间、武汉光电工业技术研究院众创空间、北京航空航天大学虚拟现实与智能硬件众创空间等。

>> **延伸阅读——典型众创空间案例：院校平台型**

**西安光机所中科创星**

西安光机所将重点放在推动实现科技成果的产业化上，发起创建了国内首个专注于"硬科技"领域的孵化器——中科创星，是西北地区第一只专注于科技成果产业化的天使投资基金——西科天使基金和"政产学研资用孵"相结合的光电子集成先导院——陕西光电子集成电路先导技术研究院，打造专业化众创空间，已初步形成面向"中国制造 2025"国家战略的光子制造产业集群、面向"互联网+"国家战略的光子信息产业集群和面向民生健康领域的生物光子产业集群。西安光机所孵化高科技企业 120 余家，引进海外高端创业团队 60 个，累计引进 14 名国家"千人计划"人才、35 名"万人计划"人才，新增就业 5000 人；4 家企业在"新三板"挂牌，3 家企业完成股改、即将上市。

西安光机所提出"拆除围墙、开放办所"的理念，成为一个开放的国家科研创新平台，优秀人才都可在这个开放"舞台"上创新创业，发挥才能，激活研究所的活力，释放研究所的科研资源，人才的流动也加速了西安光机所打造国际一流科研机构的进程。

2015年10月，西安光机所联合政府、高校、院所及企业共同发起成立了陕西光电子集成电路先导技术研究院。当时有七八家小微企业做芯片研发却苦于没有设备，而成立研究院后，这里拥有很多专业的实验、检测设备，可以为入驻企业提供芯片样品生产和技术中试平台。截至2018年，陕西光电子集成电路先导技术研究院已引进海内外高端人才团队12个，创办高科技企业12家，正在积极引进海外高端创业团队30余个；初步形成了以光电子集成及下一代芯片为核心的光子信息产业集群。

西安光机所在孵化企业时，坚持"帮忙不添乱""到位不越位"，最大化地释放企业的创新活力。西安光机所积极吸引并扩大社会资本进入研究所参与科研活动，逐渐增加社会资本所占比例。同时，建立适时退出机制，让其始终处于不断创新孵化的"饥饿"状态和激活状态。目前西科天使基金围绕"光电产业""军民融合"两大投资重点，采取"小规模起步，边募边投"的原则，主要投向处于种子期、初创期，且拥有创新技术与创新商业模式的科技企业。

通过"科研人员持股、技术团队持大股"的激励方式，西安光机所参股不控股、孵化企业但不办企业，去行政化，寓监管于服务，让企业成为创新主体，充分发挥企业经营自主权，按照市场需求部署研发计划，改变了科技成果转化的传统路径，实现了国有资产保值增值。

西安光机所以项目团队、企业需求为出发点，在此基础上搭建公共服务平台。通过整合产业链，为企业提供上下端的供应商关系。构建了"网上预约、分时租赁、多品种、小批量、柔性快速可切换"的定制化服务，满足科技型中小企业研发中的需求。

除了产业链的整合之外，西安光机所拥有很好的政府资源以及专业化的法律团队和品牌宣传团队，为企业提供服务和辅导，既有"硬科技"保证其技术领先性，也有产业人脉的铺垫。

西安光机所致力于打造一个开放的研究平台，在摸索中逐渐形成了"人才＋技术＋资本＋服务"四位一体的科技成果产业化及服务模式，搭建起"创业苗圃＋孵化器＋加速器＋VC/PE机构"的全链条孵化模式，构建出集"研究机构＋天使基金＋孵化器＋创业培训"于一体的科技创业生态体系，形成了"人才聚集—资金投入—企业规模化发展—反哺科研"的闭环，打通了科技成果产业化的"接力棒"体系，解决了初创企业缺乏启动资金和科技成果因缺乏转化平台而很难快速转化为产品的创业瓶颈。

### 8. 综合生态型

综合生态型众创空间以联合办公空间为平台，建设基于社群的商业社交平台和资源配置平台，打造"资本、人才、技术、信息、文化、空间"为一体的创新创业生态圈，汇聚高校、院所、大中小企业、创业投资机构、金融机构、各种中介服务组织的资源，使各种生态化创业要素的联系更为紧密，为创业者找人、找地、找投资，让创业者找到朋友圈、活动广场；为企业提供股权、研发、专利等融合服务，为企业提供政策解读、项目在线服务等全产业链服务，充分激发城市创造力阶层的创新活力，实现"要素聚合、主体协同、文化融合、环境友好"，使营商环境进一步便利化、生态化。

---

>> **延伸阅读——典型众创空间案例：综合生态型**

**北京创业公社投资发展有限公司**

创业公社由北京京西创业投资基金管理有限公司发起设立，中关村股权交易服务集团战略投资，以"孵化＋投行＋投资"的运营模式，打造集共享式办公空间、创业互助社区、小微金融、创业公寓为一体的全新模式众创空间，为移动互联、文化创意、节能环保、互联网金融、智能硬件等新兴领域的创业企业，提供办公空间、创业公寓、基础运营、四板挂牌、政策辅导、资源对接、咨询培训、天使投资、融资筹划等服务。创业公社目前已投入运营面积11.3万平方米，分布在中关村各科技园区；聚集了近百家投资机构，培育80多家雏鹰企业，入驻服务600多家企业，300多家企业获得投资机构投资，推荐了17家企业四板挂牌。

创业公社以其提供的服务换取企业2%~5%的微股权，场地收入外的服务收入发展很快，未来几年内服务收入有可能超过办公租金收入。

---

# 第四节　我国科技企业孵化器发展现状

## 一、总体发展情况

近年来，我国孵化器事业在全社会形成雄厚的基础和高度的共识，进入迅猛发展阶段，已成为国家发展战略的重要组成部分。创新创业孵化体系基本健全，规模不断扩大、能力显著增强、成效充分彰显，营造了浓厚的创新创业氛围，为转变经济发展方式、优化经济结构做出了积极贡献，有力助推了"双创"时代的到来。

（一）战略地位凸显，社会共识高度凝聚

"十二五"期间，国务院先后发布《关于加快科技服务业发展的若干意见》《关于发展众创空间推进大众创新创业的指导意见》及《关于扶持小微企业健康发展的意见》等政策性文件，孵化器已成为加快实施创新驱动发展战略的重要载体。结合科技部《关于进一步推动科技型中小企业创新发展的若干意见》《发展众创空间工作指引》等具体措施，地方政府进一步加大对孵化器支持力度，明确孵化器区域发展战略，积极构建有利于创新创业的生态环境。在政府部门、高校院所、投融资机构、企事业单位等投资主体基础上，一大批成功企业家、天使投资人、龙头企业、新兴服务机构和创业媒体等市场主体投身于孵化器事业，社会各界对孵化器的认知与支持达到前所未有的高度，不断掀起大众创新创业新浪潮。

（二）行业开拓创新，孵化体系日臻完善

我国孵化器突飞猛进发展，数量全球领先，已完成全国布局。京津冀、长三角、珠三角、川渝等地区成为孵化器重要集聚区，实现了对欠发达地区全覆盖，80%以上省级地区建立了孵化器协会。企业化运作的孵化器从不到30%上升至75%以上，天使投资、创业辅导、技能培训、咨询服务等深度服务成为重要的市场化服务手段。全国孵化器与4.2万家中介机构签订合作协议，共同为创业企业提供优质服务。专业孵化器与综合孵化器、留学人员创业园、国际企业孵化器等面向不同创业主体的孵化器深化发展。国有企事业孵化器与民营孵化器协同共进，孵化器的社会公益性与营利性融合互补。众创空间、孵化器、加速器形成了服务种子期、初创期、成长期创业企业发展的全孵化链条，创业孵化作为科技服务业的重要组成部分，显现出勃勃生机。

（三）众创空间迅猛发展，大众创新创业热情高涨

孵化器不断探索新型孵化模式，创业孵化链条向早期创业者延伸，不断激励新企业诞生。一批顺应网络时代创新创业特点和需求，通过市场化机制、专业化服务和资本化途径构建的众创空间大量涌现，出现了多种基于不同服务重点和核心资源的新型孵化模式，推动创新与创业相结合、线上与线下相结合、孵化与投资相结合，为创业者应用新技术、开发新产品、开拓新市场、培育新业态提供了有力支撑。创业大街、创业小镇、创业社区等创新创业要素集聚发展的势头初现。众创空间作为创业孵化链条的重要组成部分，不断推动早期创新创业活动，营造了我国大众创新创业的良好生态环境。

（四）创业孵化绩效卓著，经济新动能不断汇聚

近年来，我国孵化器围绕战略性新兴产业源头培育和传统产业转型升级，实现了从注重载体建设向注重主体培育的转变、从注重企业集聚向注重产业培育转变，成为经济社会发展不可或缺的"创富源"和"就业源"，为社会贡献了大量高成长企业。截至2018

年底，全国纳入火炬中心统计的孵化器 4849 家，在孵企业 20.6 万家，众创空间 6959 家，服务的初创企业和创业团队达 41.4 万个；孵化器在孵企业研发投入强度达 8.7%，研发支出为 726.6 亿元，拥有各类有效知识产权 44 万件；众创空间常驻企业和创业团队拥有有效知识产权 21.6 万件，其中发明专利 3.95 万件；全国孵化服务机构从业人员达 21.8 万人，创业带动就业人数达到 395 万人。我国有 30% 的孵化器是专业孵化器，出现了一批专注于（移动）互联网、云计算、生物医药、机器人与智能制造、新材料、现代农业、航空航天、文化创意等战略性新兴产业的孵化器，带动了一批行业龙头企业围绕自身产业链建设专业孵化器，不断催生出新产品、新产业、新服务、新业态，成为科技创新创业的重要阵地，源源不断地为经济发展带来新活力。

（五）服务创新全面提升，社会影响持续扩大

我国孵化器已经实现了从注重基础服务向注重增值服务转变、从注重科技创业孵化向注重科技创新创业的全链条孵化转变，实施了一系列鼓励社会力量融入大众创新创业活动的服务创新和重大举措，社会影响力、带动力持续提升。我国创业导师数量猛增，从 2010 年的 3500 多人增长到 2018 年的 20.3 万人，对接辅导创业企业超过 20 万家。孵化基金与天使投资形成规模，孵化器自身的孵化基金总额在 2018 年达到 1071.2 亿元，当年获得孵化基金投资的在孵企业达 11447 家，共获得投资约 630 亿元；2018 年，全国众创空间帮助 9849 个创业团队 / 企业获得了投融资，投资总计 333.95 亿元。"创业苗圃（众创空间）- 孵化器 - 加速器"全孵化链条建设取得突破，确定 41 家国家级孵化链条建设示范单位。中国创新创业大赛已经连续成功举办七届（2012 年—2018 年），已成为孵化器服务大众创新创业的标志性品牌活动。全国孵化器从业人员培训逐渐规范化、常态化，全国 35 个培训基地累计举办初、中、高级培训班超过 260 期，参训人员超过 2.8 万人。

（六）国际合作稳步推进，全球链接能力增强

孵化器积极对接国际资源和市场，参与构建全球创新链，促成海内外互动孵化新局面。在 20 多个国家和地区开办了 123 家离岸孵化基地，与国外创新创业机构联合开展研发、跨国技术转移、跨国天使投资、跨境孵化加速等合作。外国孵化机构在我国开展业务更加踊跃，带来孵化器发展新理念、新模式，促进了国际间技术、人才、创业投资等要素的引进、交流和转化。随着全球创新创业资源的流动和配置，一大批孵化器的创新创业服务能力显著提升。中国国际企业孵化器网络年会、中外创业孵化合作论坛、企业孵化器国

际培训研讨班、中国海外学子创业周等一系列国际交流活动持续开展，为我国孵化器从业者与国际同行提供了交流合作的舞台，极大地推动了国内外孵化器的双向交流，我国孵化器的国际影响力大幅度提高。

## 二、突出特点

目前，我国建设了面向不同创业群体、不同技术领域、不同创业阶段的科技企业孵化器，总体规模跃居世界前列，孵化服务体系健全，运营绩效大幅提升，展现出强大的发展活力，社会经济成效显著。

### （一）规模跃居世界前列

#### 1. 数量位居世界第一

30多年来，我国孵化器的数量持续增长，特别是进入"双创"时代以来，孵化器建设进入迅猛发展期，使我国成为全球孵化器数量最多的国家。2018年孵化器数量增长到4849家，包括980家国家级孵化器，另有众创空间6959家，其中1948家经过国家备案，全国创业孵化机构总计11808家。图1-2展示了科技企业孵化器的数量变化。

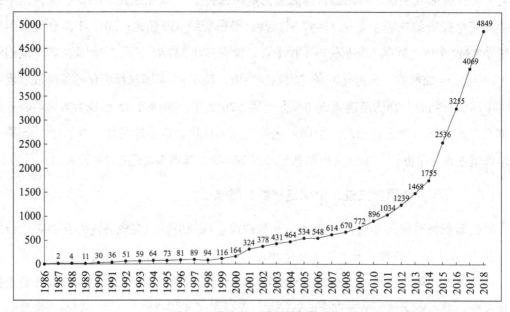

图1-2　科技企业孵化器数量变化

#### 2. 空间要素资源丰沛

我国孵化器最早从武汉借用废弃的军队营房"借窝孵化"开始，在极艰苦的条件下奋力拼搏，到 1990 年底建起了天津和成都创业中心两处专门为创业企业使用的自有孵化场地，并进一步扎实推进，到 2018 年，全国孵化场地总面积达到 1.67 亿平方米，其中孵化器场地面积为 1.32 亿平方米。图 1-3 展示了科技企业孵化器的载体面积变化。

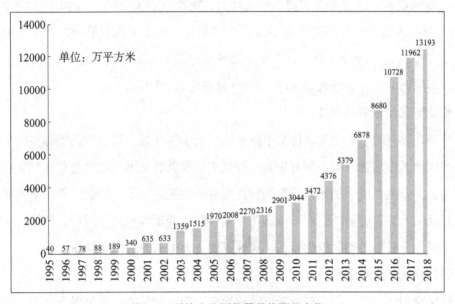

**图 1-3 科技企业孵化器载体面积变化**

### 3. 地域分布遍及全国

全国各地发展孵化器的热情高涨，推动孵化器建设蓬勃发展，各省、直辖市、自治区均建立了孵化器，出现了明显的区域分布特征，在北京、上海、武汉、成都等科教资源丰富的城市和江苏、浙江、广东、福建等经济发达的沿海省份形成了密集布局。从中心城市向二三线城市延伸辐射，在部分经济发达的省份，已经建立起相当数量的县乡（镇）孵化器，推动创业孵化事业在全国纵深发展。

### 4. 人员队伍空前壮大

我国第一家科技企业孵化器诞生时仅有 5 位从业人员，在 2005 年之前，仅有小部分人选择孵化服务这项职业，从业人员队伍不超过 1 万人。2018 年，全国创业孵化机构从业人员达到 21.8 万人，其中，孵化器从业人员为 7.3 万人，众创空间从业人员为 14.5 万人。

### （二）孵化服务体系健全

经过 30 多年发展，我国的孵化器行业建立了三级创业辅导体系，围绕创业企业需求，构建了全方位、全生命周期的链条式服务体系，"孵化 + 投资"能力不断强化，孵化服务水平持续提升。

### 1. 创业导师体系初步形成

我国在孵化器中建设"创业导师＋辅导员＋联络员"的创业企业三级辅导体系，辅导创业企业和创业者更好地完善和实施创业计划，提高创业成功率。到 2018 年我国已经形成了 20.3 万余人的创业导师队伍和 21.8 万人的孵化机构服务人员队伍，其中全国众创空间的创业导师队伍达到 14.1 万人，专职导师约占总数的 1/4。这些有经验、有资源，声誉良好、业绩突出的创业导师在 2018 年共指导企业超过 20 万家。

### 2. 创业孵化体系成熟完备

专业孵化器与综合孵化器、留学生创业园、大学孵化器、国际孵化器等面向不同创业主体的孵化器类型深化发展，国有企事业孵化器、民营孵化器等社会公益性与营利性孵化器协同共进，众创空间和加速器等新型孵化服务机构迅速发展，形成了服务孕育期、初生期、成长期创业企业的科技创业孵化链条，这些孵化器成为面向不同创业群体、不同技术领域、不同创业阶段的创业孵化体系，实现对创业者需求的全方位服务。

### 3. 孵化投资能力显著提升

我国孵化器孵化基金与天使投资已形成规模，孵化投资能力显著提升，拥有孵化基金的孵化器占全部孵化器的 70% 以上，孵化器自身拥有的孵化基金总额达 1071.2 亿元，当年获得孵化基金投资的在孵企业 11447 家，累计获得投融资的企业 48060 家，累计获得风险投资额 2756 亿元，2018 年获得风险投资 630 亿元。此外，全国各地众创空间在 2018 年帮助 9849 个创业团队或企业获得了总额达 333.95 亿元的投融资。

### （三）运营绩效大幅提升

我国孵化器增强了自身经济实力，为社会培育了大量科技型中小企业和成长性企业，不断创造就业机会，产生巨大的经济效益与社会效益。

### 1. 孵化器收入结构优化

我国孵化器经济实力已显著增强，孵化能力显著提高，科技创业孵化产业的可持续发展能力显著增强。2018 年，全国创业孵化机构运营总收入达 646.2 亿元，服务收入 200.32 亿元，服务收入占全国孵化机构总收入的 31%，房租物业收入 232.84 亿元（占比 36%），通过自有资金入股、投资等形式所获得的投资收入 51.9 亿元，投资收入比重达到 8.03%。目前，综合服务收入和物业收入仍旧是我国创业孵化机构收入的主要来源，两者合计占比 67%。具体来说，孵化器总收入中物业收入的占比更高，达到 41%，而众创空间总收入中服务收入占比最高，达到 38.66%。

### 2. 培育大批科技型中小企业

我国孵化器围绕具有技术创新、产品创新以及商业模式创新等创新导向的创业企业展开孵化活动，着力发展成功的科技型中小企业，让科技型中小企业在我国迅速发展。2018年，在孵企业和团队达到 62 万家，其中孵化器在孵科技型创业企业有 20.6 万家，在孵企业总收入达 7554.3 亿元，研发投入 726.6 亿元。在孵企业和团队科技含量进一步提升，2018 年拥有有效知识产权超过 65.6 万项，其中发明专利 10.6 万项，孵化器中在孵化企业的科技创新贡献更大，2018 年拥有的有效知识产权数为 44.08 万项，其中发明专利 86237 项。

2018 年毕业科技企业累计达到 13.9 万家，毕业后上市和挂牌企业达到 3600 余家，其中境内外上市 306 家，总市值达 3.3 万亿元，涌现出了软通动力、科大讯飞等一批知名科技上市企业，光伏、小核酸、石墨烯、光电、物联网、纳米等新兴产业的代表性企业都诞生于我国的孵化器之中。

### 3. 创造大量就业机会

我国孵化器以科技创业促进和带动就业，源源不断地为社会创造新的就业岗位。到2018 年底，全国 11808 家孵化器、众创空间的在孵企业及团队达到 62 万家，为 395 万人创造了就业机会，其中吸纳大学生就业超 46 万人。同时，这些新增就业群体还会带来大量间接就业机会。

## 三、发展面临的痛点与热点

在取得辉煌业绩的同时，我国孵化器行业在很多方面仍有待提升和发展：创业孵化服务体系和全链条建设有待完善创新；孵化器整合国内外创新创业资源的能力需要继续增强；一些孵化器服务项目虚设，没有扎实开展服务；孵化服务质量需进一步提升，增值服务有待深化，孵化器行业标准尚待健全完善；众创空间迫切需要规范发展，专业孵化器尚需合理布局并扩大数量规模；孵化服务职业化队伍建设亟待加强；孵化器跨区域协同促进机制有待探索；孵化器的公益与营利双重属性要求在现行体制下进行持续机制创新，探索可持续发展之路；孵化器商业模式构建不完备，特色不鲜明。

我国孵化器发展历史弥新，无论是作为政策工具还是商业模式工具，发展的空间都是巨大的。比如，在成果转化应用与商业化、资本化开发上、在大企业创新发展中、在军民融合促发展方面、在小城镇建设中、在发展退伍军人创业上、在农业与新农村发展与建设上，孵化器的模式创新、服务创新都在迅猛拓展。

总之，我国孵化器发展面临的主要矛盾，就是当前我国的创业孵化服务能力和水平，尚不能完全满足创新创业活动的巨大服务需求。

【思考题】

1. 请梳理你所在孵化器的发展历程，找出里程碑性节点。
2. 请分析你所在的孵化器的类型特征。

# 第二章
# 科技企业孵化器的创建

科技企业孵化器的创建，从制订可行性方案开始。从一开始就规划好一个孵化器的定位，搭建良好的管理团队，建立起一整套有效的管理制度，是建设和运营好一个科技企业孵化器的基础。虽然在实际运营中，孵化器管理团队常常会改变一些规划中不切实际的思路与做法，但初期规划不良、创建无方，仍是很多孵化器始终无法实现预期效果甚至倒闭的重要原因。

## 第一节　科技企业孵化器的规划建设

孵化器的创建过程是从明确孵化器的核心定位到孵化器正式运营前的阶段，包括酝酿阶段、可行性分析阶段、运营计划阶段、立项和实施前阶段这四个阶段。

### 一、酝酿阶段

筹备初期的酝酿工作很重要，其内容就是明确办孵化器要做什么事情，想清楚要办什么类型的孵化器、谁来办等，把孵化器的概念推广给利益相关者并吸引他们参与，明确孵化器的关键特色定位，为制订创建孵化器的工作计划做准备。

#### （一）孵化器创建的推进者

孵化器的创建，必定源于某个人或组织产生了打算开发利用孵化器的想法。我们将打算开发利用孵化器的个人或组织称为孵化器创建的推进者，而他们开发利用孵化器往往有着各自具体的战略目的，并希望达成相应的一系列目标。这些战略目的可以是公益性的，如鼓励创新、增加就业等；也可以是营利性的，如通过鼓励创新创业完善价值链、开发新市场等；还可以两者相辅相成，互相补充。

孵化器创建的推进者一般要具备以下条件：

（1）有资源和能力推进并营造区域科技创新创业氛围，能够认识并解决本区域科技创新面临的关键问题；

（2）有热情投入到孵化器的推进过程中，清楚孵化器的创建目的，分析孵化器的服务对象，能够编制财务计划和理清孵化器的组织结构，可以花时间和精力撰写孵化器建设的可行性分析报告；

（3）有足够的能力管理和监督孵化器创建团队；

（4）有足够的威望或能力说服不同的发起人对科技企业孵化器的预期达成一致，并根据实际情况不断设计和修改完善孵化器运营计划和发展战略。

### （二）利益相关者（合作者）

孵化器的创建不仅需要有热情、有能力的推进者，而且需要各种各样的利益相关者，有些还可能成为合作者。推进者的一项主要工作是广泛吸引其他合作者，不断地推广孵化器理念，让更多的合作者理解并接受这一理念，集聚各种资源。许多孵化器是由多个资源互补型的组织或个人紧密合作建设的。

孵化器的利益相关者可以是：

（1）在科技创新创业活动的资源提供渠道方面具有一定话语权，具有为科技创业和科技创新投入特定资源的决策能力；

（2）在孵化器所在区域内具有很高的社会影响力，并拥有广泛的社会关系网络，能够为孵化器创建提供必要的社会关系渠道；

（3）具有科技创新、政府政策、投融资、市场营销、创业经验等方面的专业技术技能，能够及时帮助科技创业企业解决发展中的问题或提供解决方案；

（4）具有筹措或提供资金建设孵化器的支持能力。

### （三）相关推进工作

邀请富有经验的专家讲解孵化器的宗旨、原理、功能，介绍行业发展情况，提出孵化器落地的相关建议，是在酝酿阶段推进孵化器创建的有效举措。

对国内外标杆性孵化器进行实地考察是酝酿阶段的必要环节。孵化器创建的推进者和利益相关者，可以借此机会了解孵化器的实际运营和成效，以更深刻理解孵化器概念，消除可能的困惑，吸取有益的经验。

酝酿阶段的推进者和利益相关者中要产生一家或几家愿意成为孵化器创建者的潜在发起人，他们应有意愿为孵化器出资，愿意共同撰写可行性报告，推进孵化器的创建工作。

接下来，为进一步推进创建工作，就要给创建孵化器的关键角色明确定位，即组建孵化器创建领导小组和孵化器筹建工作小组。创建领导小组由发起人和有兴趣参与的合作者组成，可以包括政府、民间组织、中介机构、研究机构、大学和私营企业等。创建领导小组的首要任务是帮助制订孵化器创建的工作计划；组织筹建小组，提供必要的支持，审核筹建小组的工作成果，提供战略方向和关键决策建议。领导小组必须保证孵化器创建目标和工作计划，有清晰的时间表和报告截止日。筹建工作小组通常包括专业的咨询人员和孵化器未来的经营管理人员，每个团队成员各司其职。筹建小组的任务是按照领导小组的各项要求和时间表分解工作，将团队成员分别负责的工作汇总，形成整体的工作安排。这包括界定孵化器项目实施背景、可行性研究的目标和范围、详细的工作任务计划，以及可供选择的孵化器建设方案。

## 二、可行性分析阶段

孵化器项目的可行性分析阶段是考察拟建立的孵化器在实践中的可能性的阶段。在突出孵化器基本特征的基础上，评估科技创业活动、企事业单位和政府对科技创业活动的支持，并评估物业规模与条件。可行性研究也是对不同的可选方案的检验过程。

### （一）背景分析

可行性分析的第一步是项目的背景分析，目的是识别孵化器创建地的区域特征。

背景分析主要考虑以下 5 个因素。

（1）地方政府支持。如政府可能的支持程度，包括土地优惠、税收政策、资金支持、人才政策、知识产权政策等，以及政府在区域经济发展、创业精神的推动和技术创新等方面的措施。要识别出孵化器如何从实现政策目标中获得政策支持。

（2）区域的科技创业优劣势。不同区域在科技型中小企业和高科技产业发展上均具有不同的差异性，这些差异将构成科技创业活动的区域特征。在分析过程中，要尽可能地亲自调研并获取当地新的科技创业企业的数量和类型、所面临的问题、科技创业企业失败率等资料，通过分析这些资料，发现区域科技创业活动的发展趋势和主要领域。

（3）当地有效的科技创业服务。可行性研究应当集中在本区域为科技创业企业提供的资金、咨询、科技成果转移转化、知识产权、大学和科研院所的技术合作等科技创业企业支持体系以及获得这些服务的便捷性和实效性上，这些将成为孵化器提供全面孵化服务的基础。

（4）区域研发状况和研发主体类型。识别区域内科研院所、大学、企业的研发和科技成果转化情况，在某一技术领域活跃的科技创业活动将有利于建设专业孵化器或者特色产业孵化器，所以需要研究有成长潜力的科技成果转化力度和方向。

（5）法律和财务制度。应当关注科技企业创业过程中的制度性风险，其涉及法律问题、财务制度和其他政策法规。

背景分析工作还包括识别可选择的地点和目标市场等，分析孵化器是否建立在正确的地点和拥有潜在的入孵企业。在地点方面，孵化器的推进者应当慎重考虑六个选址方面的因素：（1）中央和地方政府为了促进社会经济文化发展而设计的优先开发区域；（2）科技创业活动和小企业密集的地方；（3）便于进行研发活动、技术转移和产品商业化的地方；（4）有适合创建科技企业孵化器的楼宇；（5）交通比较方便；（6）当地区域政府对新企业和科技企业孵化器的支持态度。

为实现孵化器的宗旨，要根据以下原则确定目标市场。（1）入驻企业的类型。科技企业孵化器的住户除了必要的非孵化企业以外，在孵企业应当都是科技型创业企业，而不是普通企业或注册成立很多年的企业。非孵化企业是指会计师事务所、律师事务所、专利事务所、银行、咨询公司、创投基金等中介机构和公司，这些非孵化企业有助于孵化器利用社会资源。（2）产业的优先次序。孵化器应当关注本区域内优先发展的产业和在本区域内有潜在市场的产业。（3）技术的类型。孵化器需要关注本区域重点发展及具有重大创新潜力的技术领域。

有些分析工具可以帮助我们做好背景分析，包括基础设施分析、区域经济分析、技术领域分析、政策分析、社会文化分析、科技创业活动分析、市场调查等。

（二）撰写可行性分析报告

可行性分析报告将会详尽地解释孵化器的发展战略、可行性分析计划、物理环境建设、服务设计、财务分析、法律和管理体制等。可以参照下面模板的提示列出可行性分析报告的整体框架。

## 操作工具：科技企业孵化器建设可行性分析报告的整体框架模板与要点

### 第一部分（导言）：孵化器的使命和战略目标

导言应当勾勒出孵化器的使命和战略目标。孵化器的使命就是设立该孵化器的根本目的，表达创办者的追求和抱负。战略目标应明确孵化器的目标市场，界定入驻的创业者、企业的类型和孵化器推进的技术领域，明确预期的成果，如成功的新企业数量和在一个特定计划期（通常是 3~5 年）创造的科技成果转化数目和提供的就业岗位，说明孵化器的财务目标，明确孵化器是营利性的还是非营利性的，确定运作机制。

【示例】

#### 使命声明

通过支持本地移动互联网创新创业者的技术创业活动，持续巩固本地区在移动互联网产业的领导地位。

#### 战略目标

未来 3 年内，帮助不少于 100 名移动互联网创新创业者完善技术与商业模式，其中 60% 以上创立新企业，并实现正常经营和盈利。通过投资初创公司等措施，5 年内实现本孵化器盈利运行。

### 第二部分：孵化器的设计

战略目标决定了是创建综合技术孵化器还是专业技术孵化器、社会公益型孵化器还是营利型孵化器，在此基础上，进一步描述孵化器的基本设计特征，包括地点选择和场所设计等，通过详尽的调查数据和合理的论证，详尽描述最合适的选择方案。

### 第三部分：设施与服务

可行性分析报告应设立一个独立章节，详细地描述孵化器能够给客户提供的设施和服务。

（1）孵化空间。可行性分析报告需要明确办公空间、研发空间或生产车间，或将这些空间混合在一起；根据入孵企业的基本要求，将孵化单元、固定或流动的特殊单元明确划分出来。

（2）基础孵化服务。基础孵化服务包括提供前台电话应答、秘书支持、小卖部、会议室、计算机网络等共享设施，可行性分析报告应当明确租金中孵化服务收入所占的比例，以及服务的价格。

（3）公共技术服务平台。专业技术孵化器必须考虑是否设立服务专业技术领域创新研发与检测的共享公共技术服务平台，说明其必要性，并预计平台中各类设备的使用效率。说明平台的建设方式，如自主建设、借助母体组织的能力（即母体组织的平台设备开放共享）、与其他相关专业机构合作设立等，说明平台设备的管理方式，如自行管理、委托管理等。同时，还要提出平台设备的共享使用原则、收费方式等。

（4）企业的咨询和培训。可行性分析报告应当说明给入孵企业提供的咨询和训练类型，以及这些服务是自主提供还是通过外部提供者提供。要事先识别清楚入孵企业的服务需求，并结合企业联络员、辅导员、创业导师三级辅导培训体系开展服务。

（5）财务和专业建议。如果孵化器准备建立自己的孵化基金或天使投资，那么就要结合专家建议，设计孵化基金或天使投资的运行模式、财务管理、投资管理等关键环节。

（6）内外部资源网络化。孵化器应当最大化使用内外部网络化资源。首先是要考虑给更多的外部合作者提供更多的机会，并与之结成紧密合作关系；其次是考虑如何促进孵化器入孵企业之间的合作，形成"以成功带动成功"的模式，建设良好的孵化环境。

（7）毕业后的跟踪服务。可行性分析报告应当考虑如何为毕业企业提供支持，如确保毕业企业进入一个新的空间并持续提供建议服务。

以上并不是孵化器的全部服务，而是孵化器给入孵企业和潜在客户提供的"一站式"服务中的主要服务。可行性分析报告应当描述基本的业务流程，特别是说明由孵化器自身团队提供的服务和由外部团队提供的服务。外部团队提供的服务应当列出具体的服务机构。如果可能，应当细化经营目标，并考虑预期的风险和外部服务的回报。

## 第四部分：组织类型选择

要在组织使命与战略目标指引下，结合孵化器运行的专业性，在事业单位、民办非企业机构等非营利组织形式和公司制的营利性组织形式之间，选择一种最能够切合实际的组织类型形式。这涉及发起人的权益、孵化器自身是否要营利及其商业模式。

## 第五部分：组织结构

孵化器的管理组织结构在本书其他部分有详述，这里仅将本阶段应做的工作提示如下。

（1）创建领导小组。创建领导小组是在孵化器准备建设阶段成立的，成员可能会成为孵化器的董事会/理事会成员或管理团队成员。

（2）董事会/理事会。营利性公司性质的孵化器可设立董事会，非营利性事业单位的孵化器一般只接受上级管理，我国个别新设立的事业单位也有设立多部门代表组成理事会的例子，而民办非企业机构可以设立类似的理事会机构。

（3）管理团队。孵化器的成功最终取决于管理团队的水平。可行性分析应当注明孵化器管理团队的构成与实现孵化器创建的人力数量，今后几年内管理团队的数量和水平的提升等问题。

应将孵化器看成一个创业企业，而不应看成政府的一个经济发展项目。国有资本的存在，不应影响孵化器以企业方式运作。为了达到企业化管理，经营计划是必需的，而且创建领导小组要以高效简捷的方式设计管理层激励制度。有以下方法可供借鉴：一是将孵化器的所有权与经营权分离；二是管理人员应当从企业招聘，而不是来自于政府部门；三是管理团队应当签订运营服务合同，以可以衡量的绩效指标评估和监督他们的工作。

要根据孵化器的规模，为较大规模的孵化器设置执行特定功能的部门，而为较小规模的孵化器设置特定岗位。应考虑按照孵化器的功能设立部门或岗位，贯彻服务为本的精神。

## 第六部分：财务计划

孵化器的初创阶段就要致力于追求收支平衡，这个时期通常有3~5年。因此，财务评估成为可行性分析的关键组成部分之一。

孵化器的资金支出在很大程度上取决于孵化器场地的获取方式，新建一个孵化器的成本远远超过翻修现有建筑物的成本。可行性分析应列出资金支出的主要清单。在可行性分析中比较大的支出项目是建设资金，其数目很大程度上受限于孵化器的资本投资额。

为了评估现金流的预期，对运营支出和收入的评估是必须做的。主要的支出包括管理团队的工薪、公共服务的成本、基础设施使用成本、其他成本等。

由于孵化器与客户之间不是物业公司与房客的关系，因此，孵化器的收入来源不仅仅是房租收入，应当特别在咨询服务、科技服务等方面上加大收入力度。对孵化基金和创业投资的回报也要充分估计，待未来条件成熟后逐步开展。

孵化器的收支预算应当设定一些基本的财务假定，财务假定要以孵化器的孵化面积和公共服务的最大化利用为基础。孵化器的财务假定应当包括以下几项。

（1）最大化的出租率假设。孵化器稳定的现金流收入应当来自孵化器的出租服务，所以要最大化地设计出租率。当然，孵化器的出租率一般要保证在80%左右，要预留出一部分出租面积吸引新的、有价值的入孵企业。

（2）最小化的企业失败率假设。为了稳定租金收入和其他服务收入，孵化器要假定最小化的企业失败率。这样的做法会使孵化器的服务更加有效果。

（3）收费定价假设。根据孵化器的服务能力和设施状况，要科学评估服务设计的水平，服务定价的问题、服务和设施覆盖入孵企业的程度等。

孵化器如何给自身的服务定价，要考虑政府和社会机构的支持程度，有些服务可以免费提供，但大部分服务应当按市场需求定价。现金流测算应当考虑到最好的情况和最坏的情况，进行敏感性分析。

## 第七部分：经营和实施设计

### 孵化器的推进工作

很多地区对孵化器的概念缺乏理解，科技创业政策也不完善，在科技创业环境方面缺乏吸引潜在入孵企业的有利因素，所以孵化器的推进工作是非常必要的。为了确保孵化器创建后短时间内达到很高的出租率，强有力的市场前期推广是必须的，应当充分展示孵化器的各项服务，这些工作可以通过报刊、宣传册、广告、口碑、新媒体等市场营销渠道开展。

### 科技创业者的挖掘过程

孵化器需要通过直接的市场营销手段和其他机构推荐等方式，扩大科技创业者的挖掘范围。可行性分析应当详细分析蕴藏着潜在创业者和能够推荐潜在客户的机构（如大学、研发机构、政府经济发展组织、银行、投资机构、成熟的企业等），并通过上门拜访、召开座谈会等方式，尽可能多地直接接触潜在客户。

### 进驻和毕业程序

孵化器的核心特征之一是有明确的、严格的进驻和毕业程序，即使是开放式的众创空间也要有对服务对象的筛选标准。由于孵化器的可用面积有限,明确的、严格的进驻和毕业程序是必须的。孵化器的服务越多,越是要集中力量将那些长期来看有发展潜力的创业企业吸引进来,所以典型的孵化器申请和进驻比例应当不低于 5:1。

在可行性分析中,进驻和毕业标准是非常重要的部分,是孵化器的运行规则,是孵化器区别于其他组织的根本特征。可行性分析是为了加速孵化器创建的进程,确保最低的创业失败率,最大化地提高创业企业成长速度。

在进驻标准方面,可行性分析报告应当厘清如下问题:一是孵化对象进驻前的商业计划书准备,即孵化对象是否应当在进驻前就准备好自己的商业计划书;二是对孵化对象技术项目的要求;三是对不同阶段的要求,是以处于商业计划酝酿阶段的创业者为主,还是已建企业,或是创业者和已建企业的混合体;四是审核程序和入孵企业管理程序;五是孵化协议签订,协议规定提供孵化服务的标准和条件,包括孵化器可租单元安排,公共服务的费用、入孵企业被要求迁出的条件。孵化器应规定入孵企业长时间没有达到商业计划书上的承诺目标时就必须迁出,让出场地给后续创业企业使用,这样的做法有助于通过竞争更好地培育那些有成长潜力的创业企业;六是毕业原则,孵化器通常要求企业在孵化 3~5 年后必须"毕业"离开孵化器,如果这些企业不愿意离开,就要付出超过市场正常价格的租金。

在一些科技创新创业活动欠发达的地区,孵化器要采用更加灵活的策略。因为那里很少有创业者满足严格的进驻标准,特别是能够准备详尽商业计划书的创业者。为了保证生存,孵化器会尽可能地加大可出租面积。如果采用严格的毕业政策,孵化器内的企业就会很难毕业,所以可行性分析报告应当根据当地的具体环境决定是否严格执行进驻和毕业标准。需要注意的是,越是执行严格的进驻和毕业标准,孵化器提供的服务就需要越深入。

在毕业程序方面,可行性报告要充分考虑当地实际情况,虽然在孵化协议上规定了毕业条款,但事实上,孵化器往往会出于各种目的将发展好的科技企业留在孵化器内,或者企业不愿离开,使得毕业政策很难得到执行。因此,协议中要制定符合实际的条款。

### 第八部分:孵化器预期目标的绩效评估

可行性分析要阐释孵化器需达到的各项具体绩效指标,作为未来一个考核期内对孵化器实现其宗旨和目标的考核基础。根据国内外的经验,孵化器的收益是在一个较长时间跨度上取得的,收益往往由经济收益与社会收益两部分共同组成。绩效评估的作用是促进科技创业企业在孵化器内尽快成长,并在"毕业"后发挥优秀的财富创造能力,提供就业岗位。不能将孵化器看作立杆见影的灵丹妙药,切不可设置脱离实际的绩效指标。

对孵化器经营和财务绩效的评估应当在短期(3 年)内初步做出,管理团队应提供所有有效运营数据;更加全面细致的评估应当在运营 5 年以上后进一步实施,具体的指标体系见下文示例。管理团队不能只达到最低的效果,应当超越这些最低效果。

【示例】

**孵化器绩效指标体系**

| 一级指标 | 二级指标 |
|---|---|
| 社会效益 | 新毕业企业利润增长率 |
| | 初创期科技型小企业（在孵企业）总数 |
| | 新毕业企业累计税收总额 |
| | 企业销售收入 |
| | 毕业企业数量 |
| | 创造就业数量 |
| 创新效益 | 产业密集度 |
| | 成果转化数量 |
| | 在孵企业拥有的自主知识产权数 |
| | 新产品与新服务的数量 |
| 孵化效率 | 年度毕业率 |
| | 每千平方米孵化面积的高素质员工数 |
| | 每千平方米孵化面积的在孵企业数 |
| 服务能力 | 在孵企业平均获得风险投资额 |
| | 孵化器员工本科以上学历所占比例 |
| | 单位面积公共服务平台投资额 |
| | 孵化场地面积 |
| 发展规范 | 孵化基金与孵化面积的比例 |
| | 服务面积占总面积的比例 |
| | 孵化器经营管理人员与在孵企业的比例 |
| | 孵化器服务收入与总收入的比例 |
| 自身效益 | 场地利用率 |
| | 设施利用率 |
| | 经营利润 |
| | 经济自给率 |

## 三、运营计划阶段

如果接受可行性分析，接下来就要进行孵化器设立前的筹备工作。这项工作可由发起人指定专人组成筹建工作班子完成。

首先是孵化器建设的规划制定，包括设计运营机制，规划场地，明确经营目标、服务和设施设计，开展组织设计和财务分析工作，制定孵化器章程、管理制度等。

需要注意的是，孵化器在创建过程中存在四种风险。第一是资金风险，很多孵化器开始时没有足够的资金，即使重新评估了项目并追加了资金也不够；第二是成本风险，由于达到收支平衡需要比较长的时间，所以获得正向现金流，并能够使之覆盖支出的时间往往会比预期的要长；第三是市场风险，如果错误地预期科技创业市场状况，使经营目标和服务与设施设计发生错位，将会使孵化器面临痛苦的转向；第四是组织风险，如果政府、大学科研院所或其他发起人厌倦了孵化器项目，或停止资助，那么孵化器将会逐渐失去区域科技创新体系的支持，难以在科技创业和创新活动中发挥关键作用，合理的运营计划能使孵化器在运营过程中坚持理念，降低运营风险。

孵化器运营计划中有以下几个需要特别注意的问题。

（1）孵化器的战略。孵化器成功的关键因素是具有和发起人的目的及服务当地社区的能力相一致的孵化器战略。

（2）合适的地点。运营计划中必须提供孵化器的基础设施设计，展示该地点靠近客户、能够吸引创业者。如果地点不合适，入驻企业就不会快速增加，从而导致孵化器建设失败。

（3）平衡综合服务与专业化服务。在计划孵化器的服务项目时，既要针对特定产业或关键需求提供专业化的服务，也要提供咨询和融资等综合服务。

（4）避免区域孵化器的重叠竞争。如果当地已经有了很多孵化器，相互之间没有什么差异性，孵化器之间就会存在同质化竞争，导致孵化器的运营效果降低。

（5）充足的现金流。低估孵化器的财务需求是一件非常危险的事情，必须保证孵化器在运营初期的 3~5 年内（尚未达到盈亏平衡点）有充足的现金支出保障。

（6）孵化器的管理者。孵化器的管理工作分为内部工作和外部工作，管理者不仅承担孵化器的内部管理工作，是一个受利益相关者、团队和客户信任的人，而且应当是一个社会活动家、创业者的代表，能够向外界成功传达孵化器的目标和优势。

（7）清晰的进驻和毕业标准。如果进驻和毕业标准模糊，孵化器与利益相关者之间必将产生问题。

（8）必要的孵化器外部发展资源。如果外部环境没有创业资本、劳动力、原材料、零部件与加工配套设施等资源提供，孵化器也将面临生存问题。

## 四、立项和实施前阶段

孵化器项目的立项和实施前阶段是孵化器项目已经得到发起人的认可，决定立项实施，是正式成立孵化器前的准备阶段，是一个孵化器组织确立合法性地位以及正式运行前的阶段。

孵化器的组织合法性狭义上是指一个组织符合国家的法律规定，具有正式的法律身份，广义上是指孵化器的所有利益相关者对该孵化器的经营理念、法律身份、运营模式的认同。这个阶段的工作包括创建法人实体、组建高管团队、招募培训人员和获得资金投入等。

（1）创建法人实体。事业单位性质的孵化器一经获得县级及以上人民政府的批文即视为正式创建法人实体；企业性质的孵化器应在工商行政管理部门办理并取得工商营业执照；民办非企业机构的孵化器，或设立为社团组织的孵化器，应到社会组织管理局办理审批手续，获得运营资格。

（2）取得法人资格后，还须办理税务登记及银行开户等手续。

（3）具备物业管理功能的孵化器，还须同时到工商行政管理部门办理物业管理资质。

（4）准备好（购买）发票、客户租约和其他行政材料。

（5）招聘管理人员时，除了注意要按孵化器设立后的工作安排对人员进行培训和合理分工外，事业单位性质的孵化器还要通过当地人社部门招考录用人员。

（6）需要建设孵化场地或对孵化场地进行装修的，要依据设计要求准备招标文件和选择建筑商或装修队，与建筑商或装修队签约，并监督工程，直至场地和设施能满足企业入孵的要求。

需要说明的是，上述准备工作是穿插进行的，不必等到完成某项工作后才进行下一项。

# 第二节 孵化器选址、空间布局与产业和政策规划

## 一、孵化器的选址

科技企业孵化器所处的地理位置以及入驻企业都会对孵化器的成败产生重要影响。

确定孵化器地理位置的程序与主要原则包括以下几个方面。

首先，决定大致的区域位置。需要考虑的原则包括：应该与大学和研究院所距离接

近，即接近成果（项目）来源、智力资源和可共享试验设备，有利于大学和研究院所的科研人员的创业项目到孵化器中来发展；当地政府支持孵化器的发展；接近科技园区或在园区内，利用高新区整体服务条件并享受优惠政策，毕业企业具有未来发展空间，方便毕业企业迁入当地高新区；周边有活跃的该技术领域的企业群体，方便孵化企业与其建立业务联系，向它们推销产品和服务，还可以解决孵化企业产品生产过程中的配套加工和零部件的协作问题，有利于大企业的衍生企业到孵化器中来发展，形成产业聚集；孵化器周边的专业化服务和基础环境设施比较完善，方便孵化企业获取市场信息和配套服务，尽可能减少孵化器自建的服务项目；该地区有一批潜在的科技创业者，能够吸引创业者来此创业。

其次，考虑具体的实际场址。这方面要强调的几个重要因素包括：孵化器要与周围环境协调，不宜设在住宅区里；公共交通和货物运输方便；有适当的扩展空间；周边环境舒适、安全有保障；供热、供水、供电渠道稳定可靠；最好能够获得低成本或零成本的空闲建筑物或土地，使孵化器和孵化企业负担得起；物理环境还要有利于孵化器的装修改造。

另外，专业技术孵化器的选址较综合技术孵化器更为苛刻，既要考虑依托大学、科研院所或企业等创办母体的优势条件，又要考虑有利于产学研一体化和成果的转移转化，应当坐落在与该专业技术领域发展一致的科技园区，且预留一定发展空间。

## 二、孵化器建筑和孵化场地

确定科技企业孵化器的建筑和孵化场地需要考虑以下几个因素。

面积适宜。初始场地面积不宜过大，但要留有空间，以便将来进一步扩大。对刚刚开始运营的孵化器来说，面积过大意味着不容易迅速完成创业者和创业企业的入孵招募工作，不利于迅速建立良好形象且运营压力过重；但如果开始时面积过小，也不利于形成规模效应且租金收入会不够。孵化器应制定滚动发展策略，切合实际需要设定初始面积，能够保证在需要时获得充足的空间。

确保建筑物整体状况良好。应该用最合理的资金来建孵化大楼或进行旧大楼的改造装修，以确保有更多的资金资源能为孵化企业所用，而不是把钱耗费在华丽的设施上面。

布局合理。孵化器不是一栋简单的大楼，创业者和创业企业使用的工作空间与共享空间布局是否合理，是决定孵化器能否成功的一个关键因素。孵化器布局一是要有利于创业者和孵化企业间的内部交流，考虑其面对面交流的可能性、频率和质量，要有益于开展创造性工作；二是要结合功能与安全方面的考虑，同时要注意使其具有现代化气息和吸引力，以良好的形象吸引客户。一般来说，公共办公区应该安排在入口附近，方便孵化企业与它们的客户使用；接待区应该直接设置在前门附近，而且不要太大，以方便孵化企业使用。主通道应该通过接待区和孵化经理办公室。带有计算机、复印机和邮件收发服务的共享服务区应该置于接待区附近。展示孵化企业产品的空间要与企业名录一起设置在前门附近（企业名录内附有每家公司的简短介绍，包括在孵化器中的入驻时间与目标）。

绿意盎然的庭院，能使创业者们坐下来放松心情，进行创造性地互动、激发灵感。走廊应该是够宽阔以允许小型设备与企业产品进出，但也不能太宽以至于占用出租空间。一定要保证仓库、停车位以及实验室对空间布局的需求。在配重设备的区域里，层板的负荷设计要充分。货物装卸区与储存空间应该设置良好，收发货方便。

弹性的布局。要保证能够方便快捷地调整孵化器布局，以适应孵化企业的多变需求，并保证将来孵化器的扩展。分开的工作空间一定要能连接起来（比如通过预设内部连接门的办法），以适应企业扩张的需要。根据孵化项目的大小，孵化企业空间应该设计成每单位 10 平方米（给刚设立的企业使用）到 300 平方米不等，像模块一样，可扩大、可分割。

办公室的格局。办公空间的格局应既适合独立工作，又方便沟通、交流；整体风格上应是清新、明快的，要使用使人振奋的颜色，避免产生压抑感。

专业技术孵化器可能涉及一些特殊需要，比如生物医药研发制造对 GMP（药品生产质量管理规范）认证的要求。

良好的安全性。对于孵化器内部布局来说，应该考虑留出一道大门，来保证孵化器具有良好的安全性。在空间设置上，应该为各孵化企业提供通往中央办公区的便捷通道，同时确保每个企业的私密与安全性。整个孵化器建筑周围的环境也应该是安全的。理想状况下，每一个工作场所都应该有两个门，以便在火灾或其他灾难发生时提供替代的出口。

好的设计还要能够产生足够的现金流以支持设施和服务运行的能力。布局设计工程的范围要受到盈亏平衡预算的影响。收入预算要求支出少于收入，储备金则要在一定时间内支持设施运行和管理费用的花销，直到达到盈亏平衡点。

布局规划要考虑衔接未来新的建设工作，也要方便装修工作，以便在预算紧、时间短的情况下完成这些工作。最重要的是，布局设计和装修都要尽量降低投资，特别要减轻债务负担。

根据各个孵化器不同的商业模式、创业者需求、服务能力和创建能力以及财务平衡因素，孵化器的面积大小没有一定之规。孵化面积小不是众创空间的独有特征，一些垂直领域的专业孵化器不需要上万平方米的孵化空间；当然，具有较大空间的孵化器有利于建设

"苗圃-孵化器-加速器"链条。需要注意的是，应尽可能将孵化空间留给创业者和创业企业使用，净出租空间至少是建筑面积的 70% 以上。孵化器的盈亏平衡点应该计划在约 70% 的入驻率上，绝不可超过 85%。

## 三、孵化器的共享设施

共享设施是为初创企业创造的共同成长环境的一部分，目的是为孵化企业降低创业成本，同时方便孵化企业使用。共享设施配置应基本齐全，主要包括以下几项。

（1）共享空间。共享空间内有供共享办公使用的桌椅、移动 Wi-Fi。近年来还流行配备随意式沙发、坐垫，以及能够在办公室中使用的迷你小间、迷你过夜帐篷。

（2）供企业租用的场地。新建企业一般需要的开发、生产和办公场地面积不大，但应是弹性的，租金较低，对初创企业来说既方便又负担得起。

（3）现代信息通信设施。孵化器内应具有高速网络，为每个孵化企业提供接口，并配合移动 Wi-Fi，使孵化企业随时随地能够上网。

（4）共享技术开发、试验与检测平台。由于综合技术孵化器中孵化企业的技术领域具有较大分散性，所以一般会借助周边的大学和科研院所的平台。但专业技术孵化器应建有自己的技术开发、试验与检测平台。

（5）公共会议室和洽谈室。孵化器内一般应配有大小不同规模的会议室、洽谈室，会议室还可兼作培训教室。

（6）商务中心。商务中心提供复印、传真、邮政、票务等服务。

（7）生活服务设施。包括餐厅、咖啡厅、文化与体育设施及小商店等。

## 四、孵化器的产业方向规划

在确定孵化器的发展方向时，发起人要密切关注本地区产业的发展状况和未来预期，充分利用创业企业的创新特征，有意识地聚集特色产业要素，吸纳能够补充、完善、提高当地产业集群的创新创业者，不断提升当地产业集群在产业链中的位置，即从低端逐步向高端发展，在促进区域产业升级中扮演重要角色。反过来，区域产业集群也有利于该区域内创业企业成长。创业企业可以充分利用产业集群不断成熟、发展和扩展所带来的丰富机会，依托集群内各种现成的、可资利用的上下游用户和关系，迅速发展壮大；同时，相关产业领域的众多创业企业也会形成新的产业聚集，在当地形成新的产业集群。因此，孵化器发起人要充分考虑当地产业集群发展状况，前瞻性地提出孵化器的产业配置方案，调查、分析和确定产业目标客户，从而确定孵化器的产业选择，并决定孵化特色和重点，以此制定招商策略、孵化器推广方案。

有些孵化器在成立之初并没有规划明确的产业方向，或者正处于由综合技术孵化器向专业技术孵化器转型的过程中，需要寻找专业方向。这一问题可以结合如下因素来解决。

（1）利用创办者的专业资源。

（2）发挥孵化器运营过程中积累的某方面优势，进一步强化聚集。

（3）关注当地政府产业规划中的重点产业。

（4）有待转化的可以合作的大学、科研院所的创新性技术成果方向。

（5）新技术革命带来的产业革命中的某些领域。

## 五、政策规划

孵化器创建之初，要对孵化器本身、孵化行为与孵化对象进行两个层面的政策设计。

一是在现行国家和地方政策体系框架内，通过政府购买公共服务争取对孵化器建设资金、用地、配套费用等给予支持和优惠；通过公开、公平、公正的程序，争取对孵化器运行经费给予补助、对孵化器公共技术服务平台建设和运营给予支持；通过考核，争取对孵化器升级认定的支持、对孵化器税收优惠的支持等，并将其纳入孵化器整体运行规划。

二是设计孵化器的孵化政策和管理办法。对孵化的创业者、创业企业实施的孵化政策和管理服务办法，包括孵化对象的选择标准、毕业与迁出标准、服务标准、各项服务的收费标准、收费减免政策、投资与借贷资金的使用办法、与外部资源合作的标准等。此外，孵化器在创建阶段还应做好服务规划。服务规划的具体内容将在后续章节详述。

# 第三节　孵化器的客户与市场开发

孵化器应按照自身的宗旨和目标，结合所在区域的产业结构特性和建设规划对孵化谁、如何孵化以及如何退出做出明确具体的规定。这些规定是孵化政策的核心，在孵化器的孵化活动中严格执行。

## 一、孵化器的客户

孵化器的客户既包括狭义的孵化企业，也包括其他入驻企业。这里，我们把入驻孵化器的孵化企业和非孵化企业统称为入驻企业。根据孵化企业的成熟水平和成长潜力，我们将其分为高成长性企业和有希望的企业；对于非孵化企业，根据企业的性质，我们将其分为临时客户型企业和固定客户型企业。同时，那些已有充分准备，希望在孵化器中启动创业公司的创业者也是孵化器的客户。

### （一）孵化企业

#### 1. 初创企业与孵化企业

初创企业是指处于新成立和刚起步阶段的企业。通常企业的创业期从 18 个月到 42 个月不等，创业期企业的基本特征是没有稳定的现金流，没有成型的管理模式，能控制的资源有限，面对的发展环境复杂多变等。孵化企业是指那些愿意接受孵化器的指导、建议与咨询并与孵化器签署协议，入驻孵化器接受孵化的初创企业。

入驻孵化器的孵化企业是优先并严格选择的客户企业。孵化器制定有以孵化企业为对象的全方位服务计划，努力帮助企业获得必需的资源，帮助其成长。衡量一个孵化器是否成功的标准便是其孵化的毕业企业质量和数量，而选择具有高成长潜力的孵化企业入驻，则是孵化器实质运作中迈向成功的第一步。

其中，高成长性创业企业是孵化器最青睐的类型。这类企业的创业者常常是那些具有强烈成功欲望、富于创新、积极进取、敢于冒险并能迅速从失败中学习、善于利用资源、善于识别和把握机会的企业家们，企业的产品和服务已经接近成熟并且准备在潜力很大的市场上营销。高成长性创业企业会给孵化器带来声誉，并给有希望的创业企业树立榜样、提供参考模式。

有希望的创业企业也是孵化器要重点引进的企业类型。这类企业有潜在的竞争力，具备向高成长性创业企业转化的基础和条件。如果孵化器能够提供资源支持，加强跟踪和指导，帮助企业克服自身存在的弱点和不足，其中的一些创业企业将会转变成为高成长性创业企业。如果一个孵化器不能保证有一定数量有希望的创业企业入驻，那么它就是一个没有希望的孵化器。

#### 2. 创业者

一些还没有成立公司的创业者，不仅具有一定技术基础和创业想法，还初步组织了创业团队、准备了启动资金，打算到孵化器创业。此时，孵化器也要筛选其中符合自身孵化目标的创业者作为自己的孵化对象。

在对创业者的选择中，孵化器不仅要像对待初创企业那样做出考虑，还要进一步甄别创业者的创业动机，审视创业者的创业计划，确保创业者进驻孵化器后能建立符合预期的创业企业。

考察创业者的创业动机，是为了从创业者中甄选出具有真正创业抱负和有较扎实创业潜力的机会型创业者，而不是普通的生存型创业者。一般而言，只有机会型创业者才能够更好地承担创业风险，勇于创新，不断发现机会并壮大企业。

（二）非孵化企业

非孵化企业一般是指孵化器允许进驻、能为孵化器提供稳定可靠的现金流，能为孵化企业提供商业配套服务的企业。非孵化企业按其性质可分为临时客户和固定客户。

1. 临时客户

孵化器有时为了克服经营上的困难，会临时允许那些能够提供现金流的非孵化企业进驻，或者临时允许那些应该毕业迁出的孵化企业留在孵化器中。这种状况在孵化器初创阶段比较常见，也可能发生在大量孵化企业毕业离开孵化器空出大量场地时，以及孵化器遇到某种特殊经营困难、出现较多空余场地，为了谋求自我生存的权宜之计。接纳临时客户是孵化器迫不得已的选择，一旦有足够的孵化企业入驻，就应该让这些临时客户迁出，所以孵化器一般会和这类企业签订租期非常灵活的合同。

2. 固定客户

固定客户是指那些围绕孵化企业提供商业服务的中介机构和企业，如管理咨询公司、会计师事务所、创业投资公司、律师事务所、技术转移机构、行业协会等。孵化器允许它们进入孵化器，一是因为它们为孵化器提供了稳定的现金流，二是因为它们可以近距离的为孵化企业提供商业服务，促进孵化企业的发展。对于固定客户型企业，孵化器不必给予它们过多的扶持。

固定客户是孵化器有益的合作者，甚至可以成为孵化器服务网络的组成部分。有些孵化器还吸纳了大学的某些系、院或研究所，或者是科研机构的一部分，其与孵化器的专业方向一致，使产学研有效地融通。还有的孵化器进驻了政府科技管理部门、中小企业发展部门以及相关服务机构。

## （三）企业入驻条件与筛选评价

孵化器对入驻企业的选择标准，尤其是对孵化企业的选择标准，是一个孵化器孵化政策的核心。孵化企业的质量是保证孵化器在企业利润、就业岗位、优秀毕业企业、科技成果数量等方面取得优良绩效的必要条件。审慎挑选孵化企业对于保持孵化器的运营质量至关重要，对孵化器坚持组织的根本使命和实现组织的基本目标更为重要。

孵化器可组织孵化器项目经理和聘请来自政府部门、投资公司、咨询公司、研究机构等的专家学者、企业家，组成孵化企业评审委员会，负责对申请企业的审核，提出是否接受企业入孵的意见。该委员会还负责对孵化企业发展的持续评估、孵化企业是否达到毕业标准的评估，提出孵化企业是否应迁出孵化器的意见。

### 1. 选择有潜力企业的基本准则

在科技部制定的孵化企业应具备的条件基础上，孵化器应根据自身具体情况制定一个选择孵化企业的标准。这个标准一般包括以下几个方面：创业者的创业动机；创业团队的构建是否合理；是否具有支付租金和服务费用的能力；是否拥有可以商品化的产品或服务；是否具有快速成长的能力；是否是孵化器打算服务的企业类型；是否属于孵化器打算服务的产业对象或技术领域；是否处在适当的发展阶段；能否真正利用孵化器提供的服务；是否愿意接受孵化器的建议和咨询。还有，孵化器是否满足技术项目的特殊需要，如设施设备及工艺对环境的特殊要求。

### 2. 构造准入程序

构造一个创业者和创业企业的准入程序，既是孵化器选择入驻的创业者和企业的过程，也是孵化器帮助入驻的创业者和企业熟悉和利用孵化器服务的过程。

一个完整的准入程序是分阶段进行的。第一阶段是信息交换，即孵化器为招募创业者和创业企业而进行推广与广告宣传，同时有潜力的创业者和创业企业收集孵化器服务信息，针对是否申请进入与孵化器进行信息沟通和交流。孵化器的项目经理应引导潜在客户企业参观孵化设施并介绍准入程序。如果客户可能是一个有发展潜力的创业者或创业企业，应该鼓励其提出正式申请。

第二阶段，创业者应提交一份初步的创业计划。孵化器项目经理收到计划后，应将其提交给孵化企业评审委员会，对创业者和创业企业的创业计划进行评估，了解企业的优势和弱势、技术评价、市场定位、商业模式等内容，并与创业者进行充分沟通。

第三阶段，创业者的创业计划得到孵化器认可，创业者和创业企业与孵化器签订目标性的孵化协议，入驻孵化器。

### 3. 创业计划

入驻孵化器的创业者和创业企业，都应向孵化器提交一份创业者本人制定的，或在孵化器项目经理协助下制定的创业计划。在这份创业计划中，创业者需着重说明入驻孵化器后三年内的发展状况以及需要接受孵化服务的内容。

一份完整的创业计划应基本涵盖以下方面：创业者或创业公司简介，如成立时间、股权结构、注册资金等；公司产品（服务）及所处行业前景、竞争状况介绍；既有经营业绩和三年经营预测；组织机构及管理模式（产品开发、市场营销、生产组织、财务管理等）简介；资金需求、使用计划；投资回报预测；对孵化器的服务需求等。

创业者本人应亲自撰写创业计划，有助于了解孵化服务，对正在酝酿中的项目形成更清晰的认知。计划书可以使孵化器项目经理了解其发展瓶颈，从而针对性地制定孵化计划，配置有效资源，提供指导服务。创业计划制定后并非一成不变，它需要创业者和孵化器项目经理在企业接受孵化一段时间后（一般为一年），对其进行重新评估和修订，以保障双方在企业孵化发展方面采取一致的行动。在某种意义上，在孵企业的创业计划实际上就是一份商业计划书，企业可以据此向投资人说明投资风险和回报。

### 4. 创业计划评估

孵化器在收到创业计划后，首先要组织项目经理内部评议。如果评议合格，则将计划书转交给孵化企业评审委员会进一步审核。评审委员会根据入驻条件和选择标准，对创业者和企业的入驻提出具体建议，最后由孵化器负责人来抉择是否接受其入驻。

对创业计划的评估是企业入驻工作中最核心的一个环节。为了确保入驻的创业者和创业企业符合孵化器目标，孵化企业评审委员会要严格审核创业计划，评价企业管理团队或创始人的管理水平以及是否愿意接纳劝告和建议、创业计划的内容和质量、企业未来的收益潜力及市场潜力、目前的财务状况、企业吸引投资的可能性、创造就业机会的能力等；在产品和市场方面，要审核企业产品和服务进入市场的时间、成功销售产品和服务方面的难度；在技术方面，要评价企业技术的质量（可申请保护的技术）、技术可能的生命周期和应用前景；在研发方面，要看企业对新的研发工作是否有连续的投资计划等。在对创业团队的经验和水平以及商业建议的评估中，更需要注重前者。

评估的过程应是评估者和被评估者之间积极讨论、相互提问的过程。通过讨论多种方案，找出对企业和孵化器最佳的安排。评审委员会有责任帮助创业者厘清其创业计划，有责任向孵化器管理者说明其所做决定的依据，有义务为评估对象保密。

---

### 评估企业的三个层次

**一般层次：**

- 企业的成长潜力；

- 创造工作机会的能力；

- 产生净利与支付孵化器租金的能力；

- 发展区域经济多样化的潜力；

- 增加地方税收的能力；

- 与当地的管理政策的匹配度；

- 与孵化器目标和其他孵化企业的兼容性。

**技术层次：**

- 技术创新所带来的价值的增加；

- 核心竞争力；

- 研发上市时间；

- 概念独创性；

- 获得外部的专门知识、人员与设施支持的能力。

**经营层次：**

- 市场知识与某个具体行业的知识；

- 以人为本的管理者，有能力吸引重要人才；

- 发展合作关系网络的能力；

- 良好的沟通能力；

- 具有从孵化器获得支持的欲望。

---

## 二、市场开发与孵化企业的招募

### （一）市场开发策略

#### 1. 把握定位

把握定位即明确孵化器在所处环境中的位置，确定自己在市场中的位置，包括清晰勾勒出服务过程、顾客与市场、孵化器的社会责任与自我利益等各方面关系及行为。孵化器应充分考虑外部环境，清楚行业竞争对自身行为和效益的影响，确定自己在行业中的地位和达到该地位所应采取的各种措施；同时，应挖掘并展示自身所有的优势亮点，包括区位优势、交通优势、环境优势、配套优势、建筑格局优势、创建者优势、资源优势、渠道优势、产业链优势、品牌优势、服务优势等。

**2. 制定积极的宣传策略**

孵化器应选择与有影响力的媒体合作，充分利用广播、电视、网络宣传册、微信等多种媒体渠道，以主题专访、活动推广、创业大赛、项目合作等形式，扩大社会影响力与覆盖面，吸引创业者和创业企业入驻。

**3. 建设市场开发对象资源库**

孵化器要深入高校、科研院所、行业企业等，广泛了解潜在的创业者群体情况，将其登记入库，为孵化器明确未来可以深入开发的市场对象资源群体。

**4. 搭建协作平台**

搭建协作平台指孵化器与特定服务对象所在的机构和行业组织建立合作关系，搭建协作平台，开展协作活动，使创业孵化服务与特定行业进行资源对接，形成平等互利、优势互补、共同发展的良性机制。

**（二）招募团队的组建**

孵化器的市场开发活动在孵化器创建初期非常关键。此时，孵化器还没有充分的客户，孵化服务人员的工作还处在准备阶段，服务活动大部分还没有开展。因此，孵化器最好能将招募团队的组建与服务团队的组建统一起来，这支团队的初期任务主要是招募客户，在有了一定客户之后转为提供服务。因此，建议孵化器以孵化服务人员的标准组建客户招募团队，在不同时期安排不同的任务。

孵化器对客户的影响力和吸引力在很大程度上取决于其良好形象与客户的认可，即口碑。所以，在孵化器的运作进入相对成熟的阶段后，企业招募人员所起到的作用会降低，而品牌的作用将日益明显。

**（三）招募活动和品牌推广**

**1. 召开座谈会**

邀请市场对象资源库中的人员参加孵化器政策宣讲座谈会，介绍孵化器的孵化政策和孵化服务，征求他们对孵化器创业服务活动的意见，在有条件的情况下，可以邀请重量级人物出席，展开大范围的宣传推介。

**2. 开展走访活动**

分散而深入地走访潜在创业者，是孵化器招募工作中不可或缺的环节。针对潜在目标客户深入了解他们的想法、状况和需求，可以更加有针对性地对接孵化器的创业服务，提前介入创业企业的商业计划，对接导师辅导等资源，提高效率。

### 3. 组织创业者参加创业训练营

孵化器可以定期举办创业训练营，从知识层面和操作层面提升潜在创业者的创业意识，培养创业能力，集聚创业资源，推介创业项目，搭建创业交流平台；对有创业意愿的创业者开展企业运作和市场开拓的实训教育，通过专业培训师引导和模拟实践训练，使创业者感悟市场，提高并丰富企业运作知识与技能，鼓励与遴选符合条件的创业者入驻孵化器。

### 4. 组织或参与创业大赛

孵化器可以自行举办或与知名社会机构共同举办创业大赛，并参与各类和各种范围的创业大赛，建立常态、长效的创业大赛成果跟踪机制，与获得大赛奖项和有发展潜力的创业者及时联络、保持联络、促成对接。

### 5. 借力天使投资人与投资机构

天使投资人与创业投资机构等风险资本都会优中选优，往往同时跟踪着大量创业者和创业项目。孵化器要特别加强与这些个人或机构的合作，一方面双方在促进创业企业成长上目标一致，可以展开一致行动，共同扶持优质的创业项目，另一方面有利于双方交换信息，孵化器把自己优秀的孵化企业介绍给他们，同时也可以请他们把正在跟踪或实投的项目介绍给自己，实现资源互补。

### 6. 发挥协作机构的作用

加强与高校、科研院所、行业企业、行业协会等机构的合作，利用好协作机制，将其作为创业"种子基地"，可以让孵化器源源不断地获取创业的"种子"。特别是，孵化器要与高校开展深入合作，因为很多高校创业苗圃和众创空间缺乏后续的孵化器服务，而孵化器正好可以与之形成互利机制，接力孵化。

### （四）孵化服务的品牌化与推广

具有鲜明品牌形象的孵化器可以得到媒体和大众的更多关注，可以扩大在各种投资机构中的知名度，使在孵企业获得更多的融资发展机会。同时，这样的企业孵化器还可以吸引更多优秀创业企业的加盟入驻，提高孵化企业质量。

孵化器应重视品牌建设，系统化地打造自身特色，积极对外展示和推广。这不仅是为了更好地招募客户，也是为了高水平地开展服务，提升孵化绩效。孵化器品牌化与推广工作包括但不限于以下内容。

（1）设计和正确使用 LOGO。孵化器应设计出符合自身特色的 LOGO，将其应用于孵化器建筑的醒目位置，以及员工的名片、宣传资料、电子邮件等对外交往的地方。

（2）制定并颁布服务标准。孵化器应制定并颁布符合自身实际的服务标准，加以实施并对外昭示。

（3）将自身的优势服务、特色服务集中对外宣传推广。

（4）在毕业企业中选出创业英雄，设立创业英雄榜广泛传播。

（5）邀请创业英雄作为孵化器形象代言人，请其在各种适宜场合代表孵化器发声。

（6）孵化活动仪式化，并邀请包括潜在创业者在内的人士参加。例如，新孵化企业入孵仪式、毕业企业典礼仪式。

（7）周年庆也是重要的环节，应至少 5 年举办一次。

（8）整理自己的经验材料，在同业会议等各种适宜的场合宣讲，在各类媒体（包括自媒体）上报道。

（9）创先争优。争取各级各类集体和个人的荣誉资格，特别是行业内的资格和认定。

【思考题】

1. 请分析你所在孵化器的创建者的资源能力，以及孵化器正在如何发挥该资源的能力。

2. 请分析你所在孵化器的创建过程，提出影响运行业绩的亮点或不足。

# 第三章
# 孵化器组织和制度建设

## 第一节　孵化器的组织建设

### 一、组织规划

孵化器应该像企业一样运行，而非政府机构、大学或研究机构的附属物，也不能成为一个行政管理组织。

孵化器要有明确的宗旨、目标、任务、定位，确定组织层次、发展战略、决策机制、岗位职责、考核指标，进而确定孵化器的组织机构、组织制度及财务管理原则、重点工作任务等。

#### （一）治理结构

我国事业单位性质的孵化器与其他事业单位一样，由上级单位指派或任命主任、副主任和支部书记，组成领导班子，对孵化器实施经营管理。近年来，随着我国事业单位改革进程的加快，一部分事业单位孵化器转为企业，没有转企的孵化器执行着更为严格的事业单位预算制度、政府采购制度、人员考录制度、工资福利制度等，自主经营空间不大。

我国企业性质的孵化器，不管是国企还是民企，具有健全的董事会、监事会与经理层结构的孵化器并不多见。大股东直接选派经理人员实施经营活动的情况最为常见。

鉴于孵化器具有公益性和营利性双重属性，我们建议为孵化器配备理事会或董事会，此举不仅可以完善孵化器的治理结构，还可以为孵化器带来更多的服务资源与渠道。这里，管理团队代表股东和其他合作者的利益，董事会／理事会是共同发起人之间的纽带。积极的合作者是孵化器成功的基础，良好的合作关系将会给孵化器带来更多的资源。

### （二）孵化器部门或岗位设置

孵化器内部的部门与岗位设置应坚持"以服务为导向、功能完善、人员精干、弹性组织、资源外取、网络孵化"的原则，做到因需设定岗位、因岗择录员工。我们可以根据孵化器的规模和孵化特色设定部门或岗位，人员少至几人、分别承担不同角色任务，多至几十人、划分为多个部门协同工作。一般可以设置如下的核心部门或岗位。

（1）企业服务部/企业服务经理：筛选入驻企业、签订孵化合同；为入驻企业分配和调换租赁场地；为孵化企业提供工商注册、税务登记、年检、变更等咨询代理服务；组织孵化企业申请各类政府支持；组织创业培训、咨询；提供法律事项协助，商业计划指导，企业发展诊断与咨询，组织创业企业进行交流；联络外部顾问与专家及其他资源；对毕业企业提供跟踪服务等。

（2）技术服务部/技术服务经理：对科技企业提供技术支持、提供咨询与信息服务；提供孵化企业的科技成果鉴定与评价、专利申请、技术合同登记、检索查询、技术交易等与科技项目相关的代理和咨询服务；提供孵化企业技术外部协助服务，负责专业公共技术平台的搭建与运营等。

（3）投融资服务部/投融资经理：孵化基金的运作管理、投资/短期借贷项目的评价与实施、投资/短期借贷企业的跟踪与监控；孵化企业的投融资咨询、股权转让、兼并、重组、股份制改造、融资、上市等重大事项的分析评价和协助等。

（4）人力资源服务部/人力资源经理：人事管理、岗位管理、档案管理、制度管理、孵化器与孵化企业员工的招聘、考核、奖惩、培训及薪酬管理。

（5）信息服务部/信息服务经理：孵化器内部信息管理和外部宣传网站建设管理；孵化企业信息化支持。

（6）物业服务部/物业服务经理：孵化大楼硬件设施管理与维护；保安、保洁、消防、绿化和餐饮服务等。

（7）外联服务部/外联服务经理：负责国内外合作事项，外部资源开拓与链接。

（8）行政管理部/行政经理：负责与党政工团相关的工作、行政管理、文秘宣传、办公用品采购和资产管理、资讯传递、协调监督等工作。

（9）财务管理部/财务经理：负责孵化器及所属业务单位财务管理制度的制定和执行；年度财务资金计划的编制、计划、执行、控制和融资渠道的拓展；财务收支核算与管理；现金、银行存款、固定资产、债权债务、票据、印鉴、工资、纳税、报表等；为孵化企业提供财务记账代理服务等。

需要注意的是，由于孵化器对创业者和创业企业的服务是人对人的、面对面的，且往往是个性化的、针对性强的"量体裁衣"式的服务，所以孵化器的员工数量与孵化企业数量之比不能过低。我国很多孵化器实行了创业导师 - 辅导员 - 联络员制度，对孵化器员工数量从服务能力方面提出了要求，在为孵化器配备员工时要予以充分考虑。

## 二、团队建设

孵化器应组建人才结构合理的管理团队，为团队成员安排一系列有计划的活动，从而有效利用孵化器的设施、功能、平台等，使所有在硬环境和软环境方面的投入能够更加高效、规范和顺畅地运行，团队成员责任明确、知识共享、团结协同，最大限度地发挥孵化服务人员的主观能动作用。

### （一）孵化团队的素质与知识结构要求

由于需要为科技创业企业提供服务，创业孵化服务人员需要具备多方面的专业知识和能力，并具有积极的服务意识。

一是创业管理方面，应熟悉创业者类型，让具备创业精神的创业者入孵；应熟悉小企业创业成长规律，具备成熟的商业判断能力，以指导创业者甄别和把握创业机会、用正确的管理方式发展；应具备企业财务知识、掌握会计原理，以帮助创业者正确地处理财务事项；应具备人力资源管理知识，以帮助创业者组建创业团队。

二是技术管理知识和能力方面，应掌握必要的技术管理知识和能力，帮助创业者判断技术商业化潜力、规划商业化路径，协助创业者申报技术专利、利用知识产权保护和开发技术，了解和熟悉技术领域发展（专业技术孵化器人员特别要了解和熟悉该技术领域的发展），掌握相关专业领域的大学与院所的优势和专家情况，能够帮助企业对接技术成果，找到相关专业人才提供技术帮助。

三是品质方面，应具备在科学基础上的开拓精神、"冒险"精神与创新精神，勇于承担责任，具有领导力、社会活动能力和良好的人际关系，有强烈的社会责任心、奉献精神和充沛的精力，能够热情、高质量、高效地解决孵化企业需要解决的各种问题，具有正直、细心、耐心的品格。

四是经验方面，应具有成功的创业经历或丰富的企业运营经验，曾任企业高管、技术开发或市场开发主管，会计师事务所的财务咨询人员、投资公司的投资经理、科技主管部门的项目工程师等，都是孵化服务团队的理想人选，能够胜任创业导师、创业辅导员或企业联络员。

（二）孵化器管理人员的基本职责

（1）全面履行国家有关孵化器的政策规定，孵化器章程、制度和有关约定所规定的职责、目标、任务；

（2）针对孵化企业特点量身定做企业发展计划，组织开展企业咨询、培训，服务创业过程、跟踪毕业进程，促进孵化企业互动。孵化器的企业服务人员应将主要精力、时间用于与孵化企业直接有关的工作上。

（3）组织和动员外部相关资源，建立孵化器支持网络，营造孵化企业的成长环境，提高创业成活率和成功率，促进企业的快速发展。

---

**操作工具：孵化器主任／经理岗位说明书**

（1）本孵化器经营计划的推广和实施：为孵化器筹措资金并管理资金；规划与开展孵化器的市场推广活动，联络企业和各相关部门，以提高大众的认识、告知潜在的投资者、吸纳入驻企业，并动员社区支持；协助董事会／理事会的组织运作，准备每月的活动与财务报告，并提供季度和年度报告；动员相关资源并建立孵化器支持网络，与大学、研究实验室、银行、商会以及其他与促进中小企业发展有关的项目建立合作关系，对各项服务的提供者进行评估；设计商业计划书和战略计划书，酝酿孵化政策和开发新的孵化领域；充当发言人。

（2）对孵化企业的支持：评估与选择有前途的孵化企业入驻，并与之建立良好关系；洽谈最终的孵化协议；建立正式网络与非正式网络，以满足孵化企业的需求，包括各种研讨会形式的培训计划；帮助孵化企业与大学和研究机构取得联系，利用其研究人员与设施，帮助孵化企业开展研究分析、测试、原型开发等；促进孵化企业间的互动，特别是促进其相互间的合作关系（如上下游关系）；针对孵化企业特点量身定做财务战略与企业发展计划，包括设备租赁与购买，银行、政府、创投的财务资源利用等；寻找、关注、管理商务顾问与服务；开展企业咨询服务，向企业提供支持、建议；监控进驻企业及其毕业进程。

（3）设施运营：开发并制作运营流程，以使孵化器运作更为有效，并满足利益相关者的期望；设计与执行房屋租用计划表、收费办法，开辟其他收入来源，使孵化器达到设定的经济目标。

（4）孵化器的日常管理工作：孵化器的财务预算和控制；聘用、激励、培训、指导和监督员工；管理孵化器和其他企业发展项目；组织物业服务工作、建筑物的管理和维修工作。

---

---

**操作工具：孵化器主任／经理的任职条件**

　　具有企业管理背景，理解小企业的错综复杂性，熟悉初创企业及企业成长周期中的各方面情况，熟悉高科技企业在创业方面的各种问题；有强烈为顾客着想的欲望和主动行动以及及时完成目标的能力，有通过工作不断改进的愿望；了解本地区的情况，与大学、政府、企业等组织有正式或非正式的联系；具有向孵化企业提供管理、技术和企业经营等方面建议的咨询能力；具有优秀的书面和口头表达能力和计算机使用能力；熟练使用英语或其他外语，以便于国际交流；具有社会活动家的素质，具有良好的人际关系处理技巧，能够和孵化企业、服务提供者、政府机构有效互动；有激发进驻企业、工作人员等信心的能力；正直无私、积极热情、自信，具有成熟的商业判断能力，保持对孵化器成功的承诺和对孵化企业的承诺；了解财务和会计原理，以确保对各种资源的合理使用。

---

### （三）孵化团队的学习成长与激励

**1. 孵化团队的职业化建设**

　　科技服务业是运用现代科技知识、现代技术和分析研究方法，以及经验、信息等要素向社会提供智力服务的新兴产业。创业孵化是科技服务业的重要组成部分，因此，孵化团队的职业化建设涉及整个行业的宏观层面，也涉及孵化器个体的微观层面，包括如下四个方面：

（1）创业孵化职业化的知识与方法论体系；

（2）孵化服务职业精神与服务规范；

（3）创业孵化职业培训教育体系；

（4）孵化器员工素质能力提升与职业发展。

　　当前，我国孵化器行业不断总结、归纳孵化服务的经验，形成系统化的创业孵化知识与方法论体系，凝练出孵化服务职业精神、规范化的操作规程，并通过建立培训教育体系使之扩散、传递给行业从业人员，使孵化器员工的素质能力得到了提升。同时，各孵化器不断总结自身经验、服务规范与特色，将其共享给全国同行，促进了整个行业的提升。孵化器员工则努力学习、不断实践，在自身素质和能力提升中获得职业发展。

　　创业孵化知识与方法论体系是不断发展的，包括但不限于如下内容：

➢ 孵化与孵化器基本原理，包括概念、宗旨、内涵、特征、功能、作用等；

➢ 各类型孵化器的孵化要素、孵化手段、孵化对象与孵化管理；

➢ 孵化器的规划建设、可行性分析、选址、空间布局与产业和政策规划；

> ➤ 孵化器的组织规划、治理结构、部门与岗位设置、团队建设、制度建设与管理体系；
>
> ➤ 孵化器的客户招募、筛选、入驻安排与毕业管理；
>
> ➤ 商务服务、政策服务、技术服务、投融资服务、战略管理咨询服务、物业服务、市场营销服务、中介服务等孵化服务体系建设与实务；
>
> ➤ 建立与实施创业管理、企业发展管理的创业辅导体系；
>
> ➤ 孵化服务文化、品牌与质量标准；
>
> ➤ 孵化器的资源整合与资源获取；
>
> ➤ 孵化器的收支结构与盈利模式；
>
> ➤ 孵化器发展模式、服务模式、运营模式；
>
> ➤ 专业孵化器运营管理；
>
> ➤ 我国孵化器发展的经验与发展趋势；
>
> ➤ 孵化器的绩效评价与转型升级。

孵化服务职业精神与服务规范、创业孵化职业培训教育体系、孵化器员工素质能力提升与职业发展以上述内容为基础展开。

对员工开展职业培训，是孵化团队职业化建设的重要环节。孵化器要满足孵化企业的需求，对照员工岗位与各个岗位的工作职责说明书，对每个人的短板进行分析，确定其执行目标任务所需的技能，并与工作胜任能力进行比较，确定员工个性化的培训内容和目标。

孵化器对员工的培训教育，可以使用一些鲜活的培训方式来实现，包括实地考察孵化器、科技园区、创投公司与其他相关机构，以扩充视野，建立各种合作关系；以学员身份到一家运作良好的孵化器实习，以实际了解他们如何与孵化企业互动；参加国内外孵化器协会组织的专业会议，参与讨论等。

## 2. 孵化团队的企业文化建设

创业孵化工作倡导的创新创业文化，已体现出广泛的社会影响，形成了孵化器行业共同的行为规范、价值观念和价值取向。

尊重创业者、亲近创业者，与创业者共同成长，是许多孵化器从业者共有的情感。比如，西安高新区创业园根据创业者需求，提出由创业者"众筹"各类培训课程，让创业者寻找自己实际需要并有共性需要的课程；上海杨浦科技创业服务中心则力推"仰视创业者"的服务理念，在孵化服务设计上从始至终以创业者的需求为依归，根据创业企业成长的特殊规律，找准关键环节，持续深化服务，让浓浓的创业情怀陪伴企业成长壮大。孵化器不仅要让创业者获得成功，也要与创业者共同发展。

每个孵化器都应将上述精神和文化融入自身的日常活动，通过举办孵化企业毕业典礼、建立成功的创业者形象墙、孵化经验分享故事会等，确立团队的共同价值观，将孵化精神和文化渗透到团队成员的血液中。

**3. 激励机制创新与职业发展**

孵化器从业人员，尤其是骨干员工的投入与所获得的收益常常难以匹配，孵化器行业存在着人才流失的问题，极大地影响了孵化器管理团队的稳定性。因此，能否通过积极有效的人力资源激励机制，吸引并留住优秀人才，创造良好的创业孵化业绩，将是孵化器管理工作的基础，是孵化器可持续发展的重要保证。

激励工作的目标，一是要增强员工执行力。管理者要依靠适合的管理办法和手段，如绩效管理的关键绩效指标考核、平衡计分表、360 考核、绩效薪酬制度等，找出适合本孵化器特点的、能够让员工主动做好自己工作的方法，努力达成工作目标。

二是要注重培养员工的创造力。孵化服务是富于活力的创造性工作，管理者要处理好指导与信任这一对矛盾，对员工充分授权，形成鼓励创新、鼓励探索的企业文化和领导思维，对失败和创造中的过失持宽容的态度，不要因为自己的眼光与眼界而扼杀创造力。对于孵化器来说，具有执行力是不够的，还需要具有创造性，并持续推动个人积极性。

在实践中，事业单位性质的孵化器往往通过普遍的职称晋升、个别的职务晋升等成长激励作为激励手段；企业性质的孵化器往往采用薪酬激励、职务与薪级晋升等手段实施激励，同时辅以股权激励措施。股权激励又分为两种方式，一种是对孵化器自身股权的员工持股，另一种是对孵化企业持股孵化，这两种方式都是有效的长期激励手段。此外，孵化器管理团队引导成员认同团队文化，通过团队文化实施激励也是一种重要的激励机制。

# 第二节 孵化器的制度建设

## 一、孵化服务制度建设的内容体系

本节讨论的孵化服务制度仅聚焦于孵化器运行所涉及的专门制度，不涉及各类组织都需要遵循的一般性制度，如物品采购制度、固定资产折旧制度等。

**（一）孵化服务制度概述**

孵化服务制度由一系列覆盖孵化服务的组织与人员体系、孵化服务内容体系、孵化服务过程体系、孵化服务标准体系、孵化绩效考核体系等组成，涉及岗位说明书、流程性文件、标准文件、工作文件等多类文件。这些制度文件构成孵化器运行的基本骨架，与员工的创造性工作一起，成为孵化器日常运行的有机整体。

孵化器建立伊始，就应通过董事会或理事会、主任办公会或经理办公会等讨论，将各类基本制度建立起来，并以文件的形式颁发出去加以执行，以尽快建立健全孵化器的工作秩序。

随着孵化服务活动的开展，孵化器可以结合自身实际情况以及经验，逐步修改和完善某些制度，或者根据需要制定颁布新的制度，逐渐完善已有的制度体系，就能够维护好孵化器运行的制度体系。

**（二）孵化服务制度内容体系**

我们按照制度的性质与内容、制度的表现形式这两个维度，构建孵化服务制度内容体系。

维度1：制度的性质与内容

按照制度的性质与内容，孵化服务制度内容体系分为组织自身的服务导向系列、入驻企业管理系列、孵化服务内容系列、孵化服务过程系列、孵化服务标准系列、孵化绩效提升与考核系列、物业管理系列等。

维度2：制度的表现形式

按照制度的表现形式，我们将孵化服务制度内容体系分为说明书类文件、标准文件、流程性文件、工作文件等。

这些文件有的要从整体上对相关对象、工作过程等做出规定或者说明，有的要具体描述达到的目的，规范到工作、具体到岗位，深入而细致，形成体系，如表3-1所示。

表 3-1 孵化器制度文件体系

| | 标准文件 | 流程性文件 | 工作文件 |
|---|---|---|---|
| 组织与人员 | - 中心/公司章程<br>- 中心/公司介绍<br>- 组织体系设置，包括治理体系、部门设置、主要职责、岗位编制、相关人员法定来源等的规定性文件<br>- 经理人员、企业服务人员、行政管理人员、前台服务人员岗位职责说明书<br>- 各岗位的任职与选拔标准条件 | - 员工招聘录用管理流程 | |
| 企业入驻与迁出 | - 企业入驻评估和评审专家组政策<br>- 入驻孵化企业的遴选与遴选标准<br>- 入驻的非孵化企业的遴选标准<br>- 孵化毕业制度与毕业标准<br>- 毕业企业定期联系制度<br>- 孵化企业的迁出制度与迁出条件 | - 招商管理流程<br>- 孵化企业进驻咨询与申请流程<br>- 企业入驻管理流程<br>- 企业毕业管理流程<br>- 企业迁出管理流程<br>- 企业调房管理流程 | - 入驻孵化申请表<br>- 入驻孵化审批表<br>- 孵化服务手册<br>- 入驻咨询服务检查表<br>- 孵化协议/孵化场地使用合同<br>- 非孵化企业场地使用合同<br>- 场地使用详细情况表<br>- 企业电话表<br>- 入驻企业信息单<br>- 钥匙登记单 |
| 基础服务与物业服务 | - 服务与设施——用户指南<br>- 安全用电与用电服务指南<br>- 安全用水与水服务指南<br>- 共享空间服务指南 | - 企业服务管理流程<br>- 商务服务管理流程<br>- 公共会议室管理流程<br>- 钥匙管理流程<br>- 共享空间与孵化场地开门与关门流程 | - 水表卡、电表卡、复印卡登记表<br>- 会议室使用记录表<br>- 复印机使用记录表<br>- 企业用水记录表<br>- 企业用电记录表<br>- 共享空间工位使用记录表 |

（续表）

| | 标准文件 | 流程性文件 | 工作文件 |
|---|---|---|---|
| 企业发展服务 | － 入门计划概览<br>－ 入门计划：企业促进服务人员指南<br>－ 入门计划：创业者与创业企业指南<br>－ 孵化企业成长潜力测评制度<br>－ 公共技术服务平台管理制度<br>－ 创业导师与辅导员、联络员管理制度<br>－ 虚拟董事制度<br>－ 虚拟入驻企业管理与服务办法<br>－ 企业家俱乐部活动规则<br>－ 培训工作指南<br>－ 孵化基金使用管理办法<br>－ 天使投资管理办法<br>－ 孵化器持股孵化管理办法 | － 资金服务管理流程<br>－ 公共技术服务平台管理流程<br>－ 培训管理流程<br>－ 创业导师与辅导员、联络员选派流程<br>－ 外部服务采购管理流程 | － 孵化服务协议书<br>－ 投资协议书<br>－ 融资服务协议书<br>－ 会计与记账服务协议书<br>－ 孵化企业情况介绍<br>－ 技术服务需求表<br>－ 技术经纪服务合同<br>－ 知识产权申请服务表<br>－ 法律服务需求表<br>－ 财务咨询服务需求表<br>－ 创业发展管理检核表<br>－ 年度培训工作计划表<br>－ 创业沙龙活动计划表<br>－ 创业导师与辅导员、联络员服务管理台账<br>－ 入孵企业资金使用档案 |
| 收费管理 | － 基于不同对象的阶梯价格收费标准 | － 房租收费管理流程<br>－ 开列收费账单流程<br>－ 追索欠费流程 | － 租金／服务费价格一览表<br>－ 企业服务收费卡 |
| 对外合作 | － 本孵化器合作伙伴吸纳范围与标准 | － 合作伙伴关系审批流程 | － 对外合作协议书 |
| 孵化绩效考核与提升 | | － 客户满意度管理流程 | － 企业情况调查反馈表<br>－ 月／季／年度孵化器管理报告 |

## 二、常用制度管理文件范例

### （一）企业入驻孵化器的准入与毕业流程

企业入驻孵化器的准入与毕业流程如图 3-1 所示。

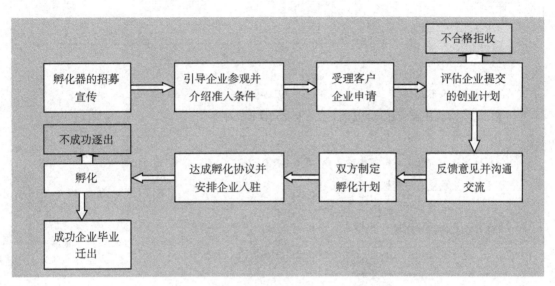

**图 3-1　企业入驻孵化器的准入与毕业流程**

### （二）入驻孵化器申请书

入驻孵化器申请书模板如下所示。

> **入驻孵化器申请书模板**
>
> 　　本申请书中的信息只能用于评审企业孵化器入驻申请者合格与否。该信息严格限制在直接参与评审程序的孵化器经理与员工范围内。
>
> 　　企业名称：
>
> 　　地址：
>
> 　　电话：
>
> 　　申请日期：
>
> **对孵化器的主要要求**
> 所需空间：平方米

入驻时间：

所需支持：

**企业信息**

经营理念：

主要客户：

管理团队：

企业登记法人形式：

（附上影印本与企业章程，以及相关企业登记的法律文件）

企业所有权（所有人与所有权的百分比）

姓名与头衔或企业所有权的百分比

附件：企业商业计划书

## （三）申请入孵企业创业计划书

申请入孵企业创业计划书的提纲如下所示。

---

### 创业计划书提纲

**一、概要**

1. 公司简介（成立时间、股权结构、注册资金）

2. 公司产品（服务）及所处行业前景、竞争状况介绍

3. 既有经营业绩和三年经营预测

4. 组织机构及管理模式（产品开发、市场营销、生产组织、财务管理等）简介

5. 资金需求、使用计划

6. 投资回报预测

**二、公司背景**

1. 公司业务发展历史

2. 发展目标

3. 公司性质及股本结构

---

4. 现有资产状况和财务状况分析

5. 公司支持体系（资金、市场、技术）

6. 其他信息（已签合同、协议等）

三、所有者 / 管理者背景

1. 股东背景及其股份比例

2. 管理者简介

3. 主要技术人员简介

四、行业及市场分析

1. 概要

2. 生产方式介绍

3. 目标市场（需要一定的定量指标）

4. 客户定位及描述

5. 主要竞争对手及合作伙伴

五、产品 / 服务介绍

1. 概述

2. 详细描述

3. 竞争对比

4. 产品 / 服务的独到性

5. 研究与发展

6. 知识产权及保护

六、市场计划

1. 价格策略

2. 促销战略

3. 营销体系的组建

4. 市场增长计划及措施

七、财务计划及分析

1. 融资需求及可出让股份的比例

2. 资金用途

3. 投资回报预测

4. 投资退出方式

八、风险分析及对策

1. 市场风险分析

2. 技术风险分析

3. 管理风险分析

九、孵化服务需求分析

1. 创业"短板"分析

2. 对孵化服务的理解

3. 利用孵化服务的可能性分析

4. 孵化阶段的发展目标

5. 孵化服务的具体需求

## （四）孵化器投融资经理岗位说明书

孵化器投融资经理岗位说明书如下所示。

### 孵化器投融资经理岗位说明书

**工作职责与内容**

- 联系银行、风险投资商、担保公司、投资银行等金融机构，建立投融资服务平台，协助企业获得研发及运营资本；

- 负责投资 / 短期借贷项目的评价；

- 负责孵化基金的运作管理；

- 负责投资 / 短期借贷企业的跟踪与监控；

- 负责孵化企业的投融资咨询、股权转让、兼并、重组、股份制改造、上市等重大事项的分析评价和协助等；

- 作为股东代表，对投资企业进行管理。

**任职资格及要求**

- 了解风险资本及其运作程序；

- 熟悉中小企业发展规律及发展状况，具有三年以上企业管理特别是创业企业融资经验；

- 熟悉投融资业务，掌握相关行业的政策、法规及条例；

- 具有热情、踏实、积极、主动的工作作风和高度的工作责任感；

- 具有良好的沟通和表达能力。

**内部汇报上级**

- 孵化器总经理或负责人

**有密切关系的外部单位**

- 国家科技部及其他相关部委；

- 省科技厅、市科技局；

- 区域内各高校、研究所；

- 各投融资管理、服务机构；
- 管委会经发局、招商局、政策研究室、办公室；
- 其他机构。

（五）孵化器管理报告

孵化器管理报告模板如下所示。

**操作工具：科技企业孵化器管理报告模板**

# ××科技企业孵化器

# 管理报告

# （20××年××月）

编制人：×××

编制日期：20××年××月××日

E-mail：

## 目录（略）

一、进驻企业情况

1. 本期新进驻孵化企业情况

| 企业名称 | 进驻日 | 简要技术项目描述 | 发展潜力描述 | 负责人及联系电话 | 租用地址与面积 |
|---|---|---|---|---|---|
|  |  |  |  |  |  |
|  |  |  |  |  |  |

2. 本期新进驻非孵化企业情况

| 企业名称 | 进驻日期 | 经营项目描述 | 对本中心的贡献 | 负责人及联系电话 | 租用地址与面积 |
|---|---|---|---|---|---|
|  |  |  |  |  |  |
|  |  |  |  |  |  |

3. 本期毕业企业情况

| 企业名称 | 毕业日期 | 企业目前发展状况 | 跟踪服务负责人 | 新的地址及联系方式 | 退租面积 |
|---|---|---|---|---|---|
|  |  |  |  |  |  |
|  |  |  |  |  |  |

4. 本期迁出企业情况

| 企业名称 | 迁出日期 | 迁出原因 | 新的地址及联系方式 | 退租面积 |
|---|---|---|---|---|
|  |  |  |  |  |
|  |  |  |  |  |

5. 企业总体发展情况

| 当期入驻企业总数 | 正常发展企业数 | 有较大发展困难企业数 | 本期累计入驻企业数量 | 本期累计毕业企业数量 | 本期累计迁出企业数量 |
|---|---|---|---|---|---|
|  |  |  |  |  |  |
|  |  |  |  |  |  |
|  |  |  |  |  |  |

6. 创业企业发展重大事件

××月××日，××公司获得××投资公司××万元投资；

××月××日，××公司获得科技局××项目支持；

此外，□□□□□□□□□□□□□□□□□□□□□□□□□□□□。

二、房间与场地使用情况

1. 本期房间调整企业

| 企业名称 | 新增房间号 | 退租房间号 | 新增面积（m²） | 退租面积（m²） | 增量合计 |
|---|---|---|---|---|---|
|  |  |  |  |  |  |
|  |  |  |  |  |  |
|  |  |  |  |  |  |
| 合计 |  |  |  |  |  |

2. 使用率/空置率情况

当期可租面积共 8888m²，期末合计出租 6666m²，使用率为 75%，空置率为 25%。

3. 欠费企业及缴费情况

| ××公司 | 至某日欠费 2000 元 |
|---|---|
| **状况：** | 现入驻企业 |
| **上次付款：** | 三月，500 元 |
| **历史情况：** | 已同意其每月付 200 元 |
| **措施：** | 关注每次的付款情况 |

**合计：**

三、对企业提供的服务

1. 日常服务

（1）企业开业登记及报批等事项：□□□□□□□□□□□□□□□□□□□□□□□□。

（2）企业进驻和调房手续：□□□□□□□□□□□□□□□□□□□□□□□。

2. 咨询、诊断工作：□□□□□□□□□□□□□□□□□□□□□。

3. 技术服务：□□□□□□□□□□□□□□□□□□□□□□。

4. 培训：□□□□□□□□□□□□□□□□□□□□□□。

5. 企业交流

（1）企业之家论坛：□□□□□□□□□□□□□□□□□□□□。

（2）经理俱乐部：□□□□□□□□□□□□□□□□□□□□。

6. 创业导师辅导活动：□□□□□□□□□□□□□□□□□□□□□□。

7. 企业联络员与辅导员工作：□□□□□□□□□□□□□□□□□□□□□□。

8. 投融资工作

（1）协助企业融资情况：□□□□□□□□□□□□□□□□□□□□□。

（2）种子资金（孵化基金）使用情况

①投资情况：□□□□□□□□□□□□□□□□□□□。

②周转借贷情况：□□□□□□□□□□□□□□□□□□□。

9.各类项目申报情况

| 申报企业名称 | 项目名称 | 项目种类 | 申报进度 | 预期报出时间 | 责任人 |
|---|---|---|---|---|---|
| | | | | | |
| | | | | | |
| | | | | | |
| | | | | | |

10.公共技术服务平台情况

孵化器对公共技术服务平台的建设和完善情况：□□□□□□□□□□□□□□□□□□□□□□□□。

在孵企业使用公共服务平台的情况：

| 设备名称 | 使用单位 | 使用日期 | 收费情况 | 设备状况 | 负责人 |
|---|---|---|---|---|---|
| | | | | | |
| | | | | | |
| | | | | | |

发生的费用与收入情况：□□□□□□□□□□□□□□□□□□□□□□。

产生的成效情况：□□□□□□□□□□□□□□□□□。

11.其他服务：□□□□□□□□□□□□□□□□□□□□。

四、财务情况

1.总体收入与支出情况

当期实现收入××元。至本期，本年累计实现收入××元。

当期支出××元。至本期，本年累计支出××元。

当期收支相抵余额±××元。至本期，本年累计收支相抵余额±××元。

2.各项收入完成预算情况

| 项目 | 当期收入 | 累计收入 | 全年预算额 | 累计完成全年预算比例 | 负责人 |
|---|---|---|---|---|---|
| | | | | | |
| | | | | | |
| | | | | | |
| 合计 | | | | | |

说明：（1）××项收入与预算相比超收较多，是因为□□□□□□□□□□□□□□；

（2）××项收入与预算相比大幅度降低，是因为□□□□□□□□□□□□；

（3）总体结论：□□□□□□□□□□□□□□□□□□；

（4）财务提示：□□□□□□□□□□□□□□□□□□□□。

3.分项支出情况

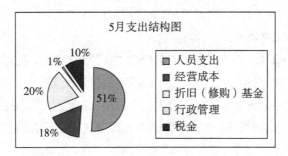

分项支出表

| 项目 | 当期支出 | 累计支出 | 全年预算额 | 累计支出占全年预算比例 |
|---|---|---|---|---|
|  |  |  |  |  |
|  |  |  |  |  |
|  |  |  |  |  |
|  |  |  |  |  |
| 合计 |  |  |  |  |

说明：（1）××项支出与预算相比超支较多，是因为□□□□□□□□□□□；

（2）××项支出与预算相比大幅度降低，是因为□□□□□□□□□□□；

（3）总体结论：□□□□□□□□□□□□□□□□□□□□□□；

（4）代收代付项目实现余额（或亏损）6666元，原因是□□□□□□□□□；

（5）财务提示：□□□□□□□□□□□□□□□□□□□□□□。

4.折旧（修购）基金提取及使用情况：□□□□□□□□□□□□□□□□□□□。

5.政府支持专项款拨入及支出情况：□□□□□□□□□□□□□□□□□□□。

五、承担的政府项目或其他项目的执行情况：□□□□□□□□□□□□□□□□□□□。

六、物业管理

1.建筑及设备：□□□□□□□□□□□□□□□□□□□□□□。

2.网络建设、使用与维护：□□□□□□□□□□□□□□□□□□□□□。

3.安全保卫：□□□□□□□□□□□□□□□□□□□。

4.环境与卫生：□□□□□□□□□□□□□□□□□□□。

5.固定资产与低值易耗品：□□□□□□□□□□□□□□□□□□□。

七、众创空间和加速器建设

孵化器如何聚集资源，建设了什么样的众创空间和加速器，众创空间和加速器工作开展得如何，取得了什么样的成效。

八、办公自动化、网站建设

1.办公软件开发：□□□□□□□□□□□□□□□□□□□□□□。

2. 网站建设与维护：□□□□□□□□□□□□□□□□□□□□□。

3. 内部论坛管理：□□□□□□□□□□□□□□□□□□□。

九、资源获取与对外交流

1. 对接新资源、新渠道情况：□□□□□□□□□□□□□□□□□□□。

2. 外部资源使用情况：□□□□□□□□□□□□□□□□□。

3. 出访及接待国内外、省内外及市内外情况：□□□□□□□□□□□□□□。

4. 达成的新的合作事项及既有合作事项的执行情况：□□□□□□□□□□□□□。

十、宣传与推广

1.《××创业报道》制作与发送情况：□□□□□□□□□□□□□□。

2. 新闻媒体报道中心及企业情况：□□□□□□□□□□□□□□□。

3. 其他推广活动开展情况，反映孵化模式在区域范围内的辐射效应及对当地创新创业文化氛围的营造能力，特别是孵化器的孵化和服务模式在当地的引领和辐射作用，以及通过宣传创新创业品牌，在当地营造的文化氛围情况。

十一、人力资源

1. 组织机构和人员变动情况：□□□□□□□□□□□□□□□。

2. 人事、劳资、职称评定：□□□□□□□□□□□□□□。

3. 临时人员聘用情况：□□□□□□□□□□□□□。

4. 职工培训情况：□□□□□□□□□□□□。

十二、本期重大活动情况

在开展国际孵化业务培训、国际技术转移、国际项目对接，以及引进留学人员和海外高层次人才到孵化器创业等方面的工作；

孵化器组织的有关人员培训、项目对接、产品展示、人才引进、市场开拓、国际合作等特色服务活动；

在孵企业服务中成效显著的突出服务案例。

十三、理事会/董事会会议决议及执行情况（或上级组织涉及本孵化器的会议决议及执行情况）（时间、参加人、报告事项、讨论事项、决议及执行情况等）

【思考题】

1. 请分析你所在的孵化器在组织建设和团队建设方面的优缺点。

2. 请分析你所在的孵化器在制度建设方面的亮点与不足。如有不足，应如何改进和提升？

# 第四章

# 孵化器的运营管理

孵化器的运营管理就是依据孵化器总体战略规划，将战略目标分解为具体经营的企业招募、服务体系、资源整合、基础物业等目标，并对目标按年度、月度分解到部门和个人，再细化为具体的执行方案和具体行动。

这种具体安排一般体现为孵化器年度商业计划，我们习惯称之为年度工作计划。原则上，这个计划应经上级批准，设有董事会或理事会的孵化器应经过董事会或理事会批准。

所以，孵化器日常运营管理安排的基本思路来源于孵化器的战略计划，工作计划是对战略计划的细致性解释和具体安排。工作计划要依从孵化器战略发展大方向，结合实际，做出动态安排。

## 第一节 孵化器运营的整体要求

### 一、运营管理的目的

#### （一）保证组织运转顺畅

孵化器要在既定战略目标的指引下，落实治理机制和服务机制的要求，保证孵化器运营管理班子及团队完整，岗位设置合理，人岗匹配合理，人员精神积极向上，组织意志传达贯彻有效（自上而下），信息流通顺畅（横向和自下而上），孵化器组织运转顺畅。

#### （二）保证孵化"产品"顺利产出

孵化器要保证孵化方式方法得当，投入与产出体系设计合理，自身社会目标、经济目标等产出绩效不断提升。孵化器要使用合理的市场开发方法，选择正确的客户对象；充分发挥孵化器具有的资源优势，建立相适应的孵化服务组合；服务项目能够通过有效发挥服务团队的能力，传递并作用到孵化对象身上；针对创业企业成长的难点痛点，组织资源开展新的服务活动；有效整合孵化器内外部资源，使孵化对象得到更多更好的服务；最终保证孵化"产品"顺利产出，即产生良好的社会效益和经济效益。

社会效益体现在孵化器能够帮助多少创业者成功创业，孵化了多少创业者和诞生了多少创业企业，帮助多少家创业企业成为快速成长企业，为社会贡献了多少毕业企业；在这个过程中，转化了多少项技术成果，开发出了多少新产品，创业企业为社会贡献了多少销售额和税收，创造了多少新的就业岗位，等等。经济效益体现在孵化器自身是否已经实现第一个经济目标——经济自立，即达到盈亏平衡；何时实现第二个经济目标——实现盈利并收回投资；何时实现第三个经济目标——实现投资增值，为股东贡献利润。总之，良好的运营管理就是保证孵化器投入有效，产出成果达到甚至超出既定目标。

## 二、孵化器运营关注的核心问题

### （一）关注商业模式

商业模式涉及企业发现顾客价值的认识活动，也涉及企业提供什么产品、把产品提供给谁、企业如何完成产品提供的业务活动等。

商业模式主要体现在三个维度：一是价值主张，指对客户来说什么是有意义的，即以什么样的供给解决客户的真实需求；二是价值创造，即如何向孵化企业提供价值，以实现价值主张；三是价值获取，即如何获取所创造的价值。其中，核心是价值创造。

孵化器的商业模式长期以来都是孵化器发展的薄弱环节，总体上呈现"价值主张强 - 价值创造弱 - 价值获取难"的状态，即大多数孵化器都按照创建者的要求，明确主张要使创业者和创业企业获得更好的成长，将孵化器办成创业企业的摇篮、成功企业家的学校，这也是孵化器的价值主张有别于其他服务组织的最鲜明之处。但很多孵化器在为创业者和创业企业提供增值服务上，仍停留在较初级的状态，手段不多，措施不强，在将服务行为转化为服务收入方面感觉无从下手，除了收取场地租金和物业服务费以外，缺少收取其他服务费的办法。一方面这是由孵化器作为"政策工具"具有的公益性决定的，大学、科研院所创办的孵化器大多不以营利为目的，致力于环境创造、服务过程而很少谈服务回报，对商业模式缺乏关注；另一方面这也与孵化器发展过程中营利性孵化器出现较晚有关，其市场化、商业化不足，营利性孵化器的商业模式还在不断地发展和演化过程中，有待完善。

创业者和创业企业客户选择某家孵化器的理由，就是它能够提供低成本、高资源、高增值的服务。打造强大的孵化器商业模式，就要在具有较强价值主张的基础上，强化价值创造和价值获取这两个环节。在价值创造环节，我国孵化器在过去 30 多年的实践中，逐步提升服务层级、扩展服务体系，其最初 1.0 版的"孵化场地＋基础服务"逐步发展为 2.0 版的"创业辅导＋增值服务"和 3.0 版的"创业投资＋创业辅导＋增值服务"，并发展至目前 4.0 版的"生态链、产业链孵化"，从简单依靠硬件服务、政策服务，发展至依靠从业者智慧和努力的软服务提升，价值创造能力得到了显著提升。但总体来说，孵化器的发展水平参差不齐，大多数孵化器价值创造能力仍然不强。在价值获取环节，要树立起"收费服务才是有价值的服务、免费服务没有好服务""从创业企业增值发展中获取一部分增值收入理所应当""以服务劳动投资、以投资劳动增长"等理念，在为创业企业提供真实有效服务的基础上，开发更多让创业者和创业企业认可的收费服务项目，努力提高孵化器价值获取能力和水平。

（二）孵化器运营的核心资源与主营业务选取

孵化器的核心资源是运营管理的基础。资源是孵化器提升孵化能力与建立孵化服务组合的根本。虽然孵化器所具有的各类资源对于建立运营模式都有作用，但并非所有资源都是关键性的，只有那些能够转化为特色服务的资源，才是孵化器的核心资源。一般来说，要素资源可以直接促进新创企业的成长，环境资源可以影响要素资源间接促进新创企业的成长，如表 4-1 所示。

表 4-1 孵化资源汇总

| 资源分类 | | 资源内容 |
|---|---|---|
| 要素资源 | 场地资源 | 基础设施、网络系统、物业管理、交通、配套设施等 |
| | 资金资源 | 股权资金、债权资金、政策性扶持资金、非正式渠道资金等 |
| | 人力资源 | 创业导师、人才引进、队伍建设、员工培训等 |
| | 管理资源 | 企业诊断、战略设计、营销策划、企业管理咨询、工商法税等 |
| | 科技资源 | 科技成果、科技人员、实验室与研发设施设备、产学研合作渠道等 |
| | 产业资源 | 行业渠道、工艺技术、产业横向拉伸与纵向延伸中待开发产品与服务等 |
| | 市场资源 | 市场推广资源（广告、展览、媒体）、客户关系资源、销售渠道等 |
| 环境资源 | 政策资源 | 国家及地方政府的科技政策、行政审批、政府计划、项目资金等 |
| | 中介资源 | 财务、审计、法律、情报信息、市场研究等 |
| | 信息资源 | 行业信息、产业信息、政策信息、供销渠道信息、宣传信息等 |
| | 文化资源 | 创业文化的学习交流、企业文化氛围、合作和支持等 |
| | 品牌资源 | 商誉品牌、优秀企业品牌、大学及科技园的行业声望等 |

上述资源具有各自不同的作用。孵化器应选取其中能够被创业者和孵化企业直接认可的要素资源，作为直接的收费项目，转化为直接盈利点；同时，将间接资源打进服务包，使之成为综合服务项目的一部分，转化为间接盈利点。其中，孵化器可以将最为突出的部分作为商业模式中最为特色鲜明的价值主张，着力打造相应的服务项目（价值创造），在创业者和孵化企业认可的情况下，收取相应的服务费用（价值获取）。

### （三）外部资源整合与开展第三方服务

孵化器和任何企业与组织一样，不仅要从内部积累资源，还要从外部获取资源，包括从客户、供应商、科研机构、大学、中介服务机构甚至是社区、政府部门获取资源，即资源整合或资源外取。

资源外取主要是将非核心或非优势资源交由外部提供，可以实现对更多资源的有效利用和控制。孵化器应该从孵化企业的实际资源需求出发，为企业找到适合的资源提供者。它们是能够与孵化器以及创业企业一起解决问题的合作伙伴，而并非单纯的产品（服务）供应商。在确定资源供应者的过程中，孵化器应当以自身为核心，与企业、科研单位、高等院校、中介组织、行业协会、政府部门等单位建立长期稳定的合作关系，以获取和利用外部资源。

对孵化器来说，可能的资源获取方向包括与社会资本合作，获取资金、厂房等的支持；与政府部门合作，获取初期建设经费、土地和政策支持；与专业机构合作，获取专业的技术转移机构、知识产权服务机构、会计师事务所、律师事务所、人力资源机构等的专业支持；与大学、科研机构合作，获取技术、设施和人才的支持；与孵化的创业企业合作，搭建孵化企业联盟；与资源互补型的孵化器合作，组建孵化服务同盟；与国外同行合作，建立国际孵化联盟，等等。

孵化器运营管理者要采取措施，将能够形成长期合作且具有共同利益的外部资源关系固化下来，并纳入自身的运营体系中，成为自身服务内容的一部分，更好地服务创业者和创业企业。

孵化器还可以集成外部资源网络，开展第三方服务，成为专业的第三方服务提供商，为创业者、创业企业提供系列化的、专业性的创业服务，建立一种独特的孵化器运营模式。例如，一些孵化器为创业者和创业企业提供政府政策落实、创业融资、工商事务、会计、法务、人力资源管理、通用材料采购、市场调查、数据管理、软件外包等服务，创业企业核心业务以外的业务都可以由孵化器提供专业服务。孵化器提供的这种第三方服务大大降低了创业者和孵化企业自身开展这些业务的成本，提高了创业活动效率，增加了孵化器服务收入，而且孵化器作为第三方服务商，该项服务的对象范围不必局限于本身的孵化企业。

**（四）收支结构的平衡与合理化**

不管采取何种运营模式，所有孵化器都需要在可持续发展的前提下开展工作。其中，保持孵化器自身良好的收支平衡，是孵化器运营的重要环节。

**1. 孵化器的收入结构**

孵化器的收入主要包括四个方面。

（1）租金收入。租金收入是国内很多孵化器的主要收入来源，是通过为孵化企业提供空间服务而得到的。租金收入是由出租率和出租价格所决定的，而出租率受出租价格的影响，价格提高，则有导致出租率下降的可能，降低价格则会显著提高房屋的出租率。所以从房租收入的角度制定一个恰当的出租价格非常重要。

从房屋出租的角度来说，孵化器经常面临着其他普通物业的竞争。为了招揽足够多的企业入驻，孵化器通常采用降低房屋出租价格的方法，但这会造成孵化器财政上的困难。比较好的办法是通过孵化服务使孵化器在保证较高出租率的同时以一个较高的价格出租房屋。

租金收入公式是租金收入 = 可租用面积 × 入驻率 × 租价。其中，可租用面积是相对固定的，是获取租金收入的基础，也是租金收入的天花板，即租金收入不可能突破可租用面积的瓶颈。入驻率是一个不确定的因素，会随着毕业企业迁出、新入驻企业的进入不断变化。不过，孵化器绝不能将收支平衡点设置在超过 85% 的过高入驻率上，应将其设置在 70% 左右，以保证孵化器有一定的收入空间。

另外，每个孵化器要根据具体情况制定孵化政策，对不同的入驻者实施不同的场地租用价格。比如，对应迁出、应毕业却未迁出的企业要逐年调高价格，即实施阶梯价格政策；对孵化企业和非孵化企业采取差别化价格政策等。

（2）服务收入。孵化器通过为孵化企业提供物业服务、管理咨询服务、第三方中介服务来获得服务性收入。在实践中，孵化器一般可以通过提供物业、商务等基础性服务获得收入，而从管理咨询等专业性服务中获得的收益较少，原因在于一方面孵化企业的支付能力有限，另一方面孵化器提供的服务没有特色，有待加强。

（3）投资收益。通过对孵化企业的投资来获得收入，其周期比较长，风险比较大，但一旦投资成功，则回报良好。通过这种方式可以将孵化器的利益和企业利益紧密地联系在一起，通过利益驱动使孵化器自觉地帮助企业成长。现在，创业投资已逐渐成为孵化器重要的收入来源。

（4）政府补贴。很多地方政府设立了各种形式的支持资金，"购买"孵化器向社会提供的公共服务。这种支持性收入可以计入孵化器的补贴收入。

**2. 孵化器的运营成本结构**

抛开孵化器建设成本、孵化基金设立成本等资本性投入，孵化器的日常运营成本主要包括十个方面。

（1）孵化器基础设施运营资金。该资金主要用于孵化企业经营场地、孵化企业共享设施、孵化服务机构自用设施等的日常维护。

（2）人员费。人员费在孵化器的支出中占相当大的比例。人员工资支出的数量和结构由孵化器的规模和所开设的服务项目所决定，一般而言，孵化器的规模越大，人员工资支出越多。如果孵化器的业务外包较多，那么人员工资支出就会越少，相应收益也会减少。

（3）外部专家费。如果孵化器长期聘用相对固定的一定数量的专家，就要单独列支。

（4）办公费用。办公费用包括通信、自用水电、交通、差旅、办公用品消耗等费用。

（5）宣传推广费。宣传推广费包括网站维护费用、参加各种展示活动的费用、广告费用等。宣传推广费在孵化器刚开始运行时投入较大，但正常运转后投入会变少。

（6）为孵化企业提供融资、咨询、培训、市场拓展服务所需的业务费。

（7）公共技术服务平台维护费。

（8）财务费用。

（9）固定资产折旧。

（10）投资损失。由于投资失败所造成的损失也应计入孵化器的运行成本，虽然这种成本不经常发生。这种性质的成本支出只能靠收益冲销。

**3. 收支平衡与合理化原则**

首先，在不考虑其他价值创造效应，或有固定财政支持的情况下，做到自身收支平衡是对一个孵化器的基本要求。在此基础上，孵化器可以考虑进一步的盈利可能。实现收支平衡对孵化器一般来说需要经历三到五年的时间。在财务收支中，租金收入是孵化器收入中最基础的组成部分。因此，要确保这部分收入的正常实现，尽力避免拖欠和坏账。其他各项服务的收入来源，则是改善孵化器收支结构的重要环节。

其次，孵化器收支合理化还体现在那些创办孵化器不是为了直接获取经济利益，而是实现业务大循环的模式上。这里，孵化器就是一种政策工具或者业务跳板，如实现开发区对科技创业活动的支持从而培育更多科技"小巨人"企业，或者有助于聚集更多优秀创业企业便于实施天使投资等。这时，孵化器的创办者允许孵化器在一个合理的范围内出现亏损。

当政府开发区是孵化器创办者时，此时开发区既可以利用自身掌握的财政资源长期支持孵化器的运营，又可以从孵化器的运营中获取产业聚集、企业聚集等成效，形成大循环，相得益彰。有些拥有产业或投资业务的孵化器创办者，他们并不指望孵化器自身创造利润，只要不亏很多即可，只要能够为创办者带来足够的市场机会、投资机会等其他利益，同样能形成成本收益的大循环。

# 第二节　孵化器的典型运营模式

在这里，我们抽取孵化器运营中的共性要素，梳理出六种孵化器（含众创空间）运营模式。需要指出的是，这些典型模式既可独立运作，也可相互之间组合形成复合型运营模式，不同模式之间并不存在严格的界限，而是可以相互借鉴，形成新的模式。孵化器运营模式与众创空间模式有很多重合之处，只不过众创空间的模式更为多样化。

## 一、孵化器模式解析

我们经常谈到的孵化器模式，往往语义模糊，既可能指的是孵化器的设立模式，也可能指的是孵化模式，还可能指的是运营模式等，所以在此加以区分。

### （一）孵化器的设立模式

孵化器的设立模式主要讨论孵化器是由什么人或组织建立的（即投入主体），在什么地方建立，建立的目标是什么，投入了什么资源，从而决定孵化器的组织使命，并进而决定孵化器的制度模式、组织模式、领导模式等。

以此为切入点，我们可以将孵化器划分为国企孵化器、民企孵化器，高新区孵化器、县域孵化器，事业单位孵化器、企业性质的孵化器，营利性孵化器、非营利性孵化器等。

### （二）孵化器的孵化模式

孵化器的孵化模式指的是孵化器促进科技创业者和企业成长的策略方法，就是依据企业孵化器的总目标，将资源配置起来，使孵化器具备与其使命相一致的性能。其主要讨论孵化器向创业企业提供什么资源，以及如何提供这些资源，即服务新创企业的手段和方法。

孵化模式最终的落脚点是设置孵化器的各项具体服务内容，是在相应的战略框架下，在工作层面更为微观的设计。

### （三）孵化器的运营模式

孵化器的运营模式是对孵化器运营活动内在规律的总结，并在考虑不同内外部环境、条件的情况下，以自身的竞争优势，针对不同问题提出的指导方略，以保证战略任务的完成，并最终实现组织目标。

孵化器的运营模式主要讨论孵化器服务过程的计划、组织与控制，包括运营战略制定、运营系统设计及其运行等多个层次的内容，是包含运营战略、新产品开发、产品设计、采购供应、生产制造、产品配送直至售后服务的一个完整的价值链，涉及孵化器的组织模式、领导模式、战略模式、专业模式、服务模式、财务模式等。

运营模式的构建就是孵化器相关要素的合理组合，即将孵化要素、孵化手段、孵化对象、孵化管理等方面的内容加以合理组合，与孵化器内外部环境、条件充分融合，形成一个完整的价值链，并将其中特色鲜明的部分突出出来，从而把握孵化器运营的大方向。这里的孵化要素涉及了资产类的物理空间、共享空间、工位、公共技术服务平台、互联网设施及其他服务设施等基础设施，也涉及了政策、创业文化、氛围、环境和社区等环境要素，还涉及创业圈子、技术、项目、财务、资金、咨询、代办等创业生态全要素。

## 二、非营利型孵化器的典型运营模式

非营利型孵化器的运营模式相对简单，因为建立此类孵化器的初始目的一般是公益性的，在产出公益结果的基础上，其经济结果能保证孵化器的正常运转即可。

### （一）模式一：租金财务平衡型

租金财务平衡型模式是企业孵化器基本的服务模式，以降低创业成本为主。在该模式下，孵化器需要以"共享空间＋共享设施＋共享服务"为主，在提供场地、办公条件、通信、融资渠道、生产开发、代办服务、生活服务等"硬"环境项目同时也提供塑造创业文化和氛围、实施指导与管理咨询、协助企业制订市场营销策略、人才培训、项目对接、项目申报服务、优惠政策落实、国际合作渠道等"软"环境项目，满足创业企业的一般需要。

该模式能够满足创业者和孵化企业的一般需要，收取房屋租金和工位租金，着力开发服务收入，可将所获得的收入全部用于孵化器的支出，达到财务平衡的最低要求。

在该模式下，孵化器一般选择地理位置优越，有足够经济规模的场地，打造局部优化的环境，让孵化企业在共享空间中相互交流、相互促进、共同发展；同时把为企业解决创业过程中的问题当作核心工作，强调优惠政策的制定和落实，从而以质优价廉的形象吸引并服务创业者和孵化企业。

该模式是孵化器最基础的运营模式，符合大部分国有性质的综合技术孵化器的基本运营要求。

### （二）模式二：专业服务增值型

专业服务增值模式是孵化器在降低创业成本基础上的提升，开始进入增加孵化企业价值的阶段，是孵化器服务功能深化的第一步。在该模式下，孵化器需要以"共享空间＋专业化共享设施＋共享服务＋专业咨询"的服务模式，以专业化共享设施即公共技术服务平台为重要的服务载体，以专业化强有力的咨询服务打造孵化器的核心能力。目前，大部分的专业技术孵化器可以归入此种模式。

在该模式下，孵化器特别注重能够提供增值服务的核心能力建设，通过公共技术服务平台开展专业技术服务、专业化的咨询服务以及具有附加价值的增值服务，训练、支持和发展成功的小企业家和创业企业，鼓励企业家精神、创造精神，不仅使企业得以成活，而且使其能够健康、快速地发展，真正成为未来企业家的"学校"。

在该模式下，孵化器的服务对象来自特定技术领域，服务手段和内容也是为这些被孵企业和项目而设立的，不仅成立有技术开发、检测、信息等专业化公共平台，满足企业对技术开发、技术咨询、技术服务、技术检测等的需求；还有进行技术开发的专家咨询队伍，提供政策研究、商业策划、市场调研、产业链及其配套信息供给、人力资源组织、创业风险投融资供给等服务；此外，孵化器还拥有专业化的社会资源网络，与相关专业的政府管理部门、高等院校、科研院所、行业协会、生产企业等以及各种中介机构、其他孵化器等建立广泛的联系，能最大限度地整合业内优势资源，为在孵企业服务。

在专业咨询服务方面，该模式下的孵化器拥有专业的创业导师、辅导员和联络员队伍，能够对创业者和创业企业的经营计划、市场开发、人力资源开发、财务计划、产品开发与生产计划等提出有价值的咨询方案，提供财务、法律等方面的专业服务与咨询，提供实用的培训课程，协助企业开拓市场等。企业孵化器只有掌握了这样的核心能力，才能辅导企业、帮助企业、孵化企业，也才能称得上是真正的企业孵化器。

### （三）模式三：特定人才开发型

特定人才开发模式较为独特，是以某类特殊人才为服务对象，为其创新创业搭建的特殊创业平台。

特殊人才可以是留学归国人员、大学生、博士、院士等。特定人才开发型模式较为突出的特色，就是为这些特殊人才创新创业提供相适应的特殊政策，比如方便留学归国人员的签证服务、购房服务、子女上学服务、社会保障服务等，实施特别支持海外留学归国人员创新创业的"千人计划""万人计划"等支持计划，特别补贴政策等；方便和鼓励大学生创业的落户政策、补贴政策、贷款政策等；特别鼓励院士、博士的大额创业补贴政策等。

目前，我国各地有200余家留学生创业园，还有大量的大学生创业园，以及一些博士创业园、院士创业园等，帮助这些特定人才以创新创业实现价值，增强区域竞争力。

## 三、营利型孵化器的典型运营模式

### （一）模式四：房地产物业型

房地产物业型孵化器以树立良好的物业形象品牌为特色、以开发和提升物业价值为核心，以科技创业者和创业企业为主要目标客户的孵化器。

房地产物业型孵化器的创建形式有三种：一是适应各类开发区开发科技地产以聚集科技型企业、聚集新兴产业的需求，从土地开发开始，以良好的科技孵化园区形象规划土地，将其建设成为配套设施齐全、环境良好的吸纳创业者和创业企业的孵化器，可以售卖或租赁一定比例的房产给创业者和创业企业，在提供良好的物业管理的同时，向创业者和创业企业提供商务服务和创业服务，促进地产增值、收取更高的房屋租金，并获取其他孵化收益。

二是适应区域科技管理部门对科技载体的需求，一些房地产所有者与经营者把自有物业的使用方向调整到科技企业孵化器方向，聚集科技型企业、聚集新兴产业企业，在提供良好的物业管理的同时，提供商务服务和创业服务，从而收取更高的房屋租金，并获取其他孵化收益。

三是一些孵化器创建者将他人拥有的物业以较低价格整租下来，将其改造成为配套设施齐全、环境良好的吸纳创业者和创业企业的孵化器，在提供良好的物业管理的同时提供各种创新创业服务，赚取房屋租金的批零差价，并获取其他孵化收益。拥有优良品牌的孵化器有时能够以零租金或接近零租金的价格获取物业资源。联合办公型众创空间的运营模式就属于此种类型。

## （二）模式五：技术转移型

近年来，一种致力于转移转化院校科技成果的孵化器越来越引人注目，其特征是由创新端主导，以一个科学或技术平台为基础整合其他种子资金、导师、市场渠道等资源，源源不断地孵化院校科技成果，使之得到转移转化，其孵化活动前移并深度嵌入创新链中，院校在获得技术转移收入的同时，从企业投入的技术、人力与资金的转移中获利。这种技术转移型孵化器常被称为产业研究院模式，许多地方依托大学建立了新型研发机构——产业研究院。

技术转移型孵化器聚焦于院校特有的优势技术成果，致力于发现并跟踪早期具有原创性的科技成果，采取课题孵化、组织孵化的主动行动，实施小批量、高强度、集约化孵化，针对技术成果的阶段性特点，组织相应资源与之匹配，促进这些成果的工程化条件、产业链配套、产品经济性等市场成熟度不断提高，直至实现市场销售，最终将经过熟化的成果项目以创业企业的形式转移出去，获取高额回报。

## （三）模式六：垂直产业型

垂直产业孵化器针对某一产业进行定向孵化，提供先进技术条件和场地支撑，同时提供孵化基金等帮助特定技术领域内创业者、初创企业的科技项目开发落地和产业化推广。在我国，企业孵化器被赋予了培育新企业、催生新产业的职能，孵化器可以通过孵化企业进而孵化产业，全社会对"产业孵化"的重视，加速了专业孵化器、孵化服务链条建设的规模和速度，而垂直产业孵化器则是吸取这些前期专业化发展经验之后的进一步提升。

垂直产业孵化器提升了传统孵化器的运营模式，本质上是一种"深度服务+产业基地"模式，兼顾了孵化器发展中专业化服务和科技物业两者所能发挥的优势。第一，垂直产业孵化器围绕特定产业塑造孵化能力，通过对产业链的深度解析，构建满足创业者对于产业链各个环节细化需求的产业生态圈，解决共性的技术、资本、人力等问题。第二，垂直产业孵化器围绕产业构建生态服务圈，以更加专业的定制化、精细化、高价值服务为主，依靠团队成员对行业的深刻理解，提供高收益的精益服务，形成可持续发展能力。第三，垂直产业孵化器倾向于深度挖掘创业团队的价值，盈利模式注重高额的客单价。垂直产业孵化器常需要深入挖掘行业特点去服务创业者，提炼直接服务需求并整合资源予以满足，更要注重发掘行业和服务中的金融属性，发现投资、贷款、财务顾问（FA）等业务机会，还需要根据创业者的社交属性衍生出居住、生活、保险等服务项目。

垂直产业孵化器的数量，将会随着孵化服务专业化发展的深入而日益壮大，诸如达安创谷大健康产业孵化器、上海的集成电路产业孵化器、青岛橡胶谷等，都可视为此种类型的孵化器园区。

# 第三节　孵化器的服务流程

当孵化器接受创业者或企业入驻后，需要与之签订孵化协议。孵化协议的内容包括孵化器向其提供的服务内容、创业者和孵化企业的承诺以及孵化目标等。孵化器应详细向入驻企业介绍孵化器设施、服务，接受企业的咨询。整体流程如图 4-1 所示。

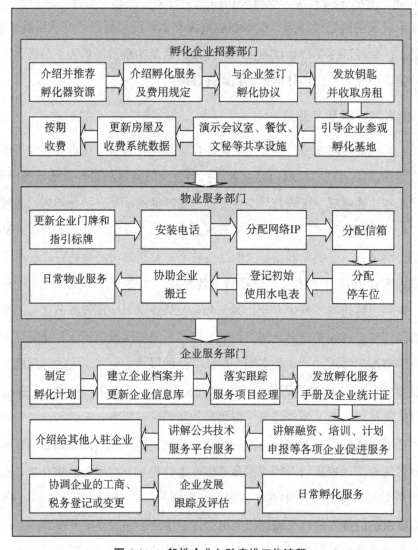

图 4-1　一般性企业入驻安排工作流程

## 一、企业入驻安排与注意事项

### （一）入驻咨询

孵化器可以向入驻者提供一份《孵化服务手册》作为新入驻企业的咨询资料。编制《孵化服务手册》，应从入驻者的角度，以入驻者需要了解的信息为原则，系统、全面、明确地向其说明孵化器的设施、服务与责任以及义务、服务的程序与服务承办人、联系方式等内容，为入驻者充分利用孵化器的服务打好基础。

《孵化服务手册》应包括以下主要内容：孵化器所在区域的产业发展基本情况；孵化器基本介绍，如发展历程、宗旨、使命、发展情况等；孵化器的组织结构说明及人员职务、联系电话；孵化器地理位置图；企业入驻及场地租赁服务；企业跟踪及评估服务；培训与咨询服务；项目包装推广服务；投融资服务；科技计划组织申报服务；专业技术服务平台服务；IT信息服务；物业综合服务；商业资源关系网络服务；孵化器的优惠政策及管理制度，包括扶持企业的优惠政策、孵化企业的准入制度、孵化企业的毕业制度、孵化企业的退出制度、孵化器统计管理办法等。同时，还应对上述服务的服务程序、服务承办人等予以细致说明。

孵化服务人员应详细介绍上述内容，并耐心回答入驻者的问题，直至其满意。

### （二）入驻安排

入驻安排工作，涉及孵化器企业服务部门、资产运营部门和物业服务部门。这些部门的工作人员，要按照各自的工作职责，协助企业完成入驻事宜。这项工作程序性很强，需要认真细致地完成。其中，企业服务部门主要负责制定企业孵化计划、建立企业档案、更新企业信息库、落实负责跟踪服务的项目经理、发放孵化服务手册及企业统计证、讲解企业促进服务内容、将孵化企业介绍给其他的入驻企业等；资产运营部门的主要工作内容是介绍基地的房源情况、介绍租金和相关费用的收取规定、与企业签订房屋租赁合同并收取房租、发放钥匙、演示各项服务设施、更新房屋及收费信息系统等；物业服务部门的主要工作内容是安装电话，分配互联网络IP、信箱、停车位，更新门牌及指引牌，登记初始使用的水电表读数，协助企业搬迁等。

## 二、针对性的服务安排及服务展开

这一部分是孵化服务的核心环节，包括提供日常商务服务、物业服务，为孵化对象安排联络员、辅导员、创业导师，入孵企业走访与服务需求挖掘，开展培训服务、公共技术平台服务、融资服务、各类资源对接服务等。

## 三、搜集反馈意见与处理投诉

### （一）搜集反馈意见

孵化器要定期搜集孵化企业和创业者对自身服务的意见，并对反馈回来的意见和建议做出评估，以针对性地做出改进，从而不断提高孵化成效。

搜集反馈意见的活动每年至少要开展一次。孵化器可以参考我们给出的模板，设计符合自身特色的意见征求表，并派人发到每一个服务对象。意见征求表中的用语应言辞恳切，具有亲和力，表达出通过获得服务对象反馈意见改进服务的迫切愿望，还应做出保密与反馈承诺，即对提出意见者的身份和意见内容保密，并承诺将整理好的意见、服务改进的情况报告给服务对象。

征求意见的范围和内容不能过于笼统，要尽可能详细，以便引导服务对象切实提出意见，而不只是做出简单回答。还可以请求服务对象指出存在的问题，并对如何改进提出建议。此外，意见征求表要保证有一部分是开放式的，便于服务对象填写意见征求表设计者没有考虑到的问题。

孵化器管理层务必要认真分析所收集回来的意见和建议。一般来说，虽然所征求到的意见和建议有时是基于个别服务对象的感受而不具普遍性，有些回答也比较含糊，但总能找到一些具有普遍性的意见和具有价值的建议。孵化器据此改进服务，将更具有针对性和实效性，更能受到孵化企业和创业者的欢迎。

### （二）企业服务投诉程序

作为支持创业企业成长的服务机构，孵化器在构建标准化的服务流程中，应建立一套服务投诉的程序，积极响应入驻企业对孵化服务的投诉，不断改进服务。

一个健全的孵化服务投诉程序应包含以下内容。

（1）确定统一的投诉受理部门，明确投诉处理的时间周期，明确投诉的有效形式，统一对外公布。通常，允许采取当面投诉、信函投诉、电话投诉、在线投诉等形式。

（2）调查投诉事项的真实性。

（3）按照投诉事项的业务性质确定投诉答复责任部门或责任人，处理投诉。

（4）征求投诉人对投诉处理的意见。

（5）记录被投诉的事项及处理结果，改进绩效。

## 四、入孵企业毕业及跟踪服务

（一）毕业与迁出标准

当孵化企业经过 3~5 年的孵化，获得良好发展时，孵化器要适时安排其毕业，及时迁出，保证新项目的不断入驻和孵化器的动态流转。

通行的毕业标准是应具备以下条件中至少一条：

（1）经国家备案通过的高新技术企业；

（2）累计获得天使投资或风险投资超过 500 万元；

（3）连续 2 年营业收入累计超过 1000 万元；

（4）被兼并、收购或在国内外资本市场挂牌上市。

反之，对于不适合继续孵化的企业和创业者，孵化器要及时安排迁出，腾出所占用的资源。清退的一般原则是：

（1）在一段持续的时间内，一般不超过三年，企业的技术研发、营业收入、就业人数等停滞不前；

（2）创业计划不断改变，且无法达到既定目标；

（3）创业团队变更，核心创业者离开，经营管理混乱；

（4）企业的产品或服务发生改变，与孵化器支持的领域背离；

（5）企业故步自封，接受孵化器的咨询指导程度降低。已达到毕业时间，尚不能且预期无法达到毕业条件的企业亦应清退。

对于孵化企业与创业者是否达到了毕业或迁出标准，孵化器应该按照制定的具体制度，经过筛选入孵企业和创业者的评审委员会评估，由孵化器经理最终确定。

（二）毕业流程

企业毕业流程的一般情况是：

（1）孵化期满后，在孵企业向孵化器提交毕业、延长孵化或终止孵化申请；

（2）孵化器评估确定企业是否符合毕业条件，提出毕业企业清单，授予科技部统一格式的《毕业企业》证书；

（3）孵化器结合年度工作总结，组织毕业典礼、颁发证书，以鼓励成功企业、激发创业热情、培育创业文化。

同时，孵化器要建立毕业企业档案，将毕业企业成长情况录入数据库。

（三）毕业企业跟踪服务

孵化器要建立毕业企业跟踪服务制度。企业从孵化器成功毕业，仅仅意味着其度过了初创期。毕业企业是否具备资源整合和抵抗风险的能力，顺利度过发展期步入成熟期，是否能够成为区域产业集群中的有生力量，是衡量孵化器最终业绩的关键指标。因此，孵化器应继续关注、指导企业发展，跟踪评价毕业企业，改进自身孵化绩效。

跟踪服务包括帮助毕业企业寻找和安排合适的场地，进入加速器、高新区或其他场所继续发展；项目经理定期走访毕业企业，通过面谈了解企业的发展情况，收集和分析企业发展的数据等；利用自身的资源网络，继续为这些企业提供有效的服务。

跟踪服务获取的信息可以帮助孵化器总结、评估企业在孵化期间接受孵化的有效性，以利于进一步优化服务；同时，可以加强毕业企业与孵化器之间的联系，从而加强毕业企业与新入驻企业的联系，例如，聘请毕业企业的企业家，作为孵化器创业导师网络中的成员，为新创业者传递创业经验，不仅对新企业成长带来实践性的指导，同时也为毕业企业在新企业中找到合作伙伴提供便利。

【思考题】

1. 请列出你所在孵化器拥有的创业服务资源，并将其进行分类。分析一下，哪些是特有的创业服务资源？还缺少哪些关键的创业服务资源？如何从外部寻找创业服务资源？

2. 请分析你所在孵化器的模式特征。

# 第五章
# 孵化服务体系

## 第一节　构建面向客户的孵化服务体系

### 一、孵化服务体系

孵化器的服务设计旨在通过广泛和完整的服务体系将科技创业过程系统化。这些服务将通过专业化服务和务实态度传递给在孵企业。孵化器的核心是为创业者提供"一站式"的企业支持服务，但这并不意味着必须由自己提供所有孵化服务，它还可以广泛联合外部资源提供者。一些规模较小的众创空间更不用考虑建立"大而全"的服务体系，仅突出某些特色即可。

#### （一）孵化服务的基本类型与内容

对于提供的服务，孵化器可以做两个层次的设计：一是满足小型企业创办所需的基本服务，包括提供绝大部分硬件设施和部分软增值服务；二是提供较深层次的软增值服务，如咨询、资金、市场开发、信息、人才培训，以及与外界的交流等。从单个孵化器发展的历程看，在初期可以只提供基本服务和特色服务，为孵化企业提供良好环境，这样可以减少孵化器的初期资金投入；随着孵化器走向成熟，其服务项目可以逐步增加，以更好地促进和保证孵化企业的健康成长。

科技企业孵化器提供的服务通常包括以下几方面。

（1）基础物业服务：水、电、暖、冷等设施齐全的办公、研发、小型生产和仓储空间，电话、传真、高速网络设施服务，安全保卫服务，会议室、洽谈室及共享空间。

（2）代理服务：工商、税务、会计、档案存放、职称评定及员工雇用等服务。

（3）办公服务：公共秘书（接待与电话应答）、复印、邮件、传真，信息技术支持服务，办公设备租用等。

（4）政策支持服务：协助申请政府优惠扶持，协助申请各类政府支持计划项目、补助等。

（5）资金支持服务：联系银行、担保机构为孵化企业提供债权融资；联系创业风险投资机构为孵化企业提供股权融资；设立种子资金（孵化基金），直接为孵化企业提供短期流动资金周转和提供股权融资；协助企业从其他机构或个人处获得股权或债权融资等。

（6）企业发展支持服务：企业发展咨询、诊断，协助企业制订商业计划和企业发展计划，组织和提供培训、研讨会、企业之间的经验交流、参加国内外有关行业会议及展览会，信息服务，开展内外部企业交流，协助企业开展各类合作，协助企业获取外部专业人士支持（如律师）等。

（7）技术开发服务：公共技术开发服务平台（实验、检测等）；协助企业与大学和研究所及大企业合作，利用其设备（开发和测试条件）、信息、人才与专有技术；协助企业开展技术对接与转让活动，开展专利申请等知识产权保护工作等。

（8）企业公共关系服务：向新闻单位推荐企业经验，协助企业树立企业形象等。

（9）生活服务：提供餐饮及健身、文娱设施等。

（二）孵化服务的设计原则

（1）专业化，发挥自身资源及专长，提供符合创业企业特殊规律和科技企业特点的特色服务。

（2）规范化，按照权责明晰和标准化原则，使服务质量目标化、服务方法规范化、服务过程流程化。

（3）社会化，充分整合、利用社会资源，发挥专业服务机构优势，分工协作，各尽所长、创新服务。

（4）共享化，将服务项目对所有服务对象开放，既能让创业者降低创业成本，又能提高服务效率。

（5）个性化，采取一对一、面对面的形式，根据不同的服务对象和服务需求，提供针对性解决方案。

（6）人性化，提供人文关怀、具备亲和力。

（7）增值化，帮助企业补齐短板，为创业者提供增值服务。

### （三）服务项目

孵化服务主要包含三个方面：一是孵化器本身设置并提供的服务；二是入驻园区的企业提供的服务，如邮政部门、银行、律师事务所、会计师事务所及餐厅、商店等，这些服务部门租用孵化器的场地，扩大了孵化器的服务功能；三是社会化专业服务。

## 二、服务体系与运营管理要素的整体协调

### （一）与自身方向和战略相统一

随着经济发展的复杂程度提高，创业活动也呈现出比以往更加复杂的态势，孵化服务的宽度与深度也不断发展，内容愈加庞杂。面对这样的复杂局面，孵化器运营者要保持清醒的头脑，在自身服务体系的设计上，按照有所为有所不为的原则，以自身资源与实力为基础，以自身发展战略为指引，制定自身的服务策略。

孵化器要明晰孵化器自身类型与所提供服务的关系。一般而言，孵化服务既包含共性的标准化服务，同时又包含个性化的定制服务。一般服务型孵化器提供的服务具有低劳动密集和低定制服务的特点，专业服务型孵化器提供的服务是低劳动密集和高定制服务，生态型大众化孵化器提供的服务是高劳动密集和低定制服务，垂直领域专业服务型孵化器提供的服务具有高劳动密集和高定制服务的特点，具体如图5-1所示。

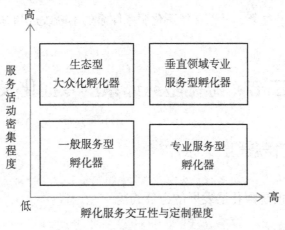

**图 5-1　孵化器类型与其服务的关系**

### （二）突出自身特色与重点

孵化器应突出自身的服务特色，尽可能将其发挥到极致。充分利用好自身的资源优

势，解决创业者和创业企业的某些难点或痛点。孵化器要依据自身能力与实力选择提供的服务，不要好高骛远设计大而全的服务体系。

### （三）符合孵化器行业一般要求

首先，孵化服务人员数量要与服务对象的数量规模相匹配，也就是孵化幅度要合理。孵化服务人员的时间和精力是有限的，一个服务人员最多能服务的创业者和创业企业也是有限的。

其次，合理提高孵化器中孵化企业的场地面积与孵化器建筑面积之比，以及服务性收入占总收入的比例，这也是重要的方面。

### （四）持之以恒地开展服务

孵化服务的一个重要特点，就是作用时间长、综合性高，很难立竿见影。孵化器需要沉下心来，把自身的创业服务深入持久地开展下去，而不是浅尝辄止。

### （五）实施 PDCA 循环

PDCA 循环即在孵化活动中，把各项服务按照做出计划（Plan）、实施计划（Do）、检查实施效果（Check），然后将成功的纳入标准，不成功的留待下一循环去处理解决（Act）的工作方法。孵化器应不断搜集创业者和创业企业的反馈意见，时常审视各类孵化服务的成效，剔除低效的要素与服务，增加解决孵化企业和创业者痛点难点的服务并将服务资源向这里聚集。以此循环往复，从而保持孵化服务体系的不断改进和有效运行。

## 第二节　孵化服务体系的专业化发展

## 一、服务专业化的概念和要素条件

### （一）专业化发展是孵化器发展的必然趋势

#### 1. 专业化发展的内涵

首先，专业化发展是指孵化器服务的技术领域专业化和服务对象专业化，就是孵化器选择一个具有技术资源优势的领域开展孵化活动，所孵化的创业者和创业企业都是这个技术领域中的技术创业者。这一技术领域往往与当地特色产业相结合，或为当地优先发展的战略性新兴产业。

其次，专业化发展还包括要素条件专业化。孵化器的服务手段和服务内容是为这些被孵企业和项目设立的，不仅有技术开发、检测、信息等专业化公共平台，有进行技术开发的专家咨询队伍，有专业化的服务团队，还有相应的政策研究、商业策划、市场调研、产业链及其配套信息供给、人力资源组织、创业投融资供给等。

最后，专业化发展也包括服务理念、服务方式与服务标准的专业化。以专业化孵化理念引领，运用符合科技创业发展规律的专业知识、专业技术和专业分析研究方法以及专业经验、专业信息等要素，向专业领域的创业者提供标准内容和流程的创业服务，创业孵化业成了科技服务业中的重要组成部分，形成了相当规模的从业人员队伍。

### 2.专业化发展是我国孵化器发展的必然趋势

孵化器的专业化发展是科技型企业的技术创新与创业需求拉动的结果。初创企业的发展虽然有一些共性普遍规律，但在企业管理、市场开发、经营运作等方面存在着诸多差异，不同技术领域的孵化企业迫切需要孵化器从硬件设施、共享服务、人员配备、运作方式等方面考虑其差异性，特别是要根据不同技术领域企业的发展需要，提供更加专业、更具价值的服务项目和服务方式。

孵化器的专业化发展是孵化器行业进步的必然要求。与其他任何事物一样，孵化器由综合性向专业性转变是发展到一定阶段自身功能或者性质发生飞跃的必然要求，有利于自身功能的提升、服务内涵的深化和发展。

孵化器的专业化发展是孵化器提升核心能力与竞争力的必然选择。那些只提供出租场地及简单配套服务的孵化器面对愈发激烈的市场竞争必然主动求变，到细分市场找客户，并积极配置专业资源，提升服务层次和水平。

### （二）专业化发展是多方面孵化要素的专业化

#### 1.服务领域的专业化

对孵化器来说，服务领域的专业化表现在选取特定技术领域开展创业孵化服务，服务对象必须来自特定专业技术领域。由孵化器匹配相应的专业资源，开展相应的专业孵化活动。

#### 2.服务内容专业化

服务内容专业化指孵化器利用自身的专业背景和该专业领域里的关系网络为在孵企业的产品市场开发提供服务；帮助在孵企业进行技术研发、测试、技术顾问对接等；帮助在孵企业进行科技项目的评估、立项、成果鉴定、专利申报；提供符合专业特色的企业管理咨询、培训等。

### 3. 服务人员的专业化

服务人员的专业化指由具有一定专业技术理论、对本专业技术比较熟悉的高素质管理服务团队，为在孵企业提供企业管理诊断、专业技术难题攻关、产品推广、企业融资等全面、深层次的服务，他们不仅懂专业、懂管理、懂市场、有丰富的实际操作经验，而且要亲自参与创业，及时、有效地为企业提供专业服务。

### 4. 服务平台专业化

服务平台专业化指按专业技术领域与服务内容，搭建包括通用技术设备在内的技术开发、试验、设计、加工、检测、信息等专业化公共技术平台，供在孵企业共享使用。同时，其提供的孵化场地和共享设施以及物业服务也要体现专业技术要求，如符合 GMP 要求的场地。

### 5. 投融资服务专业化

投融资服务专业化指为在孵企业设立专门的种子资金，或与聚焦本行业技术领域的风险投资机构合作，投向有较大增长潜力的孵化企业。孵化器应及时跟踪行业发展趋势及创投动态，对孵化企业进行融资知识的传播和融资能力的培育，为创业者沟通各种融资渠道，有针对性地向风险投资机构、投资公司、大企业等推荐孵化项目和孵化企业，促进其相互之间的合作，解决孵化企业快速增长对于资金的迫切需求。

### 6. 资源网络专业化

资源网络专业化指孵化器应提供专业性的社会网络资源，与相关专业的政府管理部门、高等院校、科研院所、行业学会、协会、生产企业以及各种中介机构、其他孵化器等建立广泛的联系，充分协调各方面的资源，从而最大限度地整合业内优势资源，更好地为孵化企业服务。

## 二、专业孵化器的发展、类型与服务管理

### （一）专业孵化器的突出作用

第一，专业孵化器可以更好地促进区域内创新系统的形成，发挥本区域特色资源的比较优势，更好地吸引该产业相关的各种优势力量聚集，延伸与补足产业链，提升本区域该产业和相关产业的竞争优势，形成特定的产业集群。

第二，专业孵化器在推动创新、促进创业方面具有更好的成效，大大降低创业企业的成本。专业孵化器为在孵企业提供专业化的技术平台等，减少了初创企业技术设施的投入。专业孵化器为在孵企业提供专业化的技术咨询、专业化的管理培训，在很大程度上为初创企业在技术研发、生产运作、经营管理及市场开拓方面节省了成本。同类创业企业的聚集，为在孵企业提供了更好的专业化分工和协作机会，实现不同企业之间的优势互补和联合，使得创业企业在创新中发挥着集群优势。

第三，专业孵化器更加注重专业技术的商品化，能够更好地连接科技成果源头和创新创业活动，使得科技成果转化更为顺畅。这也使得更多的大学、科研院所充分利用专业孵化器加速自身的科技成果转化，而我国孵化器群体中基于大量源头创新技术的创业活动将更加丰富。

我国在众创空间发展中极为强调发展专业化众创空间，而这些众创空间专业属性上表现很突出，它们不仅孵化创业企业，也同时孵化专业技术创业者，进一步拓宽了孵化器专业化发展的路径和空间。

### （二）专业孵化器的模式类型

#### 1. 高校专业孵化器

很多大学创办的孵化器是综合技术孵化器，虽然具有较强的科技成果转化属性，但来自校外的创业者往往多于校内，且不大在意特定专业技术领域。在这里，特指那些由大学或大学某专业学院深度运行的、专业特色强烈的大学孵化器，专门聚焦于某个技术领域的创业活动，有别于那些一般意义的大学孵化器。此类孵化器包括广东华中科技大学智能化协同制造孵化器、北京航空航天大学虚拟现实与智能硬件众创空间等。

>> **延伸阅读——广东华中科技大学孵化器**

广东华中科技大学工业技术研究院是由东莞市政府、广东省科技厅和华中科技大学共建的智能化协同制造领域的技术创新、技术服务、产业孵化公共创新平台。工研院从30几人的建设班底壮大到拥有600余人的研发团队，1000余人的工程化团队，孵化企业370余家，其中自主创办企业53家，新三板企业7家，上市后备企业3家，服务企业10000余家。同时，依托华中科技大学建立了广东省智能机器人研究院，是东莞市政府创办的唯一一家冠以"广东省"名头的机器人与智能制造领域的新型研发机构，引进并孵化创业团队、高科技企业17家，其中广东省创新团队2支，为200多家机器人与智能装备制造企业、应用企业提供技术服务。

依托工研院、广智院，打造了华科城品牌系列孵化器，致力于打造中国领先的科技产业支撑平台，科技、资本、产业三链融合的重要平台；形成了"众创空间 - 孵化器 - 加速器"科技创业孵化链条；松湖华科、厚街华科城、大岭山华科城、道滘华科城、石碣华科城、韶关华科城等华科系列品牌孵化器已渐成规模。

搭建多层次投融资体系，成立天使基金，为创业者提供种子资金和创业平台；投资设立华科工研投资公司，专注高新技术成果产业化，支持技术领先、成长良好的科技型创业企业；成立4亿元的先进制造股权投资基金——华科松湖产业基金、机器人与智能装备产业基金，整合工研院及社会资本资源，为成长期企业提供风险资本支持；持股孵化企业55家，新三板挂牌企业6家，上市后备企业3家，帮助在孵企业累计融资超过5亿元。

工研院大胆尝试，在体制机制上创新，率先突破国有科研院所和高校传统的管理体制机制，拉开改革序幕，无编制、无级别、无固定运行费的三无事业单位企业化运作等鲜明特征引起社会广泛关注；同时，有政府的大力支持、有市场化的盈利能力、有"创新创业与创富相结合"的激励机制的三有模式，打通了"样品 - 产品 - 产业"的链条，使之成为典型的新兴源头技术创新机构，获得了广东省科学技术进步特等奖。

## 2. 科研院所专业孵化器

相比于大学，科研院所受教育行政管理方面的约束少，更多地接近产业实际情况，同时科研院所本身专业方向更加清晰，因此所设立的孵化器专业特色更为鲜明。

### >> 延伸阅读——埃米空间

埃米空间是"建在实验室的众创空间"。埃米空间（AMI）新材料孵化器聚焦于发挥产业基础支撑作用的新材料领域，采用"前孵化＋重孵化"的运营模式，联合北京市科委前孵化种子基金和社会资本，与中科院理化所合作，把创业孵化延伸到实验室，通过"技术成果＋团队＋基金＋市场"四位一体的运作方式，解决早期新材料技术成果实现产业化从"0"到"1"的制约瓶颈问题，探索专业型孵化器"细分领域、垂直孵化"和"将众创空间建到实验室"的新型发展模式。"前孵化"就是在实验室中建立"创业苗圃"，挖掘早期科技项目。"重孵化"则是选定少量科技项目和团队，由孵化器主导，投入资金、人力和其他资源，进行工程化和市场化，项目团队不需要走出实验室，只扮演CTO的角色，负责技术的完善和迭代，孵化器为项目配齐包括CEO在内的经营团队，提供种子资金、扶持公司发展。

## 3. 公司创业型专业孵化器

公司创业型专业孵化器，一方面注重产业链的增值，通过孵化内生和外源创业，横向拉伸、纵向拉长自身产业链及弥补产业链中的缺失环节；另一方面，公司创业是延长自身生命周期，做"百年老店"的优先选择。因此，公司创业型专业孵化器不仅能帮助母体公司充分发挥自身产业资源的价值潜力，还能采用回购内生创业企业和收购外源创业企业的办法，壮大自身产业。

---

>> 延伸阅读——九州通

九州通是一家上市公司，拥有强大的药品销售通路，在高新区投巨资建设医药产业孵化加速器。采用的模式是自建 GMP 认证独栋厂房，结合在全国铺开的项目，把医药项目吸引过来，拿到药号后，进入加速器。第一，加速器的 GMP 厂房先租后买，这可以让房屋加速升值，并形成产业聚集。第二，入孵企业要将其产品交给九州通的销售通路去向全国铺开。

---

### 4. 互联网开源平台专业孵化器

此类孵化器的创建者多为业内领先的互联网产品和服务供应商，一般具有四大优势：专注于互联网及相关领域，拥有海量的用户群体，拥有较高的品牌知名度和影响力，拥有通畅的营销渠道和快捷的对接平台。互联网开源平台专业孵化器方兴未艾，极受创业者欢迎，生命力强大。360 磁力创新工坊、小米谷仓等就是这种类型的孵化器。

---

>> 延伸阅读——360 公司旗下硬件孵化器磁力创新工坊

2016 年 3 月，360 公司旗下硬件孵化器磁力创新工坊落户拥有独特资源优势的深圳。

磁力创新工坊是 360 为智能硬件圈提供的开放交流场所，也是硬件创业者对接 360 资源的窗口。360 希望通过磁力创新工坊这个支点，寻找更多优质的硬件合作伙伴。360 从安全起家，从 PC 安全到移动安全积累了丰富的经验，而 IoT 安全是 360 下一个关注的重点。360 做孵化器的初心，是希望能把涉足智能硬件积累的经验、技术分享给创业者，让他们在创业道路上更顺利。同时，360 希望与各位创业者形成良好的伙伴关系，携手并进，并期望创业者们把自己的经验分享出来，帮助身边更多的创业伙伴。

磁力创新工坊从用户流量、投资合作、安全技术、云平台等方面，为创客对接资源。

根据 360 公司 2015 年财报，PC 端产品和服务的月活跃用户数达到 5.14 亿；360 手机卫士的用户总数接近 8 亿。在庞大用户体量的支持下，360 智能硬件用户也增长迅猛：随身 WiFi 用户早已突破 2000 万，安全路由器用户突破了 300 万，这些流量和销售数据使 360 有能力为创业者精准获取更多潜在用户。

作为全球最大的互联网安全公司，360 拥有全球领先的高水平安全技术团队。针对 IoT 时代的来临，360 专门设立了硬件安全实验室，旨在帮助创业者及早发现智能硬件的安全漏洞，防患于未然。

同时，360 已投资了 50 家与智能硬件领域相关的公司，涵盖智能家居、儿童穿戴、车联网等领域。360 对人工智能项目也保持高度关注，专门成立了自己的人工智能研究学院。除了投资外，360 还通过 ODM、OEM、技术授权等方式进行业务上的合作，与整个硬件产业互通有无，取得双赢的局面。

为了促进创客之间的交流与活动，磁力创新工坊还会定期举办奇想周末、嘉宾内部交流等活动，并为硬件创业者对接第三方资源、促进业内的技术信息沟通与融合。此外，磁力创新工坊同时也是一家智能硬件线下体验店，供创客展示产品，让用户有更多的机会体验新酷产品。

智能硬件需要一个能接触用户和消费者的平台，这对于产品设计、用户体验的持续改进有很大帮助。360 借助自身热销的硬件产品打造了一个智能硬件垂直电商平台——360 商城，注册用户数已经达到数千万。作为一家互联网公司，360 乐于将这样的资源和平台分享给硬件创业者，让 360 商城成为连接用户、厂商或者商家的纽带和桥梁。

### 5. 区域产业集群专业孵化器

区域产业集群专业孵化器指按照产业集群理念，由高新区等各类开发区建设，或科技与产业管理部门在开发区等设立，面向当地主导产业或战略性新兴产业，将整个科技企业孵化器打造成一个特定产业的科技创业企业集群。

此类专业孵化器一般由政府主导建设，由下属事业单位或国企运营；或者由政府、院校、企业三方共建，实行企业化营运。无锡物联网孵化器、贵州大数据产业孵化器、我国各地建设的软件园、生物医药孵化器等都属此类。

### 6. 综合技术孵化器衍生专业孵化器

目前，我国已有不少大型综合技术孵化器按不同的孵化领域做了划分，把相对密集的同一专业的企业集中安排在一个区域，形成"一器多区""分类发展"的布局，构建各个专业孵化器；或者开辟新的孵化场地以及受托管理新建孵化器时，按专业孵化器实施新的管理模式。这也是我国孵化器转型发展，向专业孵化转型的积极探索。

### （三）深化专业孵化器的服务管理

对于不同主体创办的专业孵化器来说，深化服务管理的总方向是一致的，只是在具体环节上略有不同，要特别加强以下几个方面的服务管理。

### 1. 服务对象与市场开发

首先，要明确专业技术领域内的科技创业企业是专业孵化器的孵化服务主体。

其次，在孵化项目选择上，除了要关注创业团队、项目的增值空间、市场潜力等因素，还要看该项目是否符合本孵化器的战略规划，是否属于该行业及产业链中比较重要的一环，是否能与本孵化器内原有孵化企业形成协同发展效应。

**2. 做好功能设计，提升专业孵化服务能级**

专业孵化器应重点提供以下一系列功能性服务项目。

（1）协助孵化企业完成科研成果的试验研究过程，生产过程和产品需要符合相关主管部门的检验标准。

（2）组织试产及投产前的研究，申报各项发明、专利和新药等证书直至取得各项证书，为新项目的投产做好准备。

（3）组织技术转移。协助大专院校、科研院所及企业，将研究开发出的成熟技术推广、转让给其他需要该项技术的组织，放大该项技术的社会和经济效益。

（4）组织专业技术培训。

（5）提供专业导师指导。孵化器要强化专业导师队伍建设，增强一对一的服务能力，切实为企业实现增值性、个性化跟踪服务，从专业的角度对企业的组建提出合理化的建议，成为企业的顾问，指导企业沿着预定的方向发展；要根据对本行业的了解及所掌握的资源，帮助企业进行公司战略、经营战略的制定，相关行业的宣传，与本领域风险投资者接洽以及市场开拓等；

（6）提供场地。专业孵化器要设计出满足该领域企业发展要求的厂房、场地、实验设施和其他一切辅助设施。

（7）使初创企业与当地的专业人才结合起来，是专业技术孵化器服务的一项重要功能。在企业评估阶段，应当协助企业提出对人员素质与技能的要求；建立相关专业人员的数据库，为创业企业推荐符合要求的候选人，帮助那些初创企业组建专业团队；协助初创企业聘请专业人员，指导产品开发、规划市场开发与组织销售。

（8）促进专业信息与行业信息交流。专业技术孵化器应悉心考虑企业的构成以及它们的业务水平与管理经验，组织初创企业间信息交流，并不断推动行业最新技术与市场信息的交流和扩散。

（9）将普通服务外包，借助外部专业中介机构的服务优势。在突出自身特色服务的同时，专业孵化器要善于借用"外力"，向孵化企业提供优质服务。比如，对接专业化的会计师事务所、律师事务所、知识产权事务所、资产评估事务所、培训机构等。

（10）运行专业技术公共服务平台，发挥好平台作用。

（11）帮助企业建立有效的合作联盟。这不仅可以为企业提供资源，还可以为它们的发展提供意想不到的机会，特别在扩大规模、缩小与同行的差距等方面很有效。

（12）促进企业兼并和收购。对于大多数公司而言，兼并和收购是实现迅速壮大的有效途径之一。

### 3. 孵化政策

专业孵化器除了执行一般孵化器采用的企业入驻政策、价格政策外，在毕业政策上，需要按照专业技术以及行业自身发展规律，采取一些特殊政策。比如，在一般孵化器要求企业在 3 ~ 5 年孵化毕业的基础上，视本行业的企业成长周期特色，延长或缩短孵化企业的毕业时间。例如，生物医药企业的孵化周期可能长达 8 至 10 年。

### 4. 加强孵化管理团队建设

专业孵化器要实现有效的管理与服务，就要建立一支运营能力强的孵化管理队伍。在管理和服务人员的挑选上，其标准应更高。考虑专业孵化器的专业性特点，对"专才"的重视应强于"通才"，对高级专业人才的重视更应强于一般专业人才。这些管理和服务人员不仅要掌握科技创业企业的发展规律，而且还应熟悉专业技术，只有这样，他们才能为入驻的创业企业提供服务，管理好专业技术平台的设施与设备。专业孵化器还应聘请该技术领域内有鉴别力与前瞻性的权威专家，这对项目的引进、评估，促进企业的发展等具有重要意义。

### 5. 建立专项种子资金

专业孵化器应建立专项扶持基金、创投资金，强化对该领域创业企业的引导。有条件的专业孵化器应自行建立天使投资基金，投资有潜力的创业企业。

### 6. 建设专业技术平台

专业技术实验室、技术测试和技术筛选等专业技术平台是专业孵化器最显著的特色，专业孵化器应该利用各种途径构建专业技术平台。

一般来说，专业技术平台建设费用巨大，专业孵化器单凭自己建设许多平台是不可能的，需要政府的支持。政府支持的专业技术平台运作应该责权明确，以实现平台的有效运营。

（1）筹建方面：专业孵化器在建设一个专业技术平台时应当进行充分论证，掌握筹建该技术平台的必要性，该类似平台是否已经存在而无需重复性建设；论证其筹建是否具有可行性，比如建设技术平台的专业孵化器技术配套能力是否达标，该平台建成后可能的利用率等；此外，应注重各专业技术服务平台的资源整合，孵化器应该加强同相关行业企业与科技园区的紧密合作，避免因低水平重复建设而导致的资源浪费。

（2）资金投入：构建各级政府、孵化器、企业共同出资建设专业技术平台的机制。在明确投资者、运营者、受益者关系的前提下，专业孵化器应广开平台建设资金渠道，保证资金的投入。

（3）维护与运营：新技术发展日新月异，专业孵化器必须保持对专业技术平台的调整和升级，从而使其具有持续性。专业孵化器必须建立起对专业技术平台的经营思路，构建起有效的平台运营模式，尽可能地从使用平台的孵化企业收取足够的营业收入，作为平台的维护费用。专业孵化器由于建立了良好的专业技术平台，从而使孵化能力得到提升，进而产生良好的孵化成效，使专业孵化器的运营进入良性循环。

---

### >> 延伸阅读——华南新材料创新园

华南新材料创新园全方位依托金发科技、高金集团及旗下上市公司行业资源和产业优势，以"用平台选商、用服务留商、用资源助商"模式，根据各类中小企业发展特点和共性、个性服务需求，精准服务科技企业。

（1）"龙头企业＋孵化企业"协同打造新材料大产业平台。其通过"联合、开放、共享、创新"的方式，最大限度地整合金发科技、毅昌科技及495家科技企业等各类服务主体资源；已形成了产、学、研、园等协同运作的"创新联合体"，推动大、中、小、微型科技企业的协同创新，最终形成了共谋发展的创新创业生态圈。

（2）打造完整的"双创孵化服务链条"。园区"众创空间—创业苗圃—孵化器—加速器—产业园"的协同孵化服务链条，为中小新材料企业提供不同发展阶段所需的创业物理载体，还精准嫁接龙头企业的产业资源优势，在提高企业孵化成功率的同时也促进了龙头企业的创新升级。

（3）配套齐全的"双创孵化服务体系"。园区根据各类中小企业的发展特点和共性、个性服务需求，提出"精准服务"的服务理念，搭建了包括"技术服务、营销服务、金融服务、辅导服务、政策服务、社区服务"等六大功能平台的孵化服务体系，为各个发展阶段的中小型科技企业提供全面的创新创业孵化服务。

园区经过多年运营产生了良好的社会效益和经济效益。园区入驻企业80%拥有自主知识产权，2017年申请专利562件（其中发明专利230件），授权225件；累计引入高层次海外归国创业人才60位，其中千人计划专家22位，高新技术企业107家、新四板挂牌企业73家、知识产权贯标企业67家，瞪羚企业累计6家，已上市企业3家、拟上创业板企业3家、拟上主板企业1家。园区企业2017年总销售收入超过40亿元，直接创造就业岗位超过5000个。

# 第三节　孵化服务的信息化

孵化服务信息化是指孵化器运用信息化手段，对服务过程进行信息化管理，主要包含信息技术支持下的孵化服务过程管理、孵化服务运作管理以及对服务手段、服务资源、服务设施等信息化实施过程的管理。

孵化服务信息化主要包括三个方面的内容：一是用信息化手段管理孵化服务，二是为孵化企业和创业者提供优质的信息服务，三是促进创业企业运用现代信息技术，提高企业运营水平和效率。

孵化服务信息化的精髓是信息集成，其核心要素是数据平台的建设和数据的深度挖掘，通过信息管理系统把孵化服务所涉及的孵化器、场地、服务对象、服务内容、财务、经营、管理等各个环节集成起来，共享信息和资源，同时利用现代信息技术手段寻找、匹配潜在客户，有效支撑决策，达到降低成本、扩大服务范围、提高服务质量的目的。

## 一、用信息化手段管理孵化服务

### （一）设计孵化器信息化服务系统

孵化器信息化服务系统是建立在孵化服务业务流程基础之上的融合各项服务的办公自动化系统。设计孵化器信息化服务系统，就是用信息化手段全面系统规划孵化服务业务流程，将各个业务环节设计成一个个单元，同时将这些单元有机地贯通起来，既可以实现单独业务模块的独立办公，又能实现整个系统的互联互通，满足自动处理、检索要求，使大家能够共享资源，并且可以实现信息的统计分析和综合利用。

#### 1. 网络系统配置

孵化器的办公网络中除了工作终端以外，应配有隔离工作终端和服务器，还可根据需要配置移动终端和远程终端。

大部分孵化器工作人员通过位置固定的工作终端使用办公网络，一般通过有线网络接入孵化器的办公网络，可依据职责不同享有不同级别的信息管理权限。隔离工作终端主要是从安全角度考虑，为了避免孵化器核心信息受到来自移动存储设备和网络的威胁而设置的不接入办公主网的计算机，如财务处理计算机、档案管理工作站等。在这些设备上安装的是专用信息管理软件，尽管可以将数台计算机连接在一起，形成工作网络，但是与办公系统的其他计算机还是保持着物理上的隔离，以确保信息安全。市场上销售的大部分商用电脑都可以作为工作终端或隔离工作终端使用。

服务器承担着孵化器办公网络共享信息的存储职责和办公系统平台的支撑职责。服务器可以为办公网络提供文件服务、数据库服务、Web 服务、E-mail 服务、多媒体服务等。服务器从性能上首先要满足大数据量的处理及传输，还要具有很高的可靠性和稳定性。从硬件上应选用服务器级的电脑，并配备足够功率的不间断电源。

移动终端设备是指笔记本电脑、智能手机等移动终端设备，这些设备可以根据需要通过有线端口或者无线端口接入孵化器的办公网络。

远程终端是指远端的计算机通过互联网经过访问授权，安全地接入孵化器的办公网络，从而完成和本地终端同样的功能。

**2. 用孵化器网站统一规划内外网和各项服务**

传统的办公网络系统是一个相对独立的内部封闭系统。与之不同的是，孵化器应将具有市场开发、形象塑造、网上办公等功能的互联网网站与主要处理孵化服务业务的办公网络系统进行统一规划设计，使需要互联互通的数据信息在内外网之间自动对接，在内外网上同时呈现服务业务，最大限度地发挥信息技术网络优势，大幅提高工作效率。

（二）信息化技术支持下的孵化服务管理

**1. 采集信息建立服务数据库**

孵化器各环节的工作人员负责采集自己管辖范围内的各项数据和情况，核实后录入办公系统中。

数据采集和录入工作是一项基础工作。这项工作在初期会耗费大量人力，一旦数据库建立起来，就只需开展日常维护工作了。

孵化器必须掌握孵化企业的相关信息，并对其数据进行统计与分析，科学地挖掘数据背后的规律和隐含的信息，以达到精准跟踪服务孵化企业的目的。

**2. 孵化企业数据的统计与分析**

孵化器采集到的数据要变成有使用价值的数据分析报告，成为服务人员开展孵化服务的重要依据。服务人员可以通过开发相应的软件来达到这个目的，就是开发具有孵化器数据扫描功能和数据组合功能的软件，以统计表、统计图等形式，由系统自动生成反映孵化企业全貌的情况报告。统计表具有条理清晰、简明扼要的特点，便于使用者从各方面进行比较和分析；统计图具有直观、形象、鲜明、具体的特点。

服务人员利用上述资料开展相关性分析，还可以判断并预测创业企业的研发、生产、销售等经营管理活动的开展情况，并据此对孵化企业和创业者的孵化方案提出调整决策，在既有预案中找出最能帮助孵化器实现服务目的的最优方案，并采取相关行动。

## 二、为孵化企业和创业者提供优质信息服务

孵化器为孵化企业和创业者提供优质信息服务包括两个方面，一个是为孵化企业提供有价值的实用信息，另一个是促进孵化企业运用现代信息技术，帮助孵化企业建立与完善信息化战略、实施信息化措施，从而帮助孵化企业提高创新能力和竞争能力。

### （一）为孵化企业提供实用信息

孵化企业在初创时期的信息资源十分匮乏，对信息资源的需求十分强烈。科技企业孵化器要发挥两个作用，一是作为信宿体，为孵化企业主动寻找其所需要的信息资源，二是作为信源体，为孵化企业传递信息资源。

孵化器应深入孵化企业内部，了解和挖掘孵化企业所需要的信息，主动将信息发送给孵化企业。这些信息包括以下几个方面。

1.市场信息，包括市场需求、行业状况、竞争对手、客户资源等；

2.技术信息，包括行业技术水平、新产品开发、技术设备与手段、技术标准等有关信息；

3.投融资信息，包括投融资机构、投融资渠道、融资条件等；

4.人力资源信息，包括专业技术人才信息、招聘信息等；

5.政策信息，包括国家、地方政府、行业管理部门制定的有关法律、法规和条例，特别是支持和扶持孵化企业发展的各类政策；

6.其他信息，包括与孵化企业商业运作、发展战略相关联的其他方面的信息，如自然环境、社会环境等方面的信息。

孵化器对孵化企业提供的信息，既可以通过专题发布会的形式发布，也可以利用自身工作网络向孵化企业点对点发布，还可以在网站主页公开发布。

### （二）为孵化企业提供信息技术应用环境

一是要建设孵化企业共享的信息技术网络基础设施，并提供系统化服务。这包括建设一套高速、低成本接入骨干网络的硬件系统，为每个孵化单元提供即插即用的端口，供企业上 Intranet/Internet 使用。要根据网络的类型，在孵化大楼的适当位置建立一个信息中心

和数个信息节点，通过模块化的、灵活的建筑物内或建筑群之间的信息传输通道，实现对内语音、数据、图像设备、交换设备与其他信息管理系统彼此相连，对外能与社会公众外部网络或电信线路的连接点相连接，为构建孵化器的各种信息系统提供良好的支持。另外，组网也可灵活多样，甚至在同一房间可有多种形式的网络，如多用户终端、以太网工作站、令牌环网工作站并存，为孵化器和孵化企业组织信息流提供了必要条件。

二是建设无线网络。随着无线网络技术的发展，建立高性能的无线网络也是一种选择。但是从安全性的角度考虑，无线设备目前还仅作为一种补充。孵化器物业管理部门可以考虑在一些相对开放的区域设置一些无线路由器，如大堂、共享办公大厅、餐饮区、会议室等，供具有流动性网络信号要求的用户使用。

（三）为孵化企业提供信息技术支持

一是为孵化企业建设企业内部局域网，帮助企业形成日常信息联系系统，方便沟通与联系；

二是为孵化企业提供网站设计和建设；

三是为孵化企业建设电子邮件（E-mail）系统；

四是为孵化企业提供域名注册、虚拟主机、服务器托管、虚拟 DNS 服务等；

五是为孵化企业提供网络安全服务；

六是为孵化企业提供网络与计算机设备的采购；协助企业维护局域网，排除电脑软、硬件故障等。

（四）支持孵化企业利用信息手段实现发展

孵化器可以尝试以下两方面的工作，支持孵化企业利用信息手段实现发展。

1. 为孵化企业提供信息管理平台

由于孵化企业普遍存在个体小、实力弱等情况，自行开发或使用大型管理软件既不经济，也不实用。孵化器可以结合自身信息管理系统的建设，为孵化企业开发多用户、小型化企业管理公共服务平台，将企业的采购管理、库存管理、销售管理、账务管理、员工管理等功能集中提供给企业，并提供平台的日常维护。孵化企业只要拥有自己的账号，就可以使用这套信息系统，实现高效管理。

2. 为孵化企业提供电子商务开发平台

有能力的孵化器还可以进一步开发小企业创业发展电子商务服务平台，促进孵化企业发展。

小企业创业发展电子商务服务平台，是将孵化企业发展所需的各方面资源链接进来，以类似于淘宝的电子商务模式，通过先进的大数据、互联网线上匹配与实时对接，将孵化企业的资源与服务需求发布出去，同时，将服务科技创业的各类资源与服务汇聚到同一平台上，实现需求对接。当这种需求和供给达到一定规模时，这个平台上的交易就会愈发活跃，并显现出成效。

这类平台可以有以下多种功能：

✓ 产品服务，可分为产品销售和求购产品两大类别，开展互联网营销；

✓ 中介服务，可分为提供服务和服务需求两大类别；

✓ 项目融资服务，可分为股权融资、债券融资、融资担保、融资中介等类别，在每个类别项下，又有资金或服务供方和资金需方。同时，还设立融资路演大厅，定期召开投资洽谈会、项目路演等；

✓ 股权置换，企业可通过孵化服务平台甄选所需的服务，进行股权置换及专业咨询；

✓ 产权交易，企业可通过平台进行财产所有权转让或经营权转让；

✓ 资产管理，为企业提供证券公司、基金公司、信托公司信息，帮助企业进行经营运作，提供证券及其他金融产品的投资管理服务；

✓ 企业理财，通过融资活动、投资活动和收益分配，最大效能地利用闲置资金，提升企业资金的总体收益率；

✓ 租赁服务，设备和仪器的租赁；

✓ 难题招标，帮助孵化企业以招标形式解决重点环节的技术问题。

这种新型的信息化孵化服务方式，将现代信息技术与先进的管理理念相融合，转变企业生产方式、经营方式、业务流程、传统管理方式和组织方式，重新整合企业内外部资源，提高企业效率和效益，增强企业的竞争力。同时，把孵化服务渗透到企业的日常运营工作中，打破了孵化器以往因人员、资源、场地等限制而仅能提供少数服务项目的局限，将提供服务的企业、中介企业、享受服务企业和孵化器带入了一个网络经济、数字化生存的新天地，大大拓展了孵化器所能提供的服务项目和范围。

目前，我国很多大型企业、地方政府、孵化器在这方面做出了努力，如百度、阿里巴巴、腾讯、京东等打造的开放技术平台，成都科创通平台，武汉创业中心信物宝孵化服务平台、清华创业园启迪之星信息平台、浙江孵化器协会信息平台等。各孵化器可根据自身特点和发展需要因地制宜地自行开发或利用现有成熟信息化平台，提升孵化服务的信息化水平。

**【思考题】**

1. 请分析你所在孵化器的网站内容与孵化服务活动结合的程度，提出需要改进的措施和方案。

2. 请简述你所在孵化器的服务体系，并分析自身服务体系与运行机制的适应性。

3. 请分析你所在的孵化器的专业化要素。

# 第六章

# 孵化器的基础服务

## 第一节　物业服务

物业服务的任务，是为孵化企业提供一个适合创业的环境，通过制订保养计划和组织实施，确保设施有效运转，保持建筑与场地外观的美观，使孵化器展现出成功发展创业企业的形象。物业管理虽然只是孵化器服务体系中最基础的部分，但优良的物业服务在为孵化企业创造一个整洁舒适、方便安全、文明优美的环境中起着不可替代的重要作用。以服务为宗旨，将专业化和社会化相结合，是确保孵化器高质量、高效率运营的指导思想；通过质量管理体系的贯标认证，是物业管理规范化的重要手段。

### 一、孵化器物业服务的独特性

#### （一）物业服务是孵化服务的组成部分

虽然物业服务的内容只涉及孵化企业成长过程中的硬件保障，但孵化场地空间的及时调整、水电冷暖的正常提供、设施设备的正常运行等对孵化企业起到至关重要的保障作用。孵化器物业服务承担了这些孵化企业的后勤工作，将孵化企业原本需自己负责的分散工作集中处理，解决了孵化企业的后顾之忧，使孵化企业可以集中精力开展研发和市场开发等业务活动。这些工作与一般写字楼的物业工作性质截然不同，是孵化服务活动的有机组成部分。

#### （二）物业服务与其他业务部门协同合作

物业服务部门要按照业务部门的安排，为企业准备调增的场地，及时回收企业调减的场地。物业部门要将企业租金交纳的及时率、提出的改变房屋用途建议、企业进出货增减量的变化、公共设施需求的变化等情况，及时反馈给业务部门，作为企业成长变化情况的重要参考指标。

## 二、孵化器物业服务的主要内容

### （一）基础公用设施管理

基础公用设施管理的内容主要包括建筑物外立面、给排水系统及其配套设施、供配电系统、避雷接地系统、电梯运行与管理、中央空调系统、道路、停车场（车棚、车库）及配套设施等。基础公用设施管理的任务是要保证基础公用设施清洁、完好。

**1. 建立巡检制度**

要定期对房屋公用部位、设施设备、道路、绿地等进行全面检查，掌握房屋设施设备完损状况，对完损程度做出评价；定期检查巡视房屋主体结构，一旦发现质量问题要及时报告；定期检查清除屋面、檐沟内落叶杂物等，疏通雨水口、落水管等；定期巡视楼房、楼梯间通道部位以及其他公用部位的门窗、玻璃、路灯等；冬季、雨季和天气异常时组织房屋设施巡视，对易出问题的部位开展重点检查。

巡检要有记录。巡检结束后要将检查情况作全面报告，对查出的问题制订维修计划。

**2. 实施维修计划**

基础公用设施维修工作分三个部分：一是根据巡检提出的维修计划，进行大修、中修、小修；二是日常检修，如每年对公用部位门窗作例行专项检修，每年例行清洗或每隔一定年份例行粉刷建筑物外立面；三是根据业主的委托，组织维修工作。

**3. 日常维护**

基础公用设施维护工作分以下六个部分。

一是维护好给排水系统及其配套设施，特别是高层楼房给水设施较为复杂，要安排专业人员巡视，定期做好保养、维护，一旦出现问题要随时处理。

二是针对供配电系统，要建立和完善包括电气设备运行操作规程、安全操作规程、事故处理规程、巡视检查制度、维护制度、安全及交接班制度等规章制度，要在供电系统安排具备变配电运行知识和技能，具备上岗资格的值班人员。

三是维护好避雷接地系统，在每年雨季来临之前，对整个避雷接地系统进行检查维护；在大雷雨过后也要及时检查系统，若发现严重腐蚀、松脱等应立即更换或紧固。

四是做好电梯运行管理，确保安装、维修、保养人员均持有关行政主管部门核发的特种作业操作证上岗，建立健全电梯管理制度，与持有关行政主管部门核发的安全认可证书的企业签订维修保养、大中修更新改造合同，并明确被委托企业的责任，制定紧急救援方案和操作程序等。

五是做好中央空调系统保养维护工作，对空调系统及其附属设施进行清洁、保养和维护。

六是园区内部道路、停车场（车棚、车库）及配套设施维修养护，保持道路畅通，路面平坦整齐，排水畅通，停车场符合规范要求，便于车主停放车辆。

（二）入驻企业房屋装修管理

新入驻的企业往往会按照自己的想法对房屋进行重新装修，因各方对规范的掌握程度不同，极易引起矛盾。

物业服务部门应建立企业房屋装修管理制度，例如，应将室内装饰装修工程的注意事项告知装修人；对装修房屋的申请，应在 2 个工作日内给出同意或修改意见，双方应签订装饰装修管理服务协议；每日巡查装修施工情况；装修结束后组织验收；验收合格 2 个月后组织复验；复验合格后 3 个工作日内退还装修保证金；对装修中的违约行为及时劝阻；对已造成事实后果或者拒不改正的情况，应当及时报告有关部门依法处理。

（三）物业清洁管理

清洁管理工作主要包括大堂清洁，楼道保洁，电梯及电梯轿厢保洁，公用卫生间清洁，停车场、车库、车棚清洁，道路清洁，标识、宣传牌、雕塑、信报箱清洁，绿化带清洁，水池、沟、渠、沙井清洁，监控探头清洁，垃圾桶、果皮箱清洁等，以及垃圾收集与处理、卫生消杀等。

物业服务人员要对上述各个部位的卫生工作提出明确要求，例如，楼内通道和楼梯每日拖扫 2 次，水磨石地面和水泥地面每周刷洗 1 次等，并对卫生情况实施定期和不定期抽查。务必将卫生间作为重点部位重点管理。标识、宣传牌、雕塑、信报箱是容易遗漏的地方，也要定期擦拭。容易滋生蚊、蝇和老鼠的垃圾箱等部位，要有卫生消杀计划，根据季节和当地情况灭杀。

绿化带保洁工作可以结合花木的浇水、施肥、修剪和灭虫进行，在保持外观整洁的同时，还要保证无病虫害，苗木茁壮生长，造型优美，富有生气。

（四）安全防范

物业服务的安全防范工作主要包括紧急事故反应、交通、车辆引导和消防管理。要制定紧急事故处理预案，包括火灾、防汛及电梯应急预策案，保证对紧急事故做出快速、正确的反应，尽可能降低破坏和损失程度，并能够尽快恢复生产和生活秩序，如恢复电力供应、抢救财产等。

要建立 24 小时消防值班制度。员工上岗前要接受消防常识的培训及考核；物业服务部门经常对消防设施进行有效性检查和清洁；每位员工都要掌握消防器材的使用方法及基本常识，定期开展防火演练、疏散演习；在库房内要严格按防火要求码放物品，库房内严禁吸烟；在清洁过程中不得堵塞消防通道。

要建立值班制度、钥匙备份管理制度。孵化器管理人员 24 小时值班，值班室应留有全楼所有房间的备用钥匙，遇到涉及公共安全的紧急情况时，值班人员要迅速入室解决。

要建立包括所有入驻人员在内的全员消防组织，建立消防责任制，组织一年不少于两次的消防培训，提高自防自救能力。配置相应种类、数量的消防器材、设备和设施；保持消防通道畅通，禁止在消防通道设置路障。每月 1 次巡查消防栓、烟感头、喷淋头、消防水阀、消防标识等消防设备是否完好、齐全；发现设备故障时，必须及时修理或通知厂方处理，保证设备 24 小时正常运转。

要建立园区安全档案，把园区安全制度、培训、演习、巡检、整改等资料归档，形成系统的安全档案。

### （五）孵化器物业管理质量目标及保证措施

表 6-1 是一份物业管理质量目标及保证措施。

表 6-1　物业管理质量目标及保障措施

| 内容 | | 目标（%） | 保障措施 |
|---|---|---|---|
| 工程维修管理 | 供电、水保证率 | 100 | ● 工程设备管理方面有一整套切实可行的规章制度、严密的操作规程和科学的工作流程。<br>● 有一个严密的管理组织体系和一支技术过硬、具有丰富实践经验的操作维修队伍。<br>● 工程技术人员均经过岗前培训，经考核合格方可上岗。对特殊工种（电工、电梯等）均经主管部门专业培训考核合格，持证上岗。<br>● 设备管理贯彻以管理为主、计划检修和日常维护保养相结合的方针，保证设备完好。 |
| | 设备完好率 | 99 | |
| | 照明设备完好率 | 98 | |
| | 空调供应保证率 | 100 | |
| | 通信视听系统保障率 | 100 | |

| 内容 | 目标（%） | 保障措施 |
|---|---|---|
| 消防设备设施完好率 | 100 | ● 对所有设备建立完好的技术档案，对重大设备、主要设备分类重点管理，杜绝设备带病运行。 |
| 消防监控设备完好率 | 100 | ● 据设备管理远期及近期目标，制订相应的年度检修计划，并按年、季、月、周层层分解到班组，做到责任到人并有严格的工作标准。 |
| 设备设施突发事件控制率 | 100 | |
| 设备计划检修执行率 | 98 | ● 定期按设备状态、计划完成、维修质量、成本费用控制、员工工作效率五大业务指标对个人进行考核，对存在的问题限期整改。 |
| 设备设施维修及时率 | 100 | ● 严格执行 ISO9001:2000 质量管理体系，对工程管理进行考核，做到奖罚分明。 |
| 设备设施维修合格率 | 100 | ● 对工程技术人员有计划地进行业务培训和技术操作练兵，不断提高技术素养。 |
| 建筑物完好率 | 98 | |
| 建筑物维修合格率 | 98 | ● 针对大楼设备设施特点制定多套行之有效的应急预案，对可能发生的突发事件进行演练，提高员工处理突发事件的能力。 |
| 基础设施完好率 | 99 | ● 对现有设备存在的潜在隐患进行整改，做到防患于未然。 |
| 客户有效投诉率 | 5 | ● 对在用设备设施有专人定期巡视，一旦发现问题要及时处理，若出现报修项目，15 分钟必到现场。 |
| 安全措施保障率 | 100 | |
| 高峰客流安全措施保证率 | 100 | |
| 突发事件控制率 | 99 | |
| 车辆交通疏导控制率 | 99 | |
| 技术防范监控措施实施率 | 100 | |
| 重大火灾事故发生控制率 | 100 | ● 公司保洁人员都经过统一的岗前培训，树立"客户利益第一"的思想，掌握各种清洁剂的使用方法。 |
| 管理区域内无积尘、无污垢、无垃圾、无积水控制率 | 100 | ● 对不同的客流量制订不同的保洁方案，使局部和整体保持整洁。 |
| 绿化成活率 | 95 | ● 按楼层划分全体保洁员工，让员工熟悉不同楼层作业。 |
| 绿化更新、养护及时率 | 98 | ● 三查，即员工自查、领班巡查、部门经理抽查，实现检查与教育结合，检查与奖惩结合、检查与改进及提高相结合。 |
| 绿化美化率 | 100 | |
| 建筑物外立面整洁保持率 | 98 | |
| 建筑垃圾、生活垃圾、污水处理及时率 | 100 | |
| 灭虫除害及时率 | 100 | |

工程维修管理 / 环境管理

### 三、孵化器物业服务创新

场所环境中的各类要素，包括共享空间、公共走廊与办公空间的走向、颜色、大小等，以及各种设施设备的摆放等，对人们的情绪都会产生重要的影响。有的使人情绪平和，有的使人情绪激昂，有的使人情绪压抑。物业服务部门要及时对孵化器的环境布局做出调整和改变，创造更加适合孵化企业的环境。

物业服务部门要注意研究创业心理，对共享空间中的设施设备做出改变，提供适应创业者工作和生活节奏的空间，创造适宜创业者交流的场所。例如，调整办公桌椅的摆放方向、间距；提供迷你小屋、迷你睡帐、软式沙发等。

# 第二节　行政及商务服务

## 一、行政及商务服务内容

孵化器的行政及商务服务是指孵化器为孵化企业提供的各项与办公相关的支持活动及配置的相关商务资源，具体内容需根据孵化企业的需求特点及其行业特点来确定，一般包括公共秘书、商务代理、办公礼仪、办公设备租用、维修维护等方面。

### （一）公共秘书服务

孵化企业希望通过孵化器行政文秘服务降低创业成本。同时，孵化器通过提供系统规范的公共秘书服务，减少孵化企业的行政办公人力成本，维护企业形象，提高孵化企业的经济效率。

公共秘书服务内容包括：为企业经理人员安排会见时间和会见服务，转接电话，代为联络有关事项，代拟各种商务文稿、文件档案，草拟合同，制作和印刷各种宣传资料，制作办公名片，办理和审验企业各类证照，传真、打字、复印，企业网页制作等。

孵化器公共秘书服务一般通过前台人员来完成。前台服务既是为了让孵化企业及其客户感到孵化器服务的便利，也是为了密切与孵化企业及其客户的联系。前台服务通常以先进的计算机技术为支撑，建立客户综合信息服务系统。孵化器前台服务有利于突出孵化器的服务功能，集约服务资源，高效处理和管理企业客户服务，树立统一的服务形象。

前台秘书服务人员除了完成上述服务工作外，还要为企业客户提供迅速、准确的信息咨询以及业务受理和投诉等服务，应企业的要求为企业提供电话应接、记录、处理电话等事项，管理复印件、传真机、碎纸机、打孔机等办公设备。

（二）小型会务服务

会务服务包括会议室的预订、会议前的准备、会议接待服务等内容，服务规程一般包括如下内容。

1.会议室的预订：接受客户预订，了解相关资料，并做好"五知"记录，即知道预订人姓名及公司名称，知道客人的电话，知道会议的起始时间及结束时间，知道参加会议的人数，知道会议室的布置要求。要向预订客户介绍会议室的服务设施，并邀请其参观会场；确认付款方式，并要求对方预付订金；双方签订会议室出租合约，并在租用记录本上详细填载相关信息；准备好音响设备。如果会议时间较长，接洽人应主动推荐会议休息时间的茶点。

2.会议前的准备：按参加会议的人数准备好杯具、文具用品及会议的其他必备用品；准备布标、音响和投影等设备并做现场督导，以求做好准备事项；主办人员提前进场查看会场布置及临时要求合约未提的一些细节，要尽力配合，务必使客户会议顺利召开。

3.会议接待服务：会议开始前服务人员要站在门前向客人问好，并引导客人入内就座，逐一为客人提供饮品；会议进行中，要注意为客人添倒茶水；会议结束后，要温文尔雅地送客至门口。待客人完全离开后，迅速整理会场，把会议室打扫干净，以备下次使用。

4.会议室的使用必须考虑下列因素：容纳人数；开会的形式，如剧院型、教室型、酒会型、宴会型；开会时段，如上午时段、下午时段、夜间时段；会议所需的设备与器材，如投影机、麦克风等；会议所需的餐饮，如商业午餐、快餐、会间茶点等。

（三）商务代理服务

孵化器还应为入驻企业提供邮件分发、快递服务，代订代购各种电子卡及报纸杂志等。此外，还可根据企业需要，开展代租汽车、代办旅游手续、代订文娱节目票、车船机票等商务服务，开展企业客户接待与食宿安排、外出交通、酒店联系和安排服务，开展企业行政办公用设备的维修、保养服务，开展企业宣传策划和实施，有关庆典、展销等活动的筹备、组织和礼仪安排服务等。

（四）后勤服务

孵化企业由于人少、规模小，所以往往在通勤班车、食堂、宿舍、安保、卫生等行政后勤工作方面捉襟见肘。此时，孵化器可以接受企业的全包委托，或者其中几项工作的委托，组织协调资源并派员提供全项或单项服务。

有条件的孵化器可以设置专门的职工食堂，解决各企业员工的膳食供应问题；可以安排班车、蓝领公寓等，解决各企业员工的通勤和住宿困难。孵化器还可以将安保公司和保洁公司组织起来，为孵化企业提供内部的安保和卫生清洁方面的后勤服务。

## 二、标准流程和人员配置

### （一）标准流程与规范

孵化器的行政办公、商务服务与办公设备服务直观体现了孵化器的服务形象，所以规范的服务流程和标准将提高服务质量。

服务人员接打电话可以遵守如下规范。（1）接电话时，电话铃一响应尽快接听，不要让铃声响过五遍，拿起电话应先自报家门："您好，这里是××孵化器。"询问时应注意在适当的时候，根据对方的反应再委婉询问。不能用很生硬的口气说："他不在""打错了""没这人""不知道"等。电话用语应文明、礼貌，态度应热情、谦和、诚恳，语调应平和，音量要适中；接电话时，对对方的谈话可作必要的重复，对重要的内容应简明扼要地记录下来，如时间、地点、联系事宜、需解决的问题等；电话交谈完毕时，应尽量让对方结束对话，若确需自己来结束，应解释、致歉；通话完毕后，应等对方放下话筒后，再轻轻地放下电话，以示尊重。（2）打电话时，要选择适当的时间。一般的公务电话最好避开临近下班的时间，因为这时打电话，对方往往急于下班，很可能得不到满意的答复。公务电话应尽量先通报自己的姓名、身份。必要时，应询问对方是否方便，在对方方便的情况下再开始交谈；电话用语应文明、礼貌，电话内容要简明、扼要；通话完毕时应道"再见"，然后轻轻放下电话。

接收、分发报纸、信件、印刷品、包裹等邮件时的服务规程是：（1）邮件送到后，在邮递员的登记本上签字（报纸、平信除外），以示收到；（2）对邮件进行检查分类；（3）将报纸和平信投入各客户信箱；（4）应打电话让客户来取包裹或送上门，客户暂时不在应代为保管，客户来取时应让客户签字；（5）在包裹服务登记表上做好记录。

### （二）服务人员配置

物业服务部门应根据孵化企业的行业特点、对服务的需求和孵化器开展服务的范围来确定行政办公与后勤服务人员配置，并确保服务质量。如果孵化器配置了餐饮服务、通勤服务等，就要求孵化器安排较多的后勤人员。再比如，一些行业可能要求 24 小时提供信息呼叫服务，在班次安排上要考虑 24 小时值班，有些企业要求提供外语、特殊的技术服务等，在前台人员配置上就要考虑具备相应素质的服务员工，有的企业要求物业部门提供内部员工出入检查服务，前台在配置人员时就要考虑安全检查人员等。

另外，物业服务部门对员工的上下班时间、班车的接送、就餐时间等都要进行合理安排，以便为企业提供优质的服务。

# 第三节　中介服务与代理服务

现代企业面临的制度环境越来越复杂，企业必须遵照执行的法律法规也越来越多。由此产生的问题是，初创企业既缺乏精力和人手，又缺乏相关的专业知识来处理这些复杂的事物。因此，孵化器开展中介服务与代理服务十分必要。

## 一、中介服务与代理服务的分类及内容

我们把孵化器向创业者和孵化企业提供的服务分为两类，一是直接由孵化器为企业代理的服务，二是经由孵化器办理的第三方服务。虽然这两类服务都是由孵化器提供劳务或智力支持，但代理服务仅局限在委托方孵化企业（或创业者）与孵化器双方之间，可由孵化器独立完成，孵化器所做的工作就是最终结果，不需要再由第三方处理；在中介服务中，孵化器是独立于孵化企业（或创业者）和有资质的机构或相关政府部门之外的第三方，既不是委托方，也不是最终业务的处理方，仅是作为中介方，因此也称为第三方服务。

### （一）直接由孵化器为企业代理的服务

这类服务的工作内容本来是孵化企业或创业者的职责范围，但限于孵化企业或创业者自身人手和能力不足，或者规模经济性不足，企业可以委托孵化器集中为他们提供服务。除了上述一些公共秘书服务、办公服务和物业外，这类服务还包括以下内容。

在企业创立过程中包括：

✓ 为拟建企业起草股东协议、公司章程、董事会决议草案；

✓ 为初创企业起草各类规章制度；

✓ 为初创企业招聘员工、办理入职手续、进行员工初步的岗位培训，起草并协助签

署劳动合同；

✓ 建立人事档案并移送有资质的人事代理机构，办理初次用工手续。

在企业运行过程中包括：

✓ 企业员工考核；

✓ 专业员工蓄水池服务（如代为招聘一部分软件工程师，为软件园中用工数量不稳定的大量软件企业提供软件工程师）；

✓ 为企业代理记账及日常财务工作；

✓ 企业共用办公耗材的集中采购；

✓ 企业共用生产资料的集中采购（主要是专业技术孵化器）；

✓ 利用孵化器公共技术服务平台为企业提供检测服务（主要是专业技术孵化器）；

✓ 协助企业举办公司年会、庆典；

✓ 代企业起草高新技术企业认定材料；

✓ 代企业起草各类政府资助项目申请材料；

✓ 代企业起草研发经费加计扣除申请材料。

## （二）经由孵化器办理的第三方中介服务

这类服务一般涉及孵化企业或创业者在申请政府有关部门或有资质的机构做出的行政或专业业务处理事项时，孵化器作为服务供需双方的中介而提供的服务。这类服务的专业性较强，孵化企业和创业者或者不熟悉相关政策以及渠道，或者自行办理缺乏经济性。主要包括：

✓ 企业开办的工商、税务等的登记服务；

✓ 用工手续办理服务；

✓ 报税服务；

✓ 审计服务；

✓ 部分人事代理服务，如人事档案保管；

✓ 与律师事务所合作，提供企业法律咨询顾问服务；

✓ 代企业申请人社部门大学生创业贷款、补贴等；

✓ 代企业申请环评服务；

✓ 大型仪器使用服务；

✓ 代企业申请高新技术企业认定；

✓ 代企业申请各类政府资助项目；

✓ 代企业申请研发经费加计扣除；

✓ 技术经纪业务；

✓ 代企业申请检测服务；

✓ 为众多孵化企业集中申请银行授信、信用卡等金融服务；

✓ 为孵化企业寻找加工服务；

✓ 为孵化企业寻找创业投资。

## 二、与专业服务机构的合作

虽然对于创业者和孵化企业来说孵化器了解更多创业过程中的专业信息，掌握专业知识和能力，但"术业有专攻"，孵化器不可能提供所有企业需要的外部服务。对于一些特别专业的服务，孵化器要与专业服务机构开展合作，为创业者和孵化企业提供服务。

这类与外部专业机构的合作主要包括以下五个方面。

✓ 与专业的律师事务所合作，为创业企业提供法律服务。

✓ 与专业的会计师事务所合作，提供财务、税务与审计服务。

✓ 与专业的技术转移转化服务机构合作，提供技术经纪服务。

✓ 与知识产权专业机构合作，提供知识产权申请与保护服务。

✓ 与大型仪器服务网合作，提供大型仪器使用合作服务。

各地区除了某些像大型仪器服务网这样的独特服务资源外，都拥有较多的各类型专业服务机构。这就需要孵化器对各类专业服务机构的资质、能力与水平等进行评价，筛选出符合创业企业需要的，并愿意与孵化器合作，共同为规模小、实力弱的孵化企业服务的机构，与之建立合作关系。

## 三、中介服务与代理服务工作的安排

### （一）孵化器设立服务中心

对于孵化企业和创业者数量较多，服务需求比较集中，或者专业服务能力较强的孵化器，建议设立一个专门的服务部或服务中心，专门开展中介服务与代理服务。其他服务需求较为分散的孵化器，可由相关服务机构代做相关业务。

设立专门服务中心的孵化器可以将中介服务与代理服务作为本孵化器的核心功能与商

业模式中的一个突出环节，向孵化企业和创业者推介。此时，孵化器要将上述各类服务的内容、要点与注意事项明示给孵化企业和创业者。我国一些孵化器在财税代理、人力资源服务代理等方面已经探索出了很多宝贵经验，并获得了创业者和孵化企业的高度认可。

（二）获取服务收益

孵化器与专业服务机构合作时，可以采取打包方式，为孵化企业争取最大利益。因为孵化企业具有较好的成长性，一些具有长远眼光的专业服务机构出于培养未来忠实客户的目的，愿意提供一些优惠条件。孵化器将服务包的成本分散到众多的创业者和孵化企业身上时，可以有一部分服务利润留给孵化器，成为孵化器的服务收入。

在开展中介服务时，孵化器应明确各类收费的情形，向孵化企业收取一定额度的服务费。例如，按技术成果交易额的百分比收取技术经纪服务，按银行授信贷款的固定点数收取佣金，按投融资额的一定百分比收取财务顾客费用，在为孵化企业提供政府资助项目申报服务时，收取一定服务费用等。

（三）开展服务质量体系认证规范服务并提高水平

本章所涉及的服务内容，大多具有流程标准化的特点。因此，孵化器可以通过服务质量体系认证来固化服务流程，以规范服务并提高水平。当然，开展服务质量体系认证工作涉及的服务并不仅限于本章内容，其他章节的相关服务也可参考。由于开展认证工作涉及的工作量较大，且产生一定费用，我们也可以借用其思路，自行开展相关工作。

开展这项工作的核心内容是：编写质量体系文件，制定质量保证手册，即内部对服务工作立法；大面积宣传、培训、发布、试运行质量体系文件；指定内部质量审核员并接受训练；开展现场检查，及时反馈信息；开展评审；完善和改进质量管理体系；跟踪检查。如果要申请第三方认证，程序会更为复杂。

规范服务质量的一个重要方面，是各项服务有记录、可追溯。这对提高孵化器各项服务的水平有极大的益处。

# 第四节　政策支持服务

我国不仅将发展高科技、实现产业化以及促进科技成果转化等列为重要的科技政策，也将发展民营企业列入国家基本经济制度，通过促进创业进而促进就业也是国家发展的基本方针。实施创新驱动发展战略与我国大众创业万众创新浪潮相辅相成，对科技创业企业的支持政策越来越多。孵化器有责任有义务帮助所孵化的创业者和创业企业了解、掌握并运用好这些政策，促进孵化企业发展。

由于很难穷尽全国特别是各地区所有的各类优惠政策，这里择要介绍部分典型政策。

## 一、国家和地方支持科技创业企业的政策范围

国家和地方支持科技创业企业的政策大体包括了科技政策、产业政策、人才政策、经贸政策和财税政策等。有些地方还制定了一些特色政策。

### （一）科技政策

支持科技创业企业发展的科技政策主要包括：国家高新技术企业、企业研发费用加计扣除、科技型中小企业技术创新基金、科技计划、专项补贴等。

**1. 国家高新技术企业**

国家高新技术企业是指在《国家重点支持的高新技术领域》所规定的范围内，持续进行研究开发与技术成果转化，形成企业核心自主知识产权，并以此为基础开展经营活动，在中国境内（不包括香港、澳门、台湾地区）注册一年以上的居民企业。

企业取得高新技术企业资格后，减按 15% 的税率征收企业所得税。一些地方还会给予企业一定额度的奖励性财政补贴。同时，国家和地方还采取股权激励、科技计划、项目用地、金融保险、出口信贷等多种政策措施，鼓励和支持高新技术企业发展。

国家高新技术企业认定条件有以下几条。

（1）企业申请认定时须注册成立一年以上。

（2）企业通过自主研发、受让、受赠、并购等方式，获得对其主要产品（服务）在技术上发挥核心支持作用的知识产权的所有权。

（3）对企业主要产品（服务）发挥核心支持作用的技术属于《国家重点支持的高新技术领域》规定的范围。

（4）企业从事研发和相关技术创新活动的科技人员占企业当年职工总数的比例不低于10%。

（5）企业近三个会计年度（实际经营期不满三年的按实际经营时间计算，下同）的研究开发费用总额占同期销售收入总额的比例符合如下要求。

①最近一年销售收入小于 5 000 万元（含）的企业，比例不低于 5%；

②最近一年销售收入在 5 000 万元至 2 亿元（含）的企业，比例不低于 4%；

③最近一年销售收入在 2 亿元以上的企业，比例不低于 3%。

其中，企业在中国境内发生的研究开发费用总额占全部研究开发费用总额的比例不低于 60%。

（6）近一年高新技术产品（服务）收入占企业同期总收入的比例不低于 60%。

（7）企业创新能力评价应达到相应要求。

（8）企业申请认定前一年内未发生重大安全、重大质量事故或严重环境违法行为。

### 2. 企业研发费用加计扣除

企业研究开发活动是指企业为获得科学与技术（不包括人文、社会科学）新知识，创造性运用科学技术新知识，或实质性改进技术、工艺、产品（服务）而持续进行的具有明确目标的系统性活动。应同时满足三个条件：一是具有创新性，对本地区相关行业的技术、工艺具有推动作用；二是具有价值性，企业通过研发活动在技术、工艺、产品（服务）方面的创新取得了有价值的成果；三是符合目录，即国税发〔2008〕116 号文第四条规定，企业从事的研发活动必须符合《国家重点支持的高新技术领域》和国家发改委等部门公布的《当前优先发展的高技术产业化重点领域指南（2007 年度）》的规定。

企业的研究开发活动可享受加计扣除，即企业开展研发活动中实际发生的研发费用，未形成无形资产计入当期损益的，在按规定据实扣除的基础上，在 2018 年 1 月 1 日至 2020 年 12 月 31 日期间，再按照实际发生额的 75% 在税前加计扣除；形成无形资产的，在上述期间按照无形资产成本的 175% 在税前摊销。

研发费用税前扣除适用于财务核算健全并能准确归集研发费用的居民企业。以下三类企业不能享受加计扣除：一是非居民企业；二是核定征收企业；三是财务核算不健全，不能准确归集研究开发费用的企业。

### 3. 科技计划

我国各级科技主管部门均设立了各类科技计划，面向科技创业企业征集项目、开展资助。例如，国家层面的科技型中小企业技术创新基金、各省市的各类项目。由于此类项目繁多，在此不做介绍。

### 4. 其他政策

我国面向科技创业企业还有很多直接资助和间接资助。在直接资助方面，科技部组织的全国创新创业大赛中的获奖创业企业和团队都可以获得数额不等的财政直接支持，各地区的获奖企业和团队还可以获得各地区的资助；在间接资助方面，我国很多地区设立了科技创新券等政府购买服务的创新资助，帮助科技型中小企业发展。

此外，我国还有支持科技企业参与国际合作的资助、对通过技术市场购买技术成果的企业的资助、鼓励科技企业运用知识产权战略申请专利的资助、鼓励科技企业通过股份制改造加快发展的资助，以及鼓励银行和创投机构支持科技型中小企业发展的一些科技金融政策等，内容非常丰富。

（二）产业政策

1．"双软认证"

为了鼓励高科技企业特别是软件、集成电路产业的发展，国家相继出台的一系列优惠政策，促进了我国软件产业和集成电路产业的较快发展。相应的优惠政策如下。

（1）软件产品登记后，对增值税一般纳税人销售其自行开发生产的软件产品，按17%的法定税率征收增值税后，对其增值税实际税负超过3%的部分实行即征即退政策。所退税款（14%）由企业用于研究开发软件产品和扩大再生产，不作为企业所得税应税收入，不予征收企业所得税。软件产品登记的有效期为五年，有效期满后可申请续延。

（2）软件企业认定后，在我国境内设立的软件企业可享受企业所得税优惠政策。2011年1月1日以后创办软件企业经认定后，自获利年度起，享受企业所得税"两免三减半"的优惠政策。

（3）经认定的软件生产企业的工资和培训费用，可按实际发生额在计算应纳税所得额时扣除。

（4）纳税人受托开发软件产品，著作权属于委托方或属于双方共同拥有的不征收增值税；对经过国家版权局注册登记，在销售时一并转让著作权、所有权的，不征收增值税。

请注意，根据国务院国发〔2015〕11号文《国务院关于取消和调整一批行政审批项目等事项的决定》，双软认证认定的行政审批已取消，改为由各省软件行业协会牵头的"双软评估"。但不会影响税收优惠政策的效力。

软件企业的认定条件、标准是：

（1）在我国境内依法设立了企业法人的企业；

（2）以计算机软件开发生产、系统集成、应用服务和其他相应技术服务为经营业务和主要经营收入；

（3）具有一种以上由本企业开发或由本企业拥有知识产权的软件产品，或者提供通过资质等级认定的计算机信息系统集成等技术服务；

（4）从事软件产品开发和技术服务的技术人员占企业职工总数的比例不低于50%；

（5）具有从事软件开发和相应技术服务等业务所需的技术装备和经营场所；

（6）具有软件产品质量和技术服务质量保证的手段与能力；

（7）软件技术及产品的研究开发经费占企业年软件销售收入8%以上；

（8）年软件销售收入占企业年总收入的35%以上，其中，自产软件销售收入占软件销售收入的50%以上；

（9）企业产权明晰，管理规范，遵纪守法。

**2. 中小企业发展专项资金**

中小企业发展专项资金是根据《中华人民共和国预算法》《中华人民共和国中小企业促进法》等规定，由中央财政预算安排用于优化中小企业发展环境、引导地方扶持中小企业发展的资金，旨在引领带动地方积极探索政府扶持中小企业的有效途径，支持改善中小企业发展环境，加大对薄弱环节的投入，促进提升为中小企业提供公共服务的能力，突破制约中小企业特别是小微企业发展的短板与瓶颈，建立扶持中小企业发展的长效机制。

财政部会同工业和信息化部、科技部、商务部、国家工商行政管理总局等部门确定专项资金支持重点，并根据国家促进中小企业发展的决策部署适时适当调整专项资金支持的重点领域，通过发布工作指南等组织实施。

专项资金支持范围包括：

（1）小微企业创业创新基地城市示范；

（2）中小企业参加重点展会、完善中小企业公共服务体系、中小企业创新活动、融资担保及国内贸易信用保险等；

（3）其他促进中小企业发展的工作。

专项资金补助对象按照政府机构、事业单位和企业等分类，专项资金补助根据支持内容的不同，可以采取无偿资助、投资补助、政府购买服务等方式。

**3. 中小企业发展基金**

工信部会同财政部、科技部、发展改革委、工商总局五部门积极推动国家中小企业发展基金实体基金设立和投入运营，主要采取"母基金"方式运作，与国内优秀创投管理机构形成战略合作，进行市场化投资。2016年已设立四支实体基金并开始投入运营，基金总规模195亿元人民币。国家中小企业发展基金实体基金在基金理事会的指导下，发挥中小企业股权投资的引领和带动作用，积极支持创新型中小企业发展。截至2017年12月底，四支实体基金已完成投资项目 130 个，投资金额 38.24 亿元，涵盖高端装备制造、新能源新材料、生物医药、信息技术等"中国制造 2025"十大重点领域，以及大健康、消费品与现代服务业、节能环保、互联网新媒体等多个行业；所投项目区域分布华东、华南、华中、东北、华北及西部地区，基本覆盖了全国各区域，兼顾了欠发达地区。

（三）人才政策

我国从中央到地方都制定了大量鼓励人才创业的政策。如典型的国家"千人计划"，对符合条件的人员，中央财政给予每人人民币 100 万元的资助，省级财政配套 100 万元，市级配套 100 万元，区级配套安家补助最高 300 万元；给予多次出入境签证；国家和地方科技型中小企业技术创新基（资）金给予优先支持；可承担国家重点科技、产业、工程项目任务，其产品符合要求的，纳入政府采购目录。创业人才在做出突出贡献后，国家有关部门予以表彰，并在永久居留、医疗、保险等方面给予特殊待遇。

"千人计划"创业人才项目的申报条件是：申报人一般应在海外取得学位，不超过 55 岁，回国时间不超过 6 年；拥有的技术成果国际领先，或填补国内空白，具有产业化开发潜力；有海外创业经验或曾任国际知名企业中高层管理职位，有较强的经营管理能力；为所在企业的主要创办人且为第一大股东（含自然人股东），股权一般不低于 30%，联合企业的，一家企业只能申报一名创业人才；企业成立 1 年以上、5 年以下，其拥有核心技术的产品已处于中试或产业化阶段。

我国各省市区以及地方政府也都有类似的政策。除了财政资助外，还包括人才的落户政策、购买住房政策、大学生创业补助政策、针对留学回国创业人员的政策等，内容非常丰富。

（四）经贸政策

我国在经贸政策上支持科技创业企业发展。例如，鼓励中小企业国际市场开拓资金政策，以广大中小企业为支持对象，鼓励中小企业积极参与国际市场竞争，促进健康发展。主要支持 11 个方面的内容，分别是参加境外展览会、管理体系认证、产品认证、国际市场宣传推介、创建企业网站、广告商标注册、境外市场考察、国际市场分析、境外投（议）标、境外展览会（团体）项目和企业培训。

（1）境外展（企业）项目最高支持限额为 60 000 元。支持内容为展位费（场地、基本展台、桌椅、照明），计算方式为定额支持，首个标准展位（按 9 平方米计算，下同）

支持 30 000 元，传统市场按 50%。新兴市场按 70%，最高支持限额为 60 000 元。

（2）管理体系认证项目包括质量管理体系、环境管理体系等其他企业管理体系认证，支持比例 50%，最高支持限额为 15 000 元 / 个，每个企业不同管理体系认证只支持一次。企业管理体系认证只对认证费按比例和限额予以支持，不支持咨询培训等费用。

（3）产品认证项目支持内容为产品检验检测费用，其他费用不予支持，支持比例 50%，最高金额为 30 000 元 / 个。产品认证必须由国外认证公司或经我国认监委和工商行政管理部门审核、注册的分支机构并被授权的代理公司（仅限直接授权）进行。每个企业每种产品在一个国家只支持一次认证。

（4）境外广告和商标注册补贴比例 50%，最高支持人民币 35 000.00 元 / 个，应是经商务部认可的海外平面媒体如环球资源广告。

（5）境外市场考察项目支持内容为境外交通费和生活补贴。其中赴新兴市场的考察项目支持比例为 70%，其他国别（地区）的考察项目支持比例为 50%；考察国别（地区）中支持比例既有 70% 又有 50% 的项目，统一按 50% 支持。交通费是指出国人员的经济舱费用，生活补贴是指国家规定的考察国（地区）的生活补贴标准。赴亚洲国家（地区）的交通费最高支持金额 4 000 元 / 人，南美、非洲（地区）交通费最高支持金额 8 000 元 / 人，其他国家（地区）的交通费最高支持金额 6 000 元 / 人。每个境外市场考察项目，支持国别（地区）不超过 3 个，每个国别（地区）支持天数不超过 6 天，两个国别（地区）累计不超过 10 天，三个国别（地区）累计不超过 12 天。此项目仅支持企业申报，不支持项目组织单位申报。经批准的中小企业进行境外市场考察，每个项目最多可支持 2 人费用。

（6）网站推广项目支持内容为中小企业在第三方电子商务平台如环球资源、阿里巴巴国际网、中国制造网等开拓国际市场购买服务所发生的费用，支持比例 50%，最高支持人民币 10 000 元 / 年。

（7）国际市场宣传推介项目支持内容为宣传材料及宣传光盘，支持比例 50%，最高支持限额为 10 000 元 / 个，宣传材料数量不少于 5 000 份，光盘不少于 2 000 份。宣传材料的制作单位应在政府采购印刷定点企业；宣传光盘的制作单位在政府采购定点企业。宣传材料、宣传光盘必须具有一种或多种外国语言及文字，如无中文对照的应将主要内容翻译成中文。

（8）企业网站建设项目支持内容为网站的设计、软件开发、通信线路租用所发生的费用按比例和限额予以支持，支持比例 50%，最高支持金额为 20 000 元 / 个。购买机器、设备等费用不予支持。网站制作单位应为政府采购网站定点企业。创建的企业网站必须具有一种或多种外国语言及文字，有形象页、首页、产品展示、在线订单、在线购物、供求信息系统、留言簿、独立域名、ICP 备案证明等内容。虚拟空间租用期应超过一年。

### （五）其他相关政策

我国还有大量财税政策支持科技创业企业发展。由于此类内容繁杂，篇幅所限，不再赘述。

事实上，我国支持创新创业的政策是多方面的，从中央实施的创新驱动发展战略等国家层面的宏观政策，到人大通过的《中华人民共和国中小企业促进法》等法律法规，再到国务院制定的行政性制度，再细化到具体部门的实施性规章，还包括地方层面的落实性政策，领域众多。这一体系构成了我国支持科技创新创业的整体政策框架。

## 二、政策支持服务的工作方法

如果有可能的话，孵化器应指定专人作为专职或兼职的政策服务专员。其主要工作内容如下。

### （一）搜索、研读政策信息和文件

随着我国互联网技术的普及，以及政府行政的公开透明，我国从中央到地方各项政府政策都已经在网上公开发布。因此，孵化器政策服务专员首先要随时关注各相关政府部门的网站，及时搜索各类政策信息和文件。其次，各类政府政策信息也会经由新闻媒体加以报道，所以应随时关注新闻媒体的报道。有经验的政策服务专员不仅对各类政策信息具有较高的敏感度，还会根据经验大体判断出某些具体政策或项目的公布时间，提前做出相关准备。

然后就是要对各类政策信息进行细致的研读和分析，明确各类政策支持的具体对象和相关条件。这对于下一步的政策精准对接非常重要。

### （二）精准对接政策与企业真实需求

孵化器政策服务专员的一项日常工作，就是要深入了解孵化企业和创业者的工作状态，并对各家企业的政策需求做出分类，及时将需求汇总。一旦各类政策出台，孵化器政策服务专员就应该及时通知相关企业，召开政策说明会，对相关政策做出细致解读，并征求相关企业对衔接政策的意向。在得到相关企业能够衔接并运用政策的具体情况后，政策服务专员要对需要政策服务的企业的数量、申请政策的工作量做出大体判断，然后针对某一政策的具体服务工作安排人员和时间。

孵化器政策服务的最高方针是指导孵化企业和创业者自行撰写申请材料，自行通过指定渠道报送申请材料。孵化器政策服务专员的主要工作应该是随时指导企业完成各自的申请。但在实际工作中，孵化企业往往缺乏能够熟练运用政策的员工，不能把握一些政策的细节。此时，孵化器政策服务专员就要接受委托，代理企业的申请工作。此类工作不仅工作量大，而且必须深入、细致，既需要有较高的政策水平，又需要有十足的耐心。

当然，代理企业的政策申请工作是孵化器第三方服务的一个重要方面，孵化器的政策服务专员要把这项工作作为孵化器服务盈利的一个重要内容。

### （三）协助企业运用政策需要把握的一些环节

孵化器政策服务专员在协助企业运用政策时需要把握如下环节。

一是要掌握政府实施政策部门的正确渠道，并加以沟通。政府的某一项具体政策往往是由该部门的一个具体业务处（科）来办理的，也有很大可能通过政府购买服务等方式委托第三方提供受理服务，所以孵化器的政策服务专员要了解清楚政府政策实施的具体部门，甚至是具体的某几个人。要积极咨询，以获得正确和准确的指导，直至自己能够很好地把握政策。

二是要严格把握各项政策的实施节点。由于政府部门的工作是有时间安排的，往往一项政策在一个自然年度里只实施一次，这就需要政策服务专员严格把握时间节点，把工作做在前面。特别是当政府工作采用互联网管理时，只要设定了系统受理截止时间就是超时不候。

三是注意文件上传和修改限制等细节。有时网络申报时需要上传一些数据量较大的图片，在网络速度不快或不稳定时经常会有上传失败的情况，这就要求工作人员耐心细致，仔细核查！有些申报系统在用户提交申请后只允许进行一定次数的修改操作，超过后则修改无效，必须引起工作人员的注意。此外，编写的文件要清晰列明页码和相应的目录，装订时一般采用书脊方式等。这些细节都需要政策服务专员小心仔细应对，不可马虎。

四是注意相关部门政策的衔接。有些政策项目需要下一级政府的背书或资金配套，或者横向部门的相关证明。政策服务专员协助企业运用这类政策时要注意提前与所涉及的部门沟通，取得支持后再行申报，否则事倍功半，甚至无法取得预期成效。

## （四）提前对接企业，策划系列政策支持

一般来说，政府的政策会有很多条件要求，如果政策申报通知下达后再去筛选合适的企业，常常会发现能够满足条件的企业并不多。因此，这就要求孵化器政策服务专员提前布局，为后续的政策申报提前做足准备。例如，高新技术企业认定申报，需提前 1 ~ 2 年了解企业的情况，通过持续辅导，使企业在知识产权、研发费用归集、账目处理等方面都能按照政策文件要求的方向去努力。这同时也是帮助企业规范项目管理的一个过程。

>> **延伸阅读——广州市高新技术创业服务中心的政策服务**

广州市高新技术创业服务中心（以下简称广州创业中心）成立于1989年，是广东省第一家国家级科技企业孵化器，也是广州市众创空间联盟（理事长单位）、广州科技企业孵化协会（会长单位）的发起和依托单位。多年来，广州创业中心围绕科技型中小企业的发展需求，为创新创业企业提供 70 多项服务，注重打造从项目筛选、企业创立注册、项目申报、资金引入、园区拓展、企业改制、上市辅导、引入券商直至上市的企业发展全路径"一站式"创业服务体系。每年，广州创业中心为孵化企业提供的政策服务，细致周到且富有成效。

例如，广州创业中心为一家主营辅助驾驶类产品的孵化企业在不同发展阶段预先设计、申报了可享受的系列政策。

| 2012 | ADAS 设备研发 | 2014 | 关注研发项目，探讨注册公司 |
| 2013 | 开发 A 款产品，通过车规，在阿尔派电子（中国）公司通过批量生产试验 | 2015.3 | 调整办公用户，一址多照，成立微牌 |
| | | 2015.3 | 申报市创新基金 50 万元获批 |
| 2014 | 开发 A+ 款产品，通过车规 | 2015.6 | 辅导参加中国创新创业大赛 |
| 2015.3 | 成立微牌公司 | 2015.7 | 引入投资机构省粤科公司，做尽职调查 |
| 2015.5 | 供货宇通客车 | 2015.11 | 中国创新创业大赛获省赛三等奖、晋级国家总决赛 |
| 2015.7 | 开发主力产品 | 2015.11 | 获粤科投资 1 000 万元 |

# 三、为企业辅导或代为撰写申报材料的要点

## （一）掌握申报指南提出的条件

孵化器政策服务专员要清楚掌握各类政策项目的申报条件和资金支持的具体指向，帮

助创业者和孵化企业将自身情况与之合理对应。各类政策项目的立项一般都要经过竞争性筛选，所有不符合申报条件和具体指向的项目都可能在形式审查阶段被淘汰，更不用说进入专家评审阶段了。所以，政策服务专员要逐条审核申报条件的各项要求，搞清楚各类政策计划与项目支持的对象，需要具备的条件，以及企业的不同特点和项目所处的不同阶段，各类计划与项目可能的支持方式，如贷款贴息、无偿资助、资本金投入等，建议企业申报相应的支持计划，从而制作出符合要求的申报文件。

### （二）了解和掌握评分标准，从而理解内在要求

提供符合申报条件的申报材料还只是形式上的基本要求，更进一步的要求是掌握每类项目的内在要求，进而帮助企业提供符合要求的资料，从而保证申报的准确性，并达到较高的成功率。当然，在这个过程中，服务人员有责任帮助企业不断提高自身各项管理水平，真正达到相应的内在要求。

一般来说，掌握和分析各类项目的评分标准，可以帮助我们进一步理解每类项目的内在要求。例如，可以通过研究分析国家高新技术企业认定的评分标准，把握国家高新技术企业的具体要求。

---

**国家高新技术企业的评分标准**

**一、核心自主知识产权**（30分）

对企业拥有的知识产权质量以及数量进行考察。

1. 由技术专家对企业申报的知识产权是否符合《认定办法》和《工作指引》要求，进行定性与定量结合的评价。

2. 发明专利（含国防专利）、植物新品种、国家级农作物品种、国家新药、国家一级中药保护品种、集成电路布图设计专有权等按Ⅰ类评价；实用新型专利、外观设计专利、软件著作权等（不含商标）按Ⅱ类评价，按Ⅱ类评价的知识产权在申请高新技术企业时，仅限使用一次。

3. 在申请高新技术企业及高新技术企业资格存续期内，知识产权有多个权属人时，只能由一个权属人在申请时使用。

4. 申请认定时专利的有效性以企业申请认定前获得授权证书或授权通知书并能提供缴费收据为准。

5. 企业不具备核心自主知识产权的不能认定为高新技术企业。

6. 企业参与编制国家标准、行业标准、检测方法、技术规范的情况（此项为加分项，加分后"知识产权"总分不超过30分。相关标准、方法和规范须经国家有关部门认证认可）。

---

| 序号 | 知识产权相关评价指标 | 分值 |
|---|---|---|
| 1 | 技术的先进程度 | ≤8 |
| 2 | 对主要产品（服务）在技术上发挥核心支持作用 | ≤8 |
| 3 | 知识产权数量 | ≤8 |
| 4 | 知识产权获得方式 | ≤6 |
| 5 | 企业制定国家标准、行业标准、监测方法、技术规范的情况（作为参考条件，最多加2分） | ≤2 |

## 二、科技成果转化能力（30分）

最近3年内科技成果转化的年平均数需六项以上，才有可能拿到30分。

1. 同一科学技术成果（专利、版权、技术使用许可证、注册的软件版权、集成电路布图设计）在国内外的申请只记为一项。

2. 购入或出售技术成果以正式技术合同为准。

3. 此项评价可计入技术诀窍，但价值较小的不算在内。从产品或工艺的改进表现来评价技术诀窍等的价值大小（企业可以不披露具体内容）。

4. 技术成果转化的判断依据是：企业以技术成果形成产品、服务、样品、样机等。

## 三、研究开发的组织管理水平（20分）

由技术专家根据企业研究开发与技术创新组织管理的总体情况，结合以下几项评价，进行综合打分。

1. 制定了企业研究开发的组织管理制度，建立了研发投入核算体系，编制了研发费用辅助账；（≤6分）

2. 设立了内部科学技术研究开发机构并具备相应的科研条件，与国内外研究开发机构开展多种形式的产学研合作；（≤6分）

3. 建立了科技成果转化的组织实施与激励奖励制度，建立开放式的创新创业平台；（≤4分）

4. 建立了科技人员的培养进修、职工技能培训、优秀人才引进，以及人才绩效评价奖励制度。（≤4分）

## 四、成长性指标 20分

由财务专家选取企业净资产增长率、销售收入增长率等指标对企业成长性进行评价。企业实际经营期不满三年的按实际经营时间计算。

计算方法如下：

净资产增长率 $=\frac{1}{2}\times$（第二年末净资产÷第一年末净资产＋第三年末净资产÷第二年末净资产）$-1$

销售收入增长率 $=\frac{1}{2}\times$（第二年销售收入÷第一年销售收入＋第三年销售收入÷第二年销售收入）$-1$

注：净资产和销售每年是递增的，才能达到最高20分。

认真分析上述评分标准后，服务人员可以按照每个得分点对照企业的具体情况，并拿出自评分较高的申报方案。切记，务必要拿出自评分较高的申报材料，因为一般来说，专家在评分时很容易发现企业各方面条件的不足，即使企业自评分较高，也很可能在实际评审中被专家扣分。所以，自评分仅仅及格是万万不能的。

### （三）熟知相关核心概念并掌握核心内容

在符合形式要求的基础上，政策服务专员要能够掌握核心原理，合理运用相关概念，做到申报材料逻辑清楚、脉络清晰，并且在精神实质上与申报要求统一且一致。例如，适当简要总结一些申请人在申请该类政策支持上超前性的做法、取得的前瞻性认识等，会有助于评审专家提高对申请人的认可度，从而打出较高的分数。

政策服务专员要综合运用企业相关情况，合理对接相应要求，突出自身优势和特色，同时把企业存在的容易让评审专家产生误解的个别现象做出合理解释，最终拿出既符合形式要求，又在"精神"上贴近政策核心的申报材料。

此外，务必注意资料的完备性、真实性、规范性，不得弄虚作假，套取国家支持。

【思考题】

1. 请简要分析你所在孵化器的中介服务与代理服务的工作成效。如果你认为有需要提升之处，请你给出方案。

2. 在开展政策支持服务工作方面，你所在的孵化器有什么经验？

# 第七章
# 创业辅导服务

## 第一节　创业辅导概述

### 一、认识创业辅导服务的价值

增值服务的具体手段之一是能为企业带来附加价值的专业化创业辅导服务。在创业企业成长的过程中，面临着一系列的经营与管理方面的困难和障碍。孵化器的核心价值，就是通过不断研究创业企业从团队建设、技术开发、市场开拓，到生产、财务、融资等各个运行环节的规律，总结创业成功企业的经验和失败企业的教训，掌握企业创业成长的规律，指导创业企业顺利发展。孵化器的员工，特别是经理人员和直接面对企业服务的人员，必须掌握这样的经验知识和窍门，拥有这样的核心能力，为孵化企业提供一流的创业辅导服务，帮助创业者和孵化企业成长。

#### （一）创业者和创业企业的劣势

在初创企业中，绝大多数的创业团队由来自科研领域的科技人员组成，他们的研发水平和能力是不容置疑的。但是这类人群普遍缺乏经营和管理企业的能力，对创业过程中所要解决的各类经营与管理问题没有做好充分的思想准备和必要的知识储备。

相信大家都遇到过下列现象：

- 对于如何组建和管理团队，一些技术出身的研究型创业者茫然无知；

- 没有成本概念，财务知识贫乏；

- 不知道市场开拓，也不知道开发的产品必须拥有一定的市场容量，以为只要做出性能好的产品就能挣钱；

- 不仅缺乏足够的运营资金，而且缺乏融资手段与渠道；
- 高估自己的技术项目价值，或者不愿意出让股份接受投资；
- 追求产品先进性的技术型创业者，工作重点不是让产品为公司创造更多的现金流，而是经常制造出一上市就被淘汰的产品；
- 创始人带领团队骨干无薪创业，不知道要把应付未付的工资记到账上，既造成产品或服务成本不实，还可能多付税金；
- 一旦掌握了某一项技术，就恨不得把所有市场都吃下来。

这些问题涉及创业公司的很多方面，有的是公司战略问题，有的是市场开发问题，有的是财务问题，有的是融资问题，不一而足。

同时，创业者一旦遇到较长时间打不开局面等各种困难，就可能产生畏难情绪，不能持续坚持。创业成功之前，创业者往往要顶住许多压力。这些压力可能来自可能会失败的预期与既有工作的机会成本（科技创业者在创业前大多有稳定的工作），家人、亲戚、朋友、老同事的不理解，创业跟随者和员工的期望等。事实上，创业者也很难把这些困难和压力以及情绪倾诉给上述这些人，从而导致创业者的心理孤独。

### （二）辅导服务的增值价值

孵化器最重要的工作就是对孵化企业开展咨询诊断和创业辅导，帮助创业团队找准经营管理中的问题并理清思路，辅导其掌握解决问题的方法和技能。孵化器要针对孵化企业存在的共性和个性问题，实施一系列有针对性、实用且具备可操作性的创业辅导培训，开展集中与个别咨询诊断，从而在理念上、思路上和技能上，使创业者具备对创业机会的识别与把握能力、创业计划的设计能力、创业方向的掌控能力、技术创新的提升能力、创业团队的组织能力、资金的筹措能力、市场的开拓能力。这种赋能工作的价值比起直接解决孵化企业存在的具体问题还要高，正所谓"授人以鱼不如授人以渔"。

孵化器还应该从精神层面理解创业者，支持他们坚持自我、修正自我，在他们陷入低谷时给予心灵上的慰藉，帮助他们渡过难关。

上述工作的价值往往不能用金钱来衡量，孵化器的创业辅导正是这种价值的核心体现。

## 二、创业辅导体系的搭建

孵化器创业辅导体系包括系列化的培训辅导体系和日常的咨询辅导体系。前者针对创业企业普遍存在的共性问题，通过系列化的知识与技能培训进行赋能，后者针对创业企业个体存在的个性问题深度挖掘问题根源并提供解决方案，二者相辅相成，互为补充。

## （一）系列化培训辅导体系

孵化器的系列化培训辅导体系在形式上包括知识讲授型和分享交流型两大类。

### 1. 知识讲授型培训

孵化器开展的知识讲授型培训，主要包括针对创业企业普遍存在的共性问题，运用战略规划、市场营销、财务管理、人力资源技术创新管理以及创业管理等围绕企业创业发展的一系列知识与技能，结合孵化器总结提炼出的创业企业发展中的实际问题，开发出完整的课程体系，由富有经验的创业导师，以授课的形式，在培训场地或在线组织对创业者和创业团队开展的课程类培训。

在内容上，知识讲授型培训可以分为创业知识技能类培训、政策类培训和专业知识类培训三大类。

### 2. 分享交流型培训

所谓分享交流型培训，就是脱离教与学的环境，在非正式培训时间和场所发生的，通过非教学性质的社会交往来传递和渗透知识、经验与信息，由创业者自我调控、自我负责的培训。非正式培训无处不在，当它融入创业者的生活、自然发生时是很有意义的。

孵化器开展的非正式培训，既可以由孵化器发起，也可由创业者发起，可以是企业家俱乐部（老板俱乐部、私董会）和创业沙龙的形式，也可以是早餐会、下午茶的形式，还可以是经验交流的形式，核心是建立起企业之间的关系网络，通过非正式的定期或不定期活动、正式的年度晚餐会和表彰会、固定的经理俱乐部等形式促进交流，鼓励孵化企业使用其他人的创业与经营技巧和技术，放大培训效果。

此外，要重视孵化服务人员与创业者的非正式交流。孵化器可以在设计场地、提供服务时，就考虑使之有利于孵化服务人员与创业者相互接触和交流。在门厅中、在走廊上、在餐厅里，随意性的交流同样传递着大量重要信息。

## （二）咨询辅导体系

我国自"十一五"期间学习并借鉴国外孵化器的导师制度，开始创建孵化器火炬创业导师体系，将辅导工作纳入了孵化服务制度化体系。孵化器开展系统化的咨询辅导工作，已成为孵化服务中的"必选动作"。

我国在"十一五"时期提出推进"创业导师＋专业孵化"的孵育模式，鼓励创业导师根据孵化企业的实际需求，开展企业成长促进服务，帮助企业提高能力和水平，加强各种交流与合作，加强创业导师建设，制定和完善创业导师管理办法和实施细则，加强对创业导师的认定和规范工作，建立完善的"联络员＋辅导员＋创业导师"的孵化体系；再到"十三五"时期要求深化落实"中国火炬创业导师行动"，支持各类孵化器聘请天使投资人、企业家、成功创业者、技术专家、行业专家等担任创业导师，形成专业化导师队伍，为创业者提供专业性、实践性的辅导服务，鼓励创业导师与被辅导企业形成投资关系，建立创业者与创业导师的共赢机制。支持孵化器选拔优秀人才成为专职创业辅导师，加强创业辅导师培养，强化创业辅导师在创业孵化工作中的作用，打造一支精干的创业辅导师队伍。

**1. 孵化器自有人员的咨询辅导**

孵化器自有人员的咨询辅导是孵化器咨询辅导体系的基础。孵化器管理服务人员特别是企业发展服务人员不仅要能够为企业提供介绍性的咨询服务，而且要真正了解企业、懂得企业发展的一般规律，为创业者提供指导企业成长的具有附加价值的咨询服务。

**2. 吸纳外部专家开展咨询辅导**

吸纳外部专家开展咨询辅导是孵化器咨询辅导体系的必要补充。现实中，由于当前我国创业导师资源仍处于稀缺阶段，绝大部分孵化器的管理服务人员还不具备强大的咨询辅导能力，各孵化器很少具备足够的专职导师，要发挥孵化器咨询辅导的功能，就必须借助外力补强。

外部专家开展咨询辅导时存在的主要问题是时效性与持续性不足、辅导的时间无法保证、专家水平参差不一，因此孵化器需要建立专职与兼职相结合的导师队伍，并且根据实际要求，不断更新、优化导师队伍。

**3. 构建三级孵化辅导体系**

"联络员＋辅导员＋创业导师"的三级孵化辅导体系，构建出了孵化器清晰有效的咨询辅导制度安排。

其中，企业联络员是孵化器三级咨询辅导体系的基础部分，一般由孵化器中面向企业服务的一线服务人员担任，主要职责包括日常联系孵化企业，搜集孵化企业的发展情况和存在的问题，向孵化企业提供一般性咨询，帮助企业解决一般性的政策问题、财务问题、经营管理问题等。

企业辅导员是孵化器咨询辅导体系中的中坚力量，一般由孵化器中富有经验的经理人员担任，主要向孵化企业提供系统化的咨询辅导，组织对接各类资源，帮助孵化企业解决较深层次的问题。

创业导师是孵化器咨询辅导体系中的骨干力量，一般由孵化器高级管理人员以及外部专家担任，主要是向孵化企业传授创业经验，识别创业风险，有效获得外部各类商业资源，解决孵化企业发展的关键问题。

这一层层递进的咨询辅导服务体系，使孵化器既能保证向孵化企业提供日常咨询辅导，又能使孵化企业在遇到重大问题时得到专业性帮助。

### （三）创业辅导体系制度化与服务能力提升

**1. 将创业辅导服务作为孵化服务工作的主要内容持续开展**

首先，孵化器必须高度重视创业辅导服务工作，作为孵化活动的重要组成部分加以落实。无论是创业培训还是咨询诊断，都是孵化服务中的重要内容和优先事项。孵化器要把创业培训和咨询诊断纳入每年工作计划，与孵化对象招募、创业投资、技术服务、商务服务、物业服务等各业务环节统筹推进，保证人员落实、保证投入落实、保证机制落实。

其次，要着力培养和建设孵化器自身的创业辅导服务团队。重点吸纳富有创业经验或小企业经营经验、能够把握创业企业成长规律的从业人员。强化现有孵化服务人员的辅导能力，适应孵化培训和咨询工作的深度需要，在保证专业化、职业化的同时，不断提高服务水平。

最后，严格落实创业导师等三级咨询辅导体系的要求，强化日常工作记录、问题解决记录等环节，正面处理企业反馈意见，摒弃挂名导师、辅导员和联络员，及时更换不合格的导师、辅导员和联络员，不图虚名、不走过场，真正发挥创业导师体系促进企业发展的作用。

**2. 将创业辅导服务能力作为孵化服务核心能力加以培养**

孵化器要着力培养和建设孵化器自身创业辅导服务团队。在吸纳富有创业经验的从业人员的同时，更要重视既有孵化服务人员创业辅导服务能力的培养，并对此做出专门安排。

一是要加强学习，包括利用继续教育、参加特定培训和参加 MBA 学习等方式，掌握企业创业成长的理论知识，特别是掌握企业发展服务的各项专门技能和技巧，掌握专业领域的新发展、新技术，从而有能力指导企业。

二是加强交流，特别是专业孵化器的行业信息交流，从而加强指导企业发展的政策能力、宏观发展把握能力，也包括与孵化器同行的交流，获取服务信息、增进服务能力。

三是把孵化企业的信息作为一笔财富，努力开发信息的价值。要深入思考，把成功的、失败的或业绩平平的孵化企业的信息加以提炼和总结，从普遍现象中不断总结、归纳出创业企业的成长规律，发现孵化企业的成长障碍。要开展案例研究，深刻挖掘企业成功的经验和失败的教训，从中不断迸发出有价值的灵感。

四是不断实践，在工作中获得成长。在与创业导师一起工作的过程中，把创业导师为企业提出的解决方案吸收为自身能力后举一反三；要在与创业者一起工作中提高自己，发现和学习创业者的优秀之处，观察和反复体会咨询意见对创业者的作用，从而不断丰富自身的孵化理论和实践认知。

# 第二节　创业培训的开展

## 一、知识讲授型培训

知识讲授型培训通过一位主讲人系统地传授知识与技能，使听众在短时间内获得统一的认知。按照讲授内容划分，知识讲授型培训可以分为创业知识与技能类培训、政策类培训和专业知识类培训三大类。

### （一）创业知识与技能类培训

创业知识与技能类培训的内容大体围绕战略规划、市场营销、人力资源、财务与税务、技术创新管理等创业企业发展的一系列知识与技能展开，包括如下几个方面。

1. 创始人成长模块：包括创业者的自我认知与角色、创业团队的搭建、创业机会的识别、股权与法务基础、公司设立基础等。

2. 营销与产品模块：包括做好产品设计与定价、开展市场调研、制定销售计划、管理销售渠道、客户管理、销售技巧、销售团队的打造、公共关系与危机管理等。

3. 生产与供应链模块：精益生产管理、作业管理、班组管理、安全管理、供应链管理等。

4. 人力资源模块：包括人员招聘与选拔、薪酬福利体系、绩效管理、培训体系、员工关系、劳动合同管理等。

5. 商业计划模块：包括商业计划书的编制、知识产权、路演技巧等，以及商业模式中的产品、市场、营销（渠道）、资金筹措与安排、团队、股权结构等内容。

6.财务与税务模块：包括预算管理、成本管理、财务报告解读、税收筹划、会计涉税账表分析等。

7.管理技巧模块：包括时间管理、会议管理、沟通技巧、商务礼仪、高效团队的打造、高效执行力、创新思维训练、各种办公软件的使用技巧等。

针对孵化器服务企业的实际情况，每个模块可以分设类似必修与辅修的内容，必修内容可以每年重复进行培训，辅修的内容按照实际情况灵活开展。

培训讲师的选择可以是专业的咨询师或培训师、有实际经验的职业经理人以及商学院老师。这样的培训应该有基础理论培训，更要有关于如何做的实际操作培训。培训讲师应保持一定的稳定性，便于保持课程质量的稳定性与特色。

培训的时间安排上，知识讲授型培训应形成相对固定的时间，便于养成企业参加培训的习惯，也利于孵化器将培训工作纳入常态化管理。在安排的频次上，可以根据孵化器服务企业的数量确定。培训的地点也应相对固定，方便企业参加。

（二）政策类培训

政策类培训分为两种情况，一是有计划地对国家和地方支持科技创业企业的政策进行系列培训，将包括国家高新技术企业、研发费用加计扣除、科技计划等在内的科技政策，"双软认证"、中小企业发展专项资金和中小企业发展基金在内的产业政策，以及人才政策、经贸政策、税收等其他相关政策系统地介绍给孵化企业。

二是在某一项具体政策的执行时点上，临时召集可享受相关政策的孵化企业，介绍该政策的具体条件、申报要求、需注意的特别事项等，结合孵化器对孵化企业的政策支持服务开展培训。这样的培训不仅可以让孵化企业及时享受到国家和地方的政策支持，还可以扩大孵化器政策支持服务的影响力，更广泛地开展政策支持服务。

在深刻把握政策内容的基础上，最好由孵化器政策服务人员开展这类培训。如果涉及的政策比较复杂，或者为了突出培训的权威性，孵化器也可以邀请政策执行部门的相关人员给予培训。例如，在实施具体的免税政策时，孵化器可以邀请税务局负责人员开展培训。

（三）专业知识类培训

专业技术孵化器应该经常开展针对行业新技术发展的知识培训和行业信息培训，使本行业的孵化企业不断跟进行业技术的最新发展。

专业知识培训课程的内容由各专业技术孵化器根据专业特点自行设计，主要围绕行业共性问题、行业标准、行业技术新成果新突破、行业市场动向、行业企业合作等展开。

专业技术孵化器应每年做出年度计划，定出每月主题，邀请当地行业主管部门、行业协会负责人、大专院校和科研院所行业专家、行业龙头企业专家作为主讲人开展这类培训。有时，孵化企业中的佼佼者以及专业技术孵化器的总工等高层管理者，也是高水平的行业专家，都可以作为主讲专家。

## 二、分享交流型培训

分享交流型培训主要通过一个或多个人讲述，与其他参加者互动交流使听众不但可以获得来自别人经验的补充，以及与讲述人互动，获得更加有针对性的收获。

### （一）创业沙龙

孵化器的创业沙龙是孵化器发起或者通过创业企业家发起，以企业家为主体，以交流创业经验、探讨创业实践问题为核心，以自由交谈形式实现自我学习与培训的聚会。

根据不同地方的习惯，创业沙龙也可称为企业家俱乐部，或老板俱乐部、私董会等。开展此类活动，孵化器应发动创业企业家参与，主动提供适宜的场所和茶点，在企业家欢迎的情况下孵化器主任、经理要尽可能参加，同时派出孵化服务人员提供协助和服务。

如果孵化器设有餐厅的话，利用早餐时间的早餐会和下午茶歇时间的下午茶聚会，也是很好的交流机会。

上述这些活动可以定期举行，也可以不定期举行，具体时间比较随意，大多遵从当地企业家的习惯。参加人数也不必苛求，可多可少。人员之间自愿结合，三三两两，自由谈论，各抒己见。

需要注意的是，若由孵化器发起上述活动，孵化器要主动培养企业家参与这些活动的习惯。孵化器要持之以恒地开展这些活动，久而久之，这样的活动就会成为孵化器的品牌活动，企业家也会习惯参加。另外，可以为每次活动提前设定一个主题，并设置一个主旨发言，用于引导发言方向。

### （二）分享会

经验分享会是讲授类培训的重要补充，是贴近创业企业实际的讨论型培训，由孵化器按照课程培训体系统一组织。

分享会可由培训导师或主持人引导开展，但培训导师一般只安排培训主题，而不进行内容讲授。具体的分享内容是由具有一定示范效应的创业者提供。他们根据培训主题，将自己的经历、做法和经验与教训展示给大家，并将自己的思考分享出来。这种来自鲜活经历的分享类似于案例教学，但比书面案例更具互动性，可以深入讨论，挖掘更深层次的认知。

经验分享会的培训导师要注意对讨论的引导，避免发生跑题现象，并引导讨论向深层次递进。

分享会可以在培训教室中进行，也可以结合参观考察，与创业企业人员讨论进行。

在培训开始前，培训导师要做好准备，请至少2个参会创业者准备好发言，避免冷场，并带动更多参加者踊跃发言。

经验分享会还可以和咨询辅导相结合。创业者发言后，可以综合导师和其他参加者对其提出的意见与建议，归纳出一系列有益的咨询意见。

（三）专题经验交流会与表彰会

孵化器要定期或不定期举办各种主题的交流活动，邀请政府职能部门的相关领导、投融资及中介机构的高管、高校及教育培训机构的专家学者、孵化成功的企业代表、孵化器的创业导师参加，与孵化企业的创业团队进行广泛的、务实的交流与沟通，开展与创业导师的互动。

这类活动可以是专题经验交流会与表彰会，也可以是孵化器每年年底或年初的年会及年度庆典，还可以是为毕业企业举行的毕业典礼，或者是孵化器英雄榜上榜仪式等。在举行这些活动时，孵化器要有意识地推举出一些孵化企业代表，让他们与大家分享自己的创业经历和创业经验。参加者还应有机会发表各自的意见和感想，以便增进交流。

（四）创业训练营

创业训练营是近年兴起的，孵化器面向有志于创业的人员（不限是否已经成立企业）开展的时间集中、内容浓缩、形式多样的一种创业培训形式。

创业训练营一般通过不超过一周的时间，密集实施创业知识讲解、创始人专项能力训练、企业发展及吸引投资方面的深度研讨、实地走访感受创业、模拟路演及沙盘实战训练、一对一个性化创业辅导、创业计划与投资人对接活动等。

创业训练营侧重于对潜在创业者或刚起步的创业者给予有针对性的及时帮助，使得那些处在迷茫阶段的创业者理清创业思路，减少创办企业的盲目性，降低创业风险，同时帮助创业者制订更加周密的创业计划，顺利启动创业计划。所以，创业训练营既是一种孵化培训的新形式，也是孵化器招募和筛选创业者的一种重要方法和途径。优选出来的营员可以转换为孵化对象入驻孵化器，利用孵化器的资源和网络开启创业阶段。

有些公益性的创业培训平台依托大学的教育资源、研究资源和校友资源，以"创业教育、创业研究、创业孵化、创投基金"四位一体的综合资源扶持创新创业，成为一种典型的众创空间范例，如北京大学创业训练营。还有的创业训练营是面向初步成功的创业CEO 的，主要是为了优选创投对象。

## 三、培训组织

培训组织工作包括制订培训计划、组织实施、反馈评估。

### （一）制订培训计划

孵化器根据年度孵化目标与重点工作制订年度培训计划。内容包括主题、时间安排、讲师来源及培训费用。很多孵化器对通识性培训内容采取免费方式，使其成为基础孵化服务的一部分。

根据年度培训计划同时制定培训预算，收费类培训需要做出收支预算，以利于培训项目自身的可持续性发展。

### （二）组织实施

#### 1. 制定培训实施方案

培训实施方案是成功培训的基础保障，其中包括培训前、中、后各个环节的细化、分工安排，标准要求等。

培训前的工作包括讲师邀约、场地选择与确定、培训内容的审定、培训推广宣传、学员招募与组织、培训设备及用品资料的采买准备、主持人的确定、茶点膳食安排等。如果邀请领导与嘉宾，还需要准备致辞稿、主持词、领导位次的安排与桌签准备。规模较大的培训要根据实施方案在培训前进行一次彩排，确保培训活动顺利进行。

#### 2. 邀请并与讲师沟通

找到合适的讲师是成功培训的一半，培训前要跟培训讲师就培训主题、培训时间、培训方式进行细致沟通，讲师的 PPT 要提前进行试播，如果现场有互动，要配备助手跟进，提前准备讲师需要的物品及资料。

### 3. 进行培训推广宣传

培训内容要通过线上线下的方式进行推广宣传，以达到信息传播的目的。可选择的方式有正式的会议通知、活泼的 H5 页面以及图文并茂的微信文章或其他线上传播方式。

宣传内容主要包括培训内容说明，如培训主题及内容，参加培训的意义、讲师介绍等；会务安排说明，如时间、地点、用餐、路线、参加方式、联系人及电话或邮箱。

### 4. 学员招募与组织

除了有针对性的小范围分享交流型培训外，孵化器大部分的培训都要进行学员招募，根据前期的培训推广宣传的报名情况，可以获取参加培训的学员情况。对于创业沙龙和分享交流活动，要在培训前一天进行人员的确认，进行一些定向邀约，确保培训参加人员的数量与培训交流效果。

### 5. 选择并布置培训场地

孵化器一般配备有共享的培训场地，按照培训内容的不同进行布置，知识讲授型培训一般采取课桌式布置，分享交流型培训采取圆圈式布置。大型的培训要事先选择好集体照相的场地和站位，并进行实际演练。培训前要对现场音响进行调试，并根据内容需要准备白板、资料及课件、茶点等物品。

### 6. 现场组织与控制

培训现场要安排专人负责现场签到、学员引领、资料发放、讲师沟通、音响控制等，现场还要安排专人进行秩序维护及应对突发情况。

## （三）反馈评估

做好培训反馈评估可以保证培训工作不断优化提升，加强与学员的交流，激发学员参加培训的积极性，为后期优化提升提供借鉴。反馈评估内容除了和培训有关的会务工作等相关事项外，更值得我们关注的是学员对培训的感受。培训反馈表的模板如表 7-1 所示。

表 7-1　培训反馈表模板

| 序号 | 问题 | 在合适的选项打√ |
| --- | --- | --- |
| 1 | 对于本次培训内容整体效果是否满意 | □非常满意，让我获益匪浅，对企业发展很有帮助 |
| | | □满意，学到了一些新知识、新理念 |
| | | □一般，部分内容感觉不错 |
| | | □不满意，对我没有什么用处 |

| 序号 | 问题 | 在合适的选项打√ |
|---|---|---|
| 2 | 您认为本次培训对您的工作是否有所帮助 | □帮助很大 |
| | | □帮助较大 |
| | | □帮助一般 |
| | | □没有帮助 |
| 3 | 您认为本次课程是否解决了您工作上的实际需求 | □得到很好解决 |
| | | □部分得到解决 |
| | | □没有得到解决 |
| 4 | 对此次培训讲师授课内容是否满意 | □满意 |
| | | □一般 |
| | | □较差 |
| 5 | 您对培训所采取的培训方式是否满意 | □很满意 |
| | | □满意 |
| | | □一般 |
| | | □不满意，原因 ........................ |
| 6 | 您对本次培训组织安排情况整体印象如何 | □好 |
| | | □良好 |
| | | □一般 |
| | | □较差 |
| 7 | 本次培训课对您工作最有帮助的内容有哪些 | 1<br>2.<br>3. |
| 8 | 您对本次培训是否还有其他改进意见 | 1.<br>2.<br>3. |

# 第三节　咨询辅导工作的开展

咨询辅导工作是在"理论化"培训的基础上，深入了解创业者和孵化企业发展的实际情况，对其遇到的各类问题提出意见和建议的活动。根据这些问题对企业的影响以及问题本身的深度，咨询辅导也可以实时处理简单问题。同时，创业活动的复杂性决定了创业者必将遇到发展方向、战略战术等整体性问题，这就需要孵化器开展创业诊断，深入剖析企业的发展状况，诊断企业问题的"病因"，为企业量身设计未来发展路径，规避创业风险，抓住发展机遇。

# 一、创业咨询辅导服务的内容与原则

## （一）创业咨询辅导服务的内容和形式

### 1. 创业咨询辅导服务的内容

一般来讲，孵化器创业咨询辅导服务是围绕科技创业发展展开的。创业活动、创业者以及创业企业的发展涉及经济、技术、市场、人际关系、组织行为等一系列复杂问题，所以创业辅导咨询的内容是一个复杂的体系。

由于创业者和创业企业处于不同的发展阶段，创业咨询辅导的侧重点也不尽相同。

对于正在准备创业和刚刚启动创业活动的创业者来说，创业咨询辅导要重点解决创业想法的现实性、可操作性问题。典型的问题包括如下几个。

✧ 充分把握创业者的创业动机，以及创业动机是否适宜创业、适宜什么样的创业，针对创业者真实的创业动机对未来创业发展的影响提出前瞻性建议。

✧ 甄别创业者理解的创业机会，对该创业机会给予客观评价，既不要让创业者错误地认为遇到了难得的大机会而冲动，又要点拨其尚未觉醒的机会认知。

✧ 要帮助创业者细分产品或服务的市场，这往往与其最初设想的不完全一样。

✧ 要帮助创业者判断其对于市场竞争的准备是否充分。

✧ 重点分析创业团队的组合，要让创业者知道，不要只看团队组合的专业合理性，更要关注关键人员可能中途撤出、在关键问题上产生分歧如何解决等问题，要做好预案。

✧ 对启动资金能坚持多长时间的分析也很重要，"出师未捷身先死"的故事上演得太多了，要有可靠的筹资预案。

✧ 让创业者理解并设计商业模式是非常重要的，初期创业者的商业模式不是过于简单就是过于复杂，这都是不适宜的。

✧ 创业者肯定希望自己的企业能够存活并尽快成长，但使用不同的策略，效果是不一样的。要帮助创业者选出最适宜的发展策略。

创业者面临的问题不一而足，在此不可能全部列明。例如，如果遇到成本问题，就需要创业者对固定成本和变动成本的概念有充分理解，而那些没有财务知识基础的创业者往往会忽视原材料以外的成本要素。此时，咨询辅导人员要从基础财务知识起步，帮助创业者建立起必备的财务概念。

对于已经启动的创业企业来说，创业咨询辅导要重点解决创业过程中遇到的现实问题，当然也会溯及到创业初始的商业计划以及即将面临的成长问题。典型问题包括以下几项。

◇ 产品或服务开发遇到瓶颈，如何解决？

◇ 产品或服务已经开发出来，市场反应不够强烈，怎么办？或者供不应求，怎么办？是自行扩大生产，还是寻找合作伙伴？

◇ 公司技术人才不足，怎么办？

◇ 公司流动资金不足，怎么办？急需添加设备，却资金不足，怎么办？

◇ 下游采购商拖欠货款，怎么办？

◇ 公司需要增资扩股，如何吸引创业投资？如何制作项目路演材料？

◇ 合伙人创新发展动力缺失，怎么办？

◇ 团队失去创业动力激情，怎么办？

◇ 应该采用什么样的策略保护公司的知识产权，并有利于开发市场？

◇ 公司销售额增加，但利润下降，怎么办？

◇ 公司员工数量急剧增加，管理复杂度增加，怎么办？

◇ 公司部门责任细化，管理人员增多，如何授权？如何处理快速决策与管理规范化的矛盾？

◇ 外部环境变化导致产品营销困难，怎么办？

◇ 创业者困难重重，前景与压力交织，怎么办？

创业者和创业企业在发展过程中会涉及大量不同的业务内容，对于那些没有涉足这些业务领域的人来说，既缺乏经验，又不了解业务渠道，还不一定清楚相关细节。孵化器可以在以下这些方面给予咨询辅导。

◇ 公司设立规程方面，包括如何起草股东协议、公司章程、董事会决议，如何在相关部门登记成立公司（包括相关要求），如何进行税务登记和领取发票，如何设立社保账号办理用工手续等。

◇ 公司组织与制度方面，包括如何建立公司初期的组织架构，如何分工和授权，如何建立公司各项规章制度等。

◇ 公司人事管理方面，包括如何招聘员工、培训员工，如何签署劳动合同，如何建立人事档案，如何开展企业员工考核，如何申请人才落户，如何申请人社部门大学生创业贷款、补贴等。

✧ 公司财务工作方面，包括如何建立财务工作制度和开展财务工作，如何合理运用资金，如何筹措资金，如何申报纳税，如何申请专项免税政策等。

✧ 公司技术管理工作方面，包括如何开展技术研发，如何保护知识产权，如何申请高新技术企业认定，如何申请各类政府资助项目，如何申请研发经费加计扣除，如何申请使用创新券，如何购买或卖出技术成果，如何申请成果转移转化补贴，如何申请"双软认证"及免税，如何申请使用公共大型仪器、公共技术服务平台等。

✧ 公司利用公共政策方面，包括如何申请中小企业专项资金，如何申请中小企业国际市场开拓资金等。

✧ 公司其他业务方面，包括如何申请环评，如何寻找加工服务等。

---

>> **延伸阅读——创业咨询师问答**

### 优秀的领导者要能够在汽车行进中自动更换轮胎

问题：肖明和他的创业团队在三年前创办了一家化工材料公司，发展一直颇为顺利。在创业初期，创业团队大多充满激情，思维活跃且富于创新，同时极具忧患意识。但随着企业规模的扩大，经济效益的提高，享乐与惰性情绪开始在企业中蔓延，致使主导产品长期缺乏实质创新。市场在变、消费者也在变，若要以不变的产品去应付多变的需求，企业岂能不败？对此，肖明深感忧患，眼看着企业发展逐渐失去创业初期的激情、动力与精神，他却一筹莫展。

答：这是个具有普遍性的问题。依托良好的技术背景与市场需求，创业初期能够实现快速成长的企业比例远远高于其他群体。然而，企业的发展绝不会是一帆风顺的，快速成长一方面会引发复杂性问题，如急剧增大的规模、管理者的绝对正确感、内部混乱和特别的资源需求造成管理困难，以及顾客和竞争对手数量增加、外部环境进一步复杂等问题，都会制约企业的成长；另一方面，快速成长还可能会使员工士气低落。我们可以看到许多这样的情况：在创业初期，大家干劲十足，表现出一种非常好的信任与合作氛围，创新精神不断促使产品升级。但随着企业的快速成长，组织内部的士气却逐渐低落下来，人们更加关心的是自己的利益，更不能容忍的是企业内部出现的"只能奖不能罚"的客观事实，即做出成绩一定要给予奖励，出现问题却总能找出理由使自己逃脱责任。伴随着企业成长，员工士气的低落成为制约企业发展的巨大隐患，企业需要更好的机制调动大家的积极性。肖明的公司同样正处于这种成长的烦恼中。

我们知道，企业成长的推动力量主要来源于三个方面，即企业家、产业与市场和组织资源。抛开产业与市场因素，成长型企业的企业家要具有强烈的成长欲望和工作激情、勇于向环境挑战的能力、识别和把握机会的能力。在一定程度上，成长欲望的实现取决于企业所控制和能够利用的资源，即员工、资金、无形资产、厂房设备、技术能力与组织结构。组织资源决定支持企业成长的能力，如果组织没有支持成长战略所需的资源，即使企业家的成长欲望很强，实现的销售额也会很低。这里，富于创新是推动企业家型中小企业快速成长的主要动力。企业的成长依靠创新，企业家在创业前后形成的创新在很大程度上决定了创业初期企业的成长速度和成长可能维持的时间。价值创新模式显然会使企业保持更长时间的成长。没有哪一种固定的因素可以使企业成为成长的永动机，初期创新的推动力量会随消费者熟悉程度的增强和竞争对手的模仿行为的增多而减弱，在缺乏资金、技术、人力资源和组织保证的情况下，中小企业的创新业绩会减弱，与竞争对手的模仿行为相比，由组织机制带来的改善随着企业的快速成长而显得力不从心，企业的创新机制需要从企业家个人行为转变为组织行为。因此，有人提出企业家与管理人员角色互换的建议。所以，我们把这类问题归结为持续创新的不足。

那么，如何将大家关注的焦点从利益争夺转移到共同创造利益呢？企业家应该采取什么样的应对措施呢？与一般的中小企业主相比，企业家在面对这样的困境时，可能会采取相同的措施。一种思路是改进管理工作方法，推行科学管理。此时企业家应该立即着手开展工作分析，建立科学的绩效评估系统，规范管理工作流程，制定明确的奖惩制度。另一种办法是，不断推动精神革命和创新，企业家尝试用更有诱惑力的成长计划调动大家的热情，一方面利用自己在公司的影响力凝聚核心员工，另一方面则是大张旗鼓地带领高层管理人员一起寻找新的增长点，用这种创业精神强化全体员工的危机感，调动大家的工作热情。

企业家与一般企业主不同的是，他们不是在复杂环境中兜圈子，不是就问题讨论问题，他们或者借助外在力量，或者引入新机制抵消内部的冲突和问题。总之，他们设法寻找继续成长的途径，用成长的方式解决成长中出现的问题。如同美国通用电气前总裁韦尔奇所说："优秀的领导者要能够在汽车行进中自动更换轮胎。"希望肖明的公司能够尽快更换"创新型"轮胎，重新驶入成长的快车道。

### 2. 开展咨询辅导的形式

就创业咨询辅导问题的复杂化程度和难易程度而言，孵化器的创业咨询辅导服务一般分为以下三种情况：

一是孵化器的创业咨询辅导人员和创业者就企业日常运作中的一些基本的、简单的问题进行随机讨论，咨询辅导人员予以即时解答；

二是孵化器的创业咨询辅导人员和创业者就创业发展中的一些专业问题进行深度讨论，孵化器的咨询辅导人员给予专项咨询意见或组织对接相关人员给予专业回复；

　　三是孵化器的咨询辅导人员和创业者就企业发展过程中的复杂问题、重大问题展开讨论，孵化器组织专门的团队开展专题诊断会，诊断后给予全面系统的解决方案。

>> **延伸阅读——如何开展专题诊断**

### 巧用诊断，帮扶企业

　　作为从事企业孵化的一名工作人员，时常被创业企业面临的各种问题所包围，而其中的大部分问题不是简单用国家政策、优惠措施就能解决的，也没有办法用一些理念或思路就能让那些专注于技术的创业者转瞬即有市场经营之道，即使我们曾经在企业干过十年八年，即使我们目睹过上百家创业企业生存发展的过程。每当这时，便痛恨自己没有诸葛亮的智慧，羽扇轻摇，妙计自生。于是，我们自然想到了邀请各路英豪为企业把脉诊断。然而，其中的关键点在哪儿呢？

　　要点一：如何获得企业的支持

　　并不是所有的企业都愿意将自己的问题拿来与众人分享，所以有了这个良好的愿望之后，要将其变为现实还是需要一定技巧的。走访过程中，我们发现一般企业都在特定时间对外来的帮助持开放式态度。技术型创业者一般在前期专注于产品研发，对市场缺乏准确的判断与定位，产品要上市了，突然发现问题很多：市场很大，但从哪个行业入手？渠道如何建立？是自己销售还是找经销商？价格如何确定？遇到投资人了，如何确定自己企业的价值？如何与对方讨价还价？企业按照既定的销售、管理模式突然走不动了，高素质的人员留不住，问题出在哪儿？这时候，我们说："这个问题我们可以请有经验的人来帮忙一起议一议，听听他们怎么说。"往往企业都会点头同意。

　　另外，在进行企业诊断时，也可以邀请其他企业参加，通过专家的诊断分析，让被邀请的企业有所收获，同时看到了这种诊断的独特作用，一些企业也产生了希望被诊断的意愿。

　　要点二：一定要进行预诊断

　　进行诊断之前我们要进行预诊断，预诊断的目的是明确企业问题，确定邀请专家的方向。很多时候企业提出来的问题并不一定是其真实的问题。比如一家企业认为他们当前的问题是市场开拓资金不足，但是经过预诊断，我们认为企业的主要问题在于战略不明，市场定位不清，因此在邀请专家的时候，除了融资方面的专家，还应该有企业战略、市场营销及管理方面的专家。

　　要点三：邀请合适的诊断专家

　　合适的诊断专家对于成功的诊断意义重大。诊断专家一般由以下三方面人员组成：一是直接针对问题推出解决方案的专家，比如融资、市场营销、人力资源等；二是行业专家，即企业所处的具体行业内的专家；三是成功的企业家，他们一般具有与被诊断企业负责人相同或相近的背景与特点，具有解决企业问题所需的专业能力。不同的专家对企业有着不同的启发效果。专业人士在分析问题上较为全面、理性；行业专家对创业初期的企业往往具有引路人的效果；成功的企业家会以其自身的经历为模板为企业提供很多实际操作的方法。

邀请的人数一般为 3 至 4 人，若人数太少，不容易形成头脑风暴的气氛；若人数太多，比如超过 5 个人，每位专家发言的时间太短，问题的剖析不深，解决方案也容易含糊其辞。

事先了解专家的特点也很重要。如果专家属于那种天性寡言的类型，诊断现场往往就会很沉闷，问题的展开也很有限，企业得到的收获也会相应较少。成功的诊断专家应具备这样一些特点：思维活跃，能看到问题背后的问题；分析问题一针见血；思路开阔，解决方案丰富；愿意分享成功经验。

要点四：做好企业简介

进行企业诊断的时候，首先需要企业进行自我介绍，主要内容为企业基本情况、产品、经营状况、存在的问题等几个方面，从实际情况看，很多企业，特点是科技创业企业，往往把自我介绍变为产品技术介绍，详细叙述技术原理。这点需要在诊断之前与企业有充分的沟通，明确自我介绍大纲。

要点五：会诊的成效

一是获得了直接解决问题的思路与方法。比如一家企业对于保持自己的品牌与进行 OEM 之间犹豫不定，诊断专家告诉它，只要在保证企业盈利的情况下，这两者是不矛盾的，而且以其自身的经历讲述了一家知名企业通过 OEM 获得产品质量提升的案例，令企业顿悟。

二是认识到尚未发现的问题。在诊断过程中，专家们以其老练的眼光看到了企业问题背后的问题。一家企业对于人员流失问题困惑不已，但创业企业无力支付高薪；诊断专家认为这不是人才问题，也不是待遇问题，而是企业缺乏发展规划，没有让员工看到愿景。

三是结识了对企业有帮助的合作资源。诊断专家中有的是企业的直接同行，有的是知名行业人士，有的是专业领域专家，有的是与企业有合作关系的上下游企业人员，通过一次诊断，企业不但在解决自身问题方面有了思路，而且找到了业务合作伙伴，找到了以后寻求专业帮助的出口，一些企业通过一次诊断与专家结成了持久的合作关系，同时，在诊断专家中有很多是孵化器的创业导师，他们在诊断后还与企业结成了一对一的辅导关系，为企业提供了长期的辅导。

要点六：企业诊断的成果运用

会诊形成的成果由创业企业去实施，孵化器要跟进协调相关资源，同时形成典型案例，以此作为后期对创业服务人员的培训材料。

## （二）咨询辅导服务的基本原则

### 1. 倾听

做好咨询辅导服务的第一原则是倾听。通过耐心的倾听，不仅可以让创业者把问题和困惑倾诉出来，而且咨询辅导人员可以以朋友、老师、家长及助手的身份，对创业者的成功给予更多的表扬，鼓励、安慰创业者，给予创业者更多的情感支持。

**2. 提问**

倾听之后，咨询辅导服务人员还要进一步提问，以理清问题表面之下隐藏着的深层次缘由。咨询辅导服务人员要掌握引导的技巧，逐渐把问题展开，进而深入剖析问题，寻求解决问题的方案。

**3. 启发创业者自己做出决策**

对于一般性问题，咨询辅导服务人员要尽量向创业者提供指导，给予他们分享他人经验与听取他人观点的机会，在提出新的思想与观点的同时，鼓励创业者充分发挥个人潜能，提高创业者的学习能力，启发创业者自己做出决策。记住，咨询辅导服务的要义不是给创业者提供意见，而是让他们掌握处理类似问题的方法。

对于复杂性问题，需要孵化器给予整体方案帮助时，咨询辅导服务人员也要逐步深入，可以先提出初步的意见建议，启发创业者求助孵化器开展深度诊断咨询。

**4. 总体监控**

咨询辅导时要注意对企业发展进行监控，并提供合理化建议。要帮助创业者发现不易觉察的潜在经营困难，提供新技术与新知识，帮助他们掌握现有技术并学习将来需要的技术。要向创业者提供经营经验，启发他们学习基本商业惯例与原则，发现企业运转中不切实际的目标，介绍进入商业关系网络的机遇，帮助创业者及时解决问题。咨询辅导服务人员要站在创业者的角度考虑问题，对他们的新想法要提供支持，并运用自身经验与成功案例提供客观指导，让其掌握新的或者不同的看问题的方法。

## 二、咨询辅导服务的日常开展

### （一）咨询辅导服务的切入

#### 1. 让创业者和初创企业提出入驻申请时体会咨询辅导服务

孵化器的咨询辅导服务从创业者和初创企业提出入驻申请时就开始了，如果创业者和创业企业是通过创业训练营入驻孵化器的，那么，咨询辅导服务开始的阶段就更早。

不论是在上述哪个阶段，孵化器的咨询辅导人员都要通过孵化企业评审委员会或培训导师的形式，向创业者和创业企业认真且诚恳地提出对其创业计划的指导意见和建议，甚至帮助其修改创业计划，并仔细讲解修改的目的和意义。通过这个环节，创业者和创业企业可以深切体会孵化器咨询辅导服务的价值，形成使用这项服务的习惯。

### 2. 在与创业者和初创企业签订孵化协议时确立咨询辅导服务关系

孵化器要在与创业者和初创企业签订孵化协议时，在相关条款中确认孵化器与其存在咨询辅导服务关系，并明确双方在这个关系中的责任与义务。与此同时，要立即跟进创业导师、辅导员和联络员的匹配工作，尽快形成结对帮扶关系。

创业导师、辅导员和联络员与孵化企业结成对子后的首次会面也极为重要，要努力形成和谐融洽的辅导关系，最好由创业导师、辅导员和联络员提出针对该企业的有价值的意见和建议。此时的意见和建议不用特别系统，一两条就好，只是为下一步的深入沟通奠定良好基础。

### 3. 在创业者和初创企业遇到困难时强化咨询辅导服务关系

孵化器的创业导师、辅导员和联络员不仅要在日常走访创业者和孵化企业时，以及接受一般性咨询中认真负责，提供中肯、有价值和实际意义的咨询意见和建议，还要在孵化器举办的创业英雄榜评比、创业大赛评比等活动中，以"评委"等身份发挥有效作用，以此深化与企业的服务关系。

特别是在创业者和初创企业遇到困难时，咨询辅导服务人员要主动服务，发挥积极作用，帮助他们切实解决难题，以此强化咨询辅导服务关系。所谓"困难时刻见真情"，此刻的有效帮扶对提高服务黏性帮助极大。

## （二）创业咨询辅导服务的日常安排

### 1. 明确专职部门，做到专人专责

孵化器下设专门的创业服务部门，负责咨询辅导工作的计划、组织、协调和实施。在人员的安排上，按照专业度与模块进行分工。比如培训与创业导师模块、金融与财务模块、政策模块、知识产权模块等。每个人负责一到两个专业模块，形成专业分工又合力互补的格局。

### 2. 建立以企业为导向的全员服务网络

孵化器内面向创业者和孵化企业服务的一线员工都是企业联络员，可以接收到来自企业各方面的信息与要求，并对问题进行回复处理或对接创业服务部门；孵化器创业服务部门应安排有经验的专业人员担任企业辅导员，对企业的问题进行回复或预诊断，安排资源对接与专家会诊；孵化器高级管理人员可以担任创业导师，参与专家会诊，以此形成孵化器以企业为导向的全员服务网络。

### 3. 开发和利用创业咨询辅导服务工具

在积累诊断咨询服务经验和能力的基础上，孵化器有必要开发和应用一套符合当地创业企业实际情况的企业发展服务工具，如创业孵化手册、企业咨询诊断检核表等。这套工具应针对创业企业的实际特点，从企业的创业机会、发展战略、团队建设、技术开发、市场开发，到生产、财务、融资等各个运行环节入手，帮助咨询服务人员准确找出企业当前经营工作中存在的问题，并提出改进方向和措施意见。

表 7-2 可以作为孵化企业咨询诊断的辅助工具。

表 7-2　操作工具：孵化企业管理检核表

| 第一部分：商业机会评价 | | | |
|---|---|---|---|
| 成功要素 | 执行标准 | 评估结论 | 建议采取的行动 |
| 说明自己的期望、价值观、技能和经验 | 1. 确定个人的现实需要，价值观和期望并与商业机会相结合。<br>2. 确定相关经验和目前的能力，并与商业机会相匹配。<br>3. 依据商业机会的要求，客观评价个人的优势和劣势。<br>4. 结合潜在的商业方向，认识到个人的动机、态度和观点。 | | |
| 确定一个商业机会 | 1. 积极寻找符合个人和企业利益与价值观的商业机会的信息来源。<br>2. 寻找并考虑对创造性的想法和创新的方法，并进行商业利用。<br>3. 集中创业者的精神和眼界，发展出清晰的商业理念。 | | |
| 调查商业机会 | 1. 全面调查商业机会以确定它们的市场和财务能力。<br>2. 获得现存企业完整的文件和记录以及经营中的特许权，作为评价商业机会是否适宜的依据。<br>3. 仔细评价商业机会是否和个人期望、价值观、技能和经验相适应，以便确定它们之间的距离和差距。<br>4. 将新的商业机会与目前的经营范围相比较，以确定它们之间是否有重叠，是否兼容，是否冲突。<br>5. 通过确定和分析与商业机会相关的风险、机会、成本和收益，估计投资的回报率。<br>6. 确定相关的环境因素并评估它们对商业机会的潜在影响。<br>7. 在对各种因素进行深入评估并获得满意结果时，做出继续努力以实现商机的决定。 | | |

（续表）

| 成功要素 | 执行标准 | 评估结论 | 建议采取的行动 |
|---|---|---|---|
| 决定产品和服务的性质 | 1.通过确定潜在顾客，确立哪些产品和服务最能满足其要求。<br>2.决定加强产品和服务效益的方法。<br>3.建立最佳产品和服务组合，实现最大收益。<br>4.估计每个产品或服务可能对销售额和业绩做出的贡献，以指导如何确定最佳组合。<br>5.为了确保产品组合符合顾客需要，要特别明确提供的产品或服务的属性。<br>6.由市场的承受能力决定定价方法的选择。 | | |
| 为产品或服务建立市场需求 | 1.调查产品或服务的市场需求和要求，使商业机会更具实现可能性。<br>2.建立市场概貌档案，内容包括潜在基础客户群的特性。<br>3.确定产品或服务的目标市场，它应与潜在市场的特性相符。<br>4.确定竞争对手，分析他们的优势和劣势，以便为自己的商业机会制定竞争点，并确定一个适当的市场位置。<br>5.在市场上检验产品或服务，以此验证调查结果。<br>6.按要求开发和检验原型产品或服务。<br>7.清晰判断产品或服务潜在的市场区间，以确定产品和服务适合哪个市场细分领域。 | | |

第二部分：制订商业计划

| 成功要素 | 执行标准 | 评估结论 | 建议采取的行动 |
|---|---|---|---|
| 确定企业目标和目的 | 1.清晰陈述企业期望的方向，并针对它与相关股东进行清楚沟通。<br>2.建立明确的短期和中期目标，以此作为业绩衡量、控制和调节机制的基础。<br>3.鼓励股东表达他们的特殊兴趣和目标，以及他们和既定的企业方向的统一性。 | | |
| 形成商业计划 | 1.以通过对客户、资源需求和企业生命力的调查获得的信息作为基础，制订商业计划。<br>2.形成财务计划的作用是预测现金流量的规划和预算信息，并描述实现产品和服务的途径和支持市场活动的方法。<br>3.确定销售战略，降低市场风险，优化收益率。<br>4.形成产品和服务计划的目的是使提供的物品和服务满足顾客的期望并达到质量保证标准。 | | |

（续表）

| 成功要素 | 执行标准 | 评估结论 | 建议采取的行动 |
|---|---|---|---|
| 形成商业计划 | 5. 为实现商业目标并向目标市场传递产品与服务的利益而制定的方法，都是依据财务计划确定的。<br>6. 计划为提供服务确定多种选择，依据是：<br>（1）顾客的要求；<br>（2）市场的期待；<br>（3）预算的限制；<br>（4）企业目标；<br>（5）行业关系。<br>7. 为支持初创企业的商业计划说明供销的方法。<br>8. 产品和服务的制造和供应对人力资源提出的要求。<br>9. 财务计划包括一个为确保企业资产的流动性而做出的关于必要融资的来源和成本的评估。<br>10. 依据商业计划制定风险管理战略。 | | |
| 商业计划的实施 | 1. 商业计划的各部分相互依托，共同为商业运作提供一个清晰、统一的方向。<br>2. 包括在商业计划内的信息种类和标准，以满足资金支持者的需求为导向。<br>3. 确定运作和收入的控制系统，并评价该系统为企业提供系统支持的能力。<br>4. 确定一组系统和主要业绩指数或目标，以跟踪了解企业业绩和顾客满意度。<br>5. 向相关持股人和员工清晰传达商业计划的内容，以确保获得他们的理解和支持。 | | |

**第三部分：法规与公司治理**

| 成功要素 | 执行标准 | 评估结论 | 建议采取的行动 |
|---|---|---|---|
| 建立企业的合法结构 | 1. 全面检查企业的法律结构，决定最合适的企业结构。考虑以下因素：<br>（1）创业者的偏好；<br>（2）融资机构的要求；<br>（3）对保密性的考虑（法律上的和财务上的）；<br>（4）纳税考虑；<br>（5）员工福利的考虑；<br>（6）以后的所有权转让。<br>2. 研究企业在法律上的权利和义务以保证创业者对它们完全理解，企业也可以获得充分的保护。 | | |

（续表）

| 成功要素 | 执行标准 | 评估结论 | 建议采取的行动 |
|---|---|---|---|
| 遵守法律和规定 | 1. 查明影响企业结构的法律要求，并采取步骤保证完全符合要求。<br>2. 查明影响企业运行的法律和规定，并采取合理步骤保证完全符合要求。<br>3. 完全明确保险要求并取得合适的保险范围，保证风险降至最低。<br>4. 依所有者与经营者的选择和法律要求保护企业注册的权益。<br>5. 认真保管法律文件并持续更新相关的记录，以确保它们一贯安全、随时可查。 | | |
| 建立保护专有产品或服务的权利 | 1. 搜集与所需保护的权利相关的信息，并保证完全理解其内涵。<br>2. 确保符合法律与合同要求的产品及服务保护方面的条件均得到了考虑。<br>3. 确定获取产品和服务保护权的成本，并将其列入财务计划中。<br>4. 全面考虑适用于产品和服务的权利和义务，以保证将准确的信息传达给客户。<br>5. 如需要，从律师处咨询关于合同权利与义务的法律意见。 | | |
| 确保产品和服务的权利 | 1. 在对所有得到的信息进行依据充足的评估的基础上，做出确保产品生产权的决定。<br>2. 确保提供给生产产品或服务的最佳条件在合同中得以体现。 | | |
| 知识产权 | 1. 确定自己的知识产权已经得以明确，并通过相关部门审核。<br>2. 确信知识产权保护战略已经获得实施。 | | |

**第四部分：市场营销**

| 成功要素 | 执行标准 | 评估结论 | 建议采取的行动 |
|---|---|---|---|
| 建立需求 | 1. 确定现有和潜在的顾客基础是建立需求的基础。<br>2. 针对商业计划的目的和目标，评估市场调查信息。<br>3. 决定将客户对产品或服务的要求和偏爱作为制定市场营销策略的基础。<br>4. 执行针对顾客意见的接受、回复和处理工作。 | | |
| 发展市场营销战略 | 1. 确定市场战略，并本着优化销售和利润的目的优先解决以下问题：<br>（1）商业计划的目标、目的及顾客需求；<br>（2）市场定位、目标、机会和企业的资源。<br>2. 确定资源的需求以便能实施商业计划。<br>3. 安排促销活动，并正确计算其成本以争取确定的和潜在的客户群。<br>4. 决定有效的促销推销方法，以获取确定的市场份额。 | | |

| 成功要素 | 执行标准 | 评估结论 | 建议采取的行动 |
|---|---|---|---|
| 实施市场战略 | 1.实施以改善企业竞争位置为目标的市场战略。<br>2.明确并提供企业资源以有效实施市场战略。<br>3.所有合适的人员要参与实施市场战略。 | | |
| 监督市场表现 | 1.安排一个合适的人员经常性地监视市场活动和评估企业业绩。<br>2.记录并分析市场现象的变化以评估变化中的商业机会。<br>3.依照商业计划经常性的监督实现业绩目标的情况。<br>4.调查导致严重业绩表现不佳的原因，并采取正确的行动。<br>5.鼓励工作人员寻求特别的措施改善业绩。 | | |
| 开创机会，提高客户满意度 | 1.经常研究客户对多样化的市场营销的反应，依据其指导市场营销活动。<br>2.评估销售和市场营销活动以决定采取变化和改善工作的机会。<br>3.评估销售和市场营销战略，以指导、改善产品和服务的工作。<br>4.调查顾客意见，将顾客意见作为一个改善服务的机会，并有针对性地采取行动。<br>5.积极研究顾客的要求，以标定对提供的产品和服务及营销组合进行变化与改善的时间。<br>6.鼓励工作人员为改善和创新产品与服务提出建议并采取行动，以满足客户的需要。 | | |

### 第五部分：企业运作

| 成功要素 | 执行标准 | 评估结论 | 建议采取的行动 |
|---|---|---|---|
| 开发企业运作战略 | 1.确定影响企业产出期望值的操作因素。<br>2.选择优先的运作战略以优化企业产出。<br>3.评估各种运作战略的成本和收益以得到最佳产出。<br>4.为期望的产出制定业绩的衡量方法。<br>5.决定运行的目标使之和在商业计划中制定的优先项目相一致。<br>6.制定的战略包括依照商业计划衡量企业业绩的方法。<br>7.清楚地为产出的质量管理指明责任。<br>8.为满足顾客的要求和商业标准制定质量标准和运作的步骤。<br>9.为创新搭建一条精心构架的桥梁，以对客户不断变化的要求做出反应。 | | |

（续表）

| 成功要素 | 执行标准 | 评估结论 | 建议采取的行动 |
|---|---|---|---|
| 实施运作战略 | 1. 依据商业计划，建立控制支出、损耗、库存和成本的系统。<br>2. 遵守已有的技术、法律和道德标准的约束，提供物品与服务。<br>3. 提供物品和服务的工作要满足时间、成本和质量的要求。<br>4. 物品和服务的提供要满足客户的需要。<br>5. 制定质量检验流程，以解决产品与服务质量和客户需求之间的矛盾。 | | |
| 监督运作表现 | 1. 依据商业计划和运行战略监督运行目标的业绩。<br>2. 依照企业的业绩评估运作政策和过程。<br>3. 以更加有效地支持企业表现为标准来评价各种系统和结构。<br>4. 调查和分析不良业绩产生的原因，并针对过程采取变化。<br>5. 评价运作战略的内容、假设和预期，以决定是否要采取对策。<br>6. 采取正确的行动改变运行政策和步骤。 | | |
| 开拓机会改善业绩 | 1. 鼓励工作人员提出企业运作管理过程中需进行改善的环节。<br>2. 以评估结果和目前的商业计划为基础，确定运作战略。<br>3. 清楚记录变化，以利于未来制订计划和做出评估。<br>4. 定义相关的业绩指数以监督变化建议的效果。 | | |
| 第六部分：人力资源 | | | |
| 成功要素 | 执行标准 | 评估结论 | 建议采取的行动 |
| 发展人力资源战略 | 1. 明确管理企业所需的主要职能。<br>2. 建立适合企业的组织结构以保证履行所有的功能。<br>3. 确定执行任务的人力资源需求并规定需要的人数、时间承诺和能力。<br>4. 确定现有人员的能力并和要求进行比较，发现差距。<br>5. 系统地分配任务和有效地优化可利用的人力资源。<br>6. 清楚定义个人和团队的责任及权力等级，加强沟通并清楚理解期望实现的业绩。<br>7. 依据企业的要求和战略为个人和集体制定业绩的衡量标准。<br>8. 建立员工政策和执行程序以处理企业的招聘和培训工作。<br>9. 调查会对企业产生影响的行业关系问题，明确管理者和员工在工作场合的权利和义务。<br>10. 根据企业的发展方向和员工的喜好，制定政策和步骤，鼓励员工的自我管理和职业发展。<br>11. 记录员工情况，以备及时提供准确的信息。 | | |

| 成功要素 | 执行标准 | 评估结论 | 建议采取的行动 |
|---|---|---|---|
| 实施人力资源战略 | 1. 以商业计划确定的人力资源需求为基础招聘和选择员工。<br>2. 工作职责管理得当，使可利用的员工资源相对于企业要求的功能与责任之间的关系获得平衡。<br>3. 向每一个员工传达目的、职责和衡量业绩的标准，获得他们的认同，以保证他们对期望的理解。<br>4. 通过提供合理的领导、支持、沟通和反馈，在工作场地建立并维持有效的工作关系。<br>5. 认可和奖励员工对企业做出的贡献。<br>6. 依据伦理道德和法律要求合理解决招聘、晋升和解职等问题。<br>7. 有效处理和管理行业关系和员工问题，使其既符合伦理要求和有关规定，又可以满足各方的需要。<br>8. 依据法律、行政和商业要求保留员工记录。<br>9. 依据目前工作场地和职业要求促使行业协议到位。 | | |
| 监督员工的业绩表现 | 1. 经常评估员工的贡献与能力，以保证表现与企业的期望和要求一致。<br>2. 按照企业的要求，持续关注并评估针对特定功能和任务而采取的员工分配工作的情况。<br>3. 根据大家一致同意的业绩衡量标准，对个人和团队的业绩进行评估。<br>4. 鼓励团队和个人关注他们的工作表现，并提出进一步发展的需要。<br>5. 关注工作的变化，并注意不断变化的人力资源需求。<br>6. 监督或管理人员之间的平衡，或按照企业要求不断调节，使其保持平衡。 | | |
| 开拓机会，改善员工的业绩 | 1. 为了保持或改善运行效率，为员工制订时间计划，以经常性评估工作运行情况。<br>2. 进行个人、团队和组织的能力评估，以确定个人和企业改善的机会。<br>3. 通过培训或工作实践的机会，鼓励员工施展才能和提升技能。<br>4. 通过有效地组合不同员工，最大限度增加个人和企业表现的优势。<br>5. 和员工共同开发减少故障时间和"瓶颈"的策略。<br>6. 按照员工的提议调节工作分配和运作政策及步骤。<br>7. 保持员工队伍的能力水平和能力范围及水平的合理布局，以保证能够适当地满足要求的职责责任。 | | |

| 第七部分：财务制度 | | | |
|---|---|---|---|
| 成功要素 | 执行标准 | 评估结论 | 建议采取的行动 |
| 财务计划转化为战略 | 1.财务计划需要以建立企业、进一步盈利运作、发展壮大为目的。<br>2.全面明确所需的财务信息，并获取信息以指导企业的财务管理。<br>3.确定资本利润率和现金流的要求，以保证企业按计划运行。<br>4.为支付纳税、养老金和离职员工费用预留资金。<br>5.为每个运行期量化需投资的资金量。<br>6.确定资金来源，获得保障这些资金的最佳条件的费用。<br>7.选择财务业绩指标和目标以便能够持续监视财务业绩。<br>8.制定质量标准和管理及记账流程。<br>9.财务战略成文并建档，并向员工和股东传达相关的含义以促进战略的实施。<br>10.制定资产管理战略，以实现企业利益的最大化。 | | |
| 实施财务战略 | 1.建立和维护基础的账目与记录，以保证能够随时查阅财务记录。<br>2.建立和维护财务控制系统以利于不间断地进行财务监控。<br>3.依据法律和行政要求撰写财务和法规报告。<br>4.按时完成清晰的财务报告，并将其送交各位股东。<br>5.为下一个时期准备现金流。<br>6.经常性地将预期计划和实际业绩进行比较。<br>7.准备财务计划，并将其归档，目的是：<br>（1）预示要求的利润率；<br>（2）满足资助人和股东的需要；<br>（3）提供可靠的风险管理信息。<br>8.采取适当的行动来保证投资回报和利润。<br>9.按照会计标准维护会计步骤。<br>10.按照行业标准维持和评估财务指标。<br>11.针对企业资金进行谈判、保证、管理，以确保商业计划的最佳实施和对投资机构的满足。<br>12.资产管理战略的实施涉及对中长期企业目标和短期需要的考虑。 | | |
| 监督财务业绩 | 1.收集数据，确定财务计划的实现程度。<br>2.经常性地监督实际工作与财务业绩目标之间的差距，并及时实施改进行动。<br>3.评估财务计划的内容、预算和目标，以决定是否需要变更计划。<br>4.结合改进措施的内容修改财务计划。 | | |

（续表）

| 成功要素 | 执行标准 | 评估结论 | 建议采取的行动 |
|---|---|---|---|
| 开拓机会，改善财务业绩 | 1. 鼓励员工为企业的财务运行、过程或控制系统的改善和创新提出建议。<br>2. 依据财务计划进行财务业绩评估之后，确定进一步改善和提高的可能性。<br>3. 清楚记录有关改善的建议，以便未来开展业绩评估。<br>4. 确定相关的业绩指数标准以评估改善建议的效果。 | | |
| 第八部分：企业评估 | | | |
| 成功要素 | 执行标准 | 评估结论 | 建议采取的行动 |
| 评估外部环境 | 1. 针对外部环境可能对企业产生的影响确定和分析相关的趋势和发展。<br>2. 收集适当 / 可行的最佳惯例与国际准则或公司内部参考数据作为评估企业业绩的基础。<br>3. 分析竞争对手和潜在竞争对手的产品、服务和营销业绩，以确定潜在的商业机会或企业的威胁。<br>4. 积极收集企业可能介入的新产品和新市场的情报。<br>5. 了解政府支持和扶助项目以及与所建企业的关系。 | | |
| 评估内部环境 | 1. 评估业绩评价机制的效率，为持续性的企业成果评估提供基础。<br>2. 花时间从市场、财务、生产和人事领域对业绩进行系统的和周期性的评估，以指导企业制定决策。<br>3. 反复评价企业的实力和竞争优势，作为实施商业计划的基础。<br>4. 经常评估市场、财务、生产和人事等方面的改进效果。<br>5. 监督岗位和员工能力之间的差距以指导员工招聘和培训工作。<br>6. 确定需要行业磋商的问题并采取适当行动。<br>7. 系统评价质量标准和质量保证流程，并采取必要行动以保证质量标准。<br>8. 采取正确行动以处理任何内部困难或评估过程中确定的效率低下问题。 | | |
| 重新关注企业 | 1. 经常评估不断变化的顾客要求，以维持企业与市场的联系和企业的活力。<br>2. 依据企业了解的顾客要求、资金基础、企业能力和企业的整体发展方向，评估企业改善的机会。 | | |

| 成功要素 | 执行标准 | 评估结论 | 建议采取的行动 |
|---|---|---|---|
| 重新关注企业 | 3.整合既定的战略对商业计划做出修改，使其可以：<br>（1）满足客户变化的要求；<br>（2）实现机会和实力的最大化；<br>（3）最大化提升竞争优势和市场位置；<br>（4）向员工清晰传达修改的目标和提议的战略以便进一步实施。 | | |
| 保持网络化工作 | 1.确定相关人员、专业联系，以建立支持企业的网络。<br>2.将网络关系的建立和维护融入到时间管理制度中。<br>3.经常提供个人和专业支持。<br>4.支持员工参加相关行业协会，成为学会会员，作为：<br>（1）与竞争对手保持联系的方法；<br>（2）与不断变化的客户需求保持联系的方法；<br>（3）与环境变化保持联系的方法；<br>（4）对个人企业／专业的支持。 | | |

#### 4. 与外部咨询服务机构和专家的结合

企业的发展涉及不同专业和领域，新发展、新模式层出不穷。孵化器不可能解决创业者和孵化企业遇到的全部问题。因此，面对创业者或孵化企业提出的复杂专业问题，孵化器要邀请更加专业的外部咨询力量，既可以是咨询专家，也可以是咨询公司，共同实施专案咨询，弥补孵化器自身能力的不足。

孵化器咨询辅导服务人员要在与外部专家的工作中学习咨询服务的方法与技巧，不断提高自身能力与水平，丰富实践经验，从而进一步做好孵化器咨询辅导服务工作。

## 三、发挥孵化器三级辅导体系的作用

### （一）联络员、辅导员和创业导师的工作程序与职责

#### 1. 优选创业导师

创业导师是指接受科技部门、行业协会或孵化器聘任，能对创业企业、创业者提供导向性、专业性、实践性辅导服务的企业家、投资专家、管理咨询专家等。

孵化器要本着各自的独特需求，坚持实用、实效原则，组织聘任各自的创业导师。要在符合以下条件的候选者中优选创业导师。

一是具有强烈社会责任感和奉献精神，全身心投入咨询辅导服务工作，自愿且主动承担创业咨询辅导任务。

二是具备与咨询辅导工作相适应的理论水平和业务能力，有能力为创业者提供政策、技术和经营辅导服务。

三是具有成功创办企业经验的企业家，或企业管理方面经验丰富、有专业特长者优先。

四是能够保证贡献出时间和精力，保持与孵化器和创业者的联系、沟通、指导、交流，并能够提出合理性意见和建议。

五是品格优秀，保守所辅导创业者和孵化企业的商业秘密，不谋私利。

符合上述条件的创业导师可以是来自高新技术产业的成功企业家、高管，龙头企业的行业专家、高管，行业协会的专家，与科技创业相关的创投公司投资经理，天使投资人，银行等金融机构的专家，咨询公司的专家，市场开发公司的专家，大学商学院的教授和专业技术领域的教授，科研院所的技术专家，会计师事务所和律师事务所的专业人员，科技中介服务机构的科技服务专家，长期从事创业孵化的企业成长服务专家，孵化器毕业的成功企业家、高管等。

孵化器要确保创业导师在他们各自的专业、技能等方面形成交叉，使创业导师队伍满足孵化企业对技术、市场、融资等各方面的服务需求。

### 2. 明确责任

创业导师的职责

孵化器要允许并鼓励创业导师发挥自身优势，在下述各方面帮助与支持创业者和孵化企业。

一是作为孵化器的培训讲师，在正式培训课程或创业训练营为创业者系统讲授创业知识与技巧，传授经营思想与知识，以加快创业者的学习过程。

二是在孵化器举办的专家讲座上，讲授创业过程中的热点问题，拓展创业者的知识面和信息面。

三是以坐诊、上门指导的一对一和小型研讨会中一对多等服务方式，为创业者提供创业项目推介、项目策划、开业指导、风险评估、场地评估、场地规划布局等现场指导服务。

四是为创业者在创业构思、项目瞄准、创业者能力定位、相关创业法律、融资咨询、资金运作、财务管理、市场营销、政策法规等方面提供面对面的解答咨询服务，进行知识性、咨询性的指导。

五是协助创业者制定创业目标，协助评估创业者的计划与决定，以及提出实现目标的方法与意见。

六是协助初创企业制订成长与发展计划，协助创业者权衡不同的可能性，并选择最有希望的发展可能性。

七是通过电话、微信、邮件、短信等方式，帮助创业者解决企业初创阶段的突出困难，协助处理影响创业的难题。

八是参加孵化器组织的其他各类创业活动，如创业大赛、创业沙龙等。

此外，创业导师有义务与责任向孵化器定期汇报工作，说明创业者和孵化企业的进展情况及其公司发展中存在的问题，以及导师开展指导活动的情况。

外聘创业导师的工作以志愿服务为主，对于孵化器是否支付报酬没有硬性规定，各孵化器可根据自身情况自行决定，但孵化器不得强制被辅导者向创业导师支付报酬。

辅导员的职责

一是随时向孵化企业提供系统化的咨询辅导；

二是组织动员孵化器的各类资源，帮助孵化企业解决较深层次的问题；

三是协助创业导师开展工作。

联络员的职责

一是日常联系孵化企业，搜集孵化企业的发展情况和存在的问题；

二是向孵化企业提供一般性咨询，帮助企业解决一般性的政策问题、财务问题、经营管理问题等；

三是将服务企业过程中自身难以解决的疑难问题向辅导员和创业导师反映，共同寻找解决问题的方案；

四是协助辅导员开展工作。

### （二）联络员、辅导员和创业导师的制度管理

#### 1. 设立台账

建立企业联络员、辅导员和创业导师活动的台账机制，囊括《创业导师辅导协议》和《孵化协议》中涉及的联络员、辅导员和创业导师的咨询辅导责任与义务，记录相关活动、参与人、活动内容以及达成的意向、落实的情况、产生的成效等。

#### 2. 反馈与评估

开展企业联络员、辅导员和创业导师咨询辅导活动的反馈调查和成效评估，也是落实孵化器三级辅导制度的重要内容。这包括以下三个方面。

一是开展服务情况调查，收集创业者和孵化企业对咨询辅导服务的反馈意见和建议。

定期开展服务情况调查，了解企业联络员、辅导员和创业导师所做的工作，正面处理企业反馈意见，及时纠正错误做法，避免产生不良影响。

二是开展辅导成效评估。要对企业联络员、辅导员和创业导师履行职责情况开展考核评估，并总结孵化器开展此项工作成功的经验和失败的教训。

三是要根据辅导成效评估结果，决定是否调换企业联络员和辅导员、是否续聘或解聘创业导师。对于无正当理由多次不接受孵化器安排创业指导工作的创业导师，以及以孵化器创业导师名义在社会上从事职责范围之外的活动，严重损害创业导师形象的，以及不能真正发挥作用的，或者由于其他原因不能履行创业导师职责的，予以更换。

【思考题】

1. 你所在的孵化器的创业培训开展得如何？如果还没有顺利开展，你觉得应该如何开展？

2. 如何理解创业辅导服务的重要性？你所在的孵化器有自己的创业导师吗？你觉得外聘创业导师和孵化器自己的创业导师在服务成效上有什么区别？

# 第八章
# 技术创新与投融资服务

## 第一节　技术创新服务

### 一、技术创新服务概述

**（一）孵化器在技术创新服务中的角色**

创业企业是技术创新活动的主体，而孵化器是这些创新主体的服务者。孵化器要扮演好如下服务角色，培育创新主体，激发企业创新。

1. 为孵化企业营造优良的创新环境。孵化器提供一个系统化的局部优化环境，聚集创新创业者，降低孵化企业的创业风险和创业成本，提高企业的成活率和成功率。

2. 发现技术的市场价值。孵化器通过审慎地遴选技术含量高的种子企业，给予这类孵化企业相应的扶持，努力使之得到快速成长，进而实现产业化。

3. 供给创新资源，支持和培育孵化企业成长。孵化器密集地提供企业创新所需的技术、人才、资金、政策、信息、渠道、市场等要素资源，支持和培育孵化企业顺利成长。

**（二）技术创新服务的内容**

孵化器的技术创新服务主要包括如下两个方面。

**1. 硬件设施服务**

孵化器提供的硬件设施服务主要体现在公共设施、培训设施、公共技术服务平台等方面。特别是，孵化器要提供以下服务：

（1）专业共享实验室；

（2）小试中试技术平台；

（3）分析检测技术平台；

（4）通信网络设施。

**2. 软性增值服务**

孵化器优良的软性增值服务是企业技术创新过程的催化剂。

（1）专业化项目管理团队。孵化器要为孵化企业提供一支高素质的服务团队，团队成员要懂管理、懂市场、有丰富的实操经验，为企业提供技术创新过程中所需的项目评估、管理诊断、技术难题攻关、产品推广、企业融资、知识产权管理等全面、深层次的服务和帮助。

（2）专家系统。孵化器通过建立专家系统，为企业推荐优秀的研发人员，为企业聘请权威专家，解决企业对专业人才的需求。

（3）专业人才引进服务。通过校企合作、猎头服务、招聘服务等帮助企业招聘技术创新方面所需的技术研发、市场销售、企业管理等人才。

（4）技术咨询、培训。为孵化企业提供技术开发、技术咨询等服务，举办各种技术讲座、报告会、短训班，传播新技术。

（5）市场开发。孵化器利用自己的市场开拓经验、专业背景，为孵化企业的产品市场开发工作提供服务。

（6）技术转移、技术支持服务。作为技术经纪人，孵化器帮助孵化企业寻找急需的技术成果，同时帮助孵化企业的技术成果向外转移。

（7）技术与资金对接服务。一方面协助企业获得银行等金融机构的贷款等债权融资支持，另一方面引入创业投资资金等股权投入，使技术与资本相结合。

（8）产学研促进服务。孵化器要营造有利于产学研合作的良好环境，促进高等院校、各类科研机构、企业建立相互间的合作关系，开展产学研结合。

我国越来越多的大专院校、科研院所和龙头企业等建立起大量专业孵化器，他们技术创新服务能力越来越强，内容也会越来越多。

## 二、公共技术服务平台建设与运行

### （一）公共技术服务平台的内容与作用

公共技术服务平台是指在某个专业技术领域，为孵化企业提供技术研发、产品或工艺设计、诊断、检测等服务，提供数据、软件、装备、设施等共享资源，以及提供融资、市场开拓、人才引进等服务的公共平台。

公共技术服务平台充分体现了孵化器降低孵化企业创业门槛和提供共性技术服务的重要功能。对聚集于某个特定产业或行业的企业，由孵化器集中提供该产业或行业通常使用的开发、试验、测试、检测等设备手段，辅以相应的技术人员服务，可以免去数量众多的孵化企业分散购置同类设备的费用支出，提高单台设备的使用效率。

公共技术服务平台是专业孵化器的必要条件之一。

### （二）公共技术服务平台的建设方式

#### 1. 公共技术服务平台建设的定位

孵化器公共技术服务平台的建设要坚持以下几个重要原则。

（1）有效性：孵化器公共技术服务平台不是基础科学研究平台，而是孵化企业技术工程化的研究开发平台，所选择的仪器设备为技术应用和研发服务。同时，所装备的仪器设备要满足大多数孵化企业的共性需要，而不是仅仅满足个别企业的需要。

（2）开放性：采用标准化的产品和技术，能够适应大多数企业完成各种新型技术或产品研发与试验的需要。

（3）安全性：平台为多家企业提供服务，涉及大量企业的技术机密和商业秘密，为此要建立技术安全管理制度。

（4）多元化：平台应根据孵化器自身的专业特点，配置多种系统环境及主流设备，体现从高端到低端不同档次，多个开发测试环境，以满足不同企业的多种研发需求。

（5）可持续性：要建立公益服务与市场化服务相结合的有效机制，既充分利用支持政策，又要用市场化机制发展自身，实现平台的可持续发展。

#### 2. 建设方式

（1）自建模式：孵化器负担全部资金投入，利用自己的场地，购置自己拥有产权的仪器和设备，开展服务。专业孵化器利用大学、研究院所或龙头企业等建设母体提供的共享平台，也属于自建模式。

（2）合建模式：孵化器与入驻或邻近的合作机构（包括企业）共同投入、共同拥有、共同管理平台。

（3）引进模式：孵化器以签约形式，使用长期入驻的研究机构、检测机构和创新企业的仪器设备。

（4）合作模式：孵化器以签约形式，长期使用所在地相关机构的平台。如高新区孵化器使用高新区专设的公共技术服务平台，或孵化器与邻近的大学、科研院所及龙头企业达成合作，共享其公共技术服务平台。

### （三）公共技术服务平台的运行管理

#### 1. 企业的享用机制

原则上，所有入驻的孵化企业都可以享用公共技术服务平台的服务。所以，孵化器要制定公共技术服务平台使用规则，以制度的形式固化下来，并要求孵化企业遵守。规章制度应包括以下方面。

一是使用登记制度。按照先到先得的原则，孵化企业要在使用前向公共技术服务平台的管理部门提出预约申请，包括所需使用的设备、开始与结束使用的时间、使用人等，由公共技术服务平台的管理部门安排使用。

二是收费机制。孵化器一般按照孵化企业使用仪器设备的次数与时长，收取设备使用费，用于设备的维护和折旧。

三是使用补贴机制。一些地方科技主管部门为了支持科技企业创新，推出了创新券等鼓励企业使用公共技术服务平台和科技中介服务机构服务的举措。孵化器应充分利用这一政策，让孵化企业更多地使用公共技术服务平台。

#### 2. 公共技术服务平台的维护

各种仪器设备都需要得到有效维护，包括维修、调校、保养等，以保持仪器设备始终处于良好状态。因此，孵化器要为公共技术服务平台配备专职的维护人员，如果仪器设备数量较多，就需要建立一个维护团队。

孵化器既可以自行配备维护人员或团队，也可以聘请专业的第三方服务公司提供维护服务。如果孵化器以合作方式建设公共技术服务平台，就可以尽量减少这方面负担。

---

>> **延伸阅读——深圳宝安区科技创业服务中心助力孵化企业和检测服务平台双发展**

深圳市华测检测技术股份有限公司是入驻宝安区科技创业服务中心宝安桃花源科技创新园的创业公司，专注于第三方检测服务，主要检测服务项目有：电子电器产业检测与认证；汽车及汽车零部件检测；环境与职业安全卫生检测；有毒有害物质检测；食品、饲料、饮用水及化妆品检测；纺织品、皮革和鞋类测试；玩具、儿童用品和礼品测试；材料分析；计量校准；验货服务等。同时，提供新产品检测方法。

在搭建公共技术服务平台的过程中，创业中心积极整合内外部孵化资源，联合华测检测搭建检测服务平台，服务企业。创业中心在 2005 年桃花源规划建设二期时，单独设计建立了现在的 C 栋孵化大楼作为宝安公共检测平台所在地提供给华测使用，收取相当低廉的租金。宝安区政府通过宝安区科技局以科技资金的方式支持该企业为创新创业企业提供检测服务，纳入计划，向华测检测公司提供检测补贴。创业中心以发放代用券的形式资助创业企业使用检测服务。

作为宝安区创业中心的公共检测平台，深圳市华测检测技术股份有限公司不仅扩大了知名度，还迅速拓展了业务，并成长为深圳市首批创业板上市企业。

## 三、技术转移与成果转化服务

### （一）技术转移与成果转化的概念

技术、技巧、经验、技能从一个机构向另一个机构的转移，既包括从科技成果的研制单位向使用部门的转移，也包括科技成果在使用部门间的转移，一般伴随着新技术的创新和商业化。对孵化器而言，技术转移服务就是开展技术经纪业务，帮助孵化企业寻找合适的技术供应，也包括帮助孵化企业推广技术。

科技成果转化是我国独有的概念。科技成果转化是为提高生产力水平而对科学研究与技术开发所产生的具有使用价值的科技成果进行的后续实验、开发、应用、推广，直至形成新产品、新工艺、新材料，发展新产业等活动。对孵化器而言，科技成果转化服务包括孵化企业科技成果的形成认定、登记、评价、开发使用等。

### （二）孵化器的技术经纪服务

技术经纪服务就是为技术供方和需方提供的对接服务。这是一项技术含量较高的专业服务，要求技术经纪人熟悉该技术领域的技术领先者和一般技术提供者，从而为技术需求方找到合适的技术提供者；要求技术经纪人了解某项新技术可能的应用领域和某个产业中的厂商，从而为某项技术的持有人找到"用户"。实现精准对接后，技术经纪人还要运用合同法律、商业谈判、生产组织、产业政策等一系列知识，帮助供需双方议定技术价格、交付标准、交付时间、纠纷解决等技术转移转化合同条款，并帮助双方到科技管理部门登记技术交易合同，申请技术交易补贴及税收优惠。

2015 年，我国修订了《中华人民共和国促进科技成果转化法》，有效解决了科技成果转化的处置权和收益权等制约成果转移转化的原有问题。随后，国家推出科技成果转化"三部曲"，着力推动转移转化"四梁八柱"建设，知识产权保护力度也在不断增强，我国技术交易活跃度显著提高，技术经纪的重要性已凸显。科技管理部门相继推出了技术交易补贴、技术交易服务机构和技术经纪人补助等政策。孵化器的专业服务人员有必要将传统的向孵化企业提供技术源头信息、介绍技术合作等粗浅的技术服务提升到规范的技术经纪服务上来，向日益活跃的创新创业企业提供专业的技术经纪和技术推广服务，使孵化器成为技术交易服务机构。即使孵化器没有专门力量开展此项服务，孵化器也要和专业的技术交易机构合作，满足孵化企业的技术需求，并转移和推广他们的技术成果。

现实中，孵化器遇到的较多问题是为孵化企业寻找合适的技术供给，解决某些技术瓶颈。从技术需求方为起始点开展技术经纪服务的基本流程是：

（1）挖掘企业技术需求；

（2）甄别提炼需求的核心技术；

（3）扫描技术提供方（成果库、专利库、文献库等）；

（4）锁定几个可能的技术提供方；

（5）初步接触技术提供方，探讨提供该技术的可能性；

（6）组织供需双方初步探讨意向；

（7）组织双方就标的、交期、价格、付款条件等展开磋商（可能需要多轮）；

（8）签订技术转让或技术开发合同、技术经纪合同；

（9）协调履约进度、解决不可预期问题；

（10）验收付款。

此外，开展技术经纪工作的孵化器还应协助企业申请技术交易补贴、研发经费加计扣除减免税等，并为自身申请科技管理部门给予的技术交易服务机构和技术经纪人补助等。

（三）孵化器的科技成果转化服务

**1. 科技成果的形成认定服务**

孵化企业科技成果的形成认定包括如下两种情况。

一是孵化企业的某项技术开发列入了国家或地方的科技计划，在该项目完成时，要通过立项的科技管理部门验收，形成科技成果（包括专利和软件著作权、技术工艺、标准、发表的论文等）。孵化器要协助孵化企业完成立项项目的验收，获取科技管理部门的验收证书，协助孵化企业到科技管理部门登记科技成果，用于申报科技奖励以及进入某些行业时符合其相关行业要求和标准。

二是孵化企业的自选课题形成的成果，虽然不需要通过立项的科技管理部门验收，但希望用于申报科技奖励以及进入某些行业时符合其相关要求和标准，就要申请具有权威性的科技成果转化机构或评价机构的成果鉴定或评价，由其出具权威报告。

### 2. 科技成果标准化评价

借鉴国外先进经验，我国一些具有权威性的科技成果转化机构或评价机构依据《科学技术研究项目评价通则 GB/T22900—2009》，围绕科技成果的先进性、创新性、技术成熟度等多维度且分多级展开，并延伸至市场维度中的工艺实现难度、市场推广难度和市场适用性，使对科技成果的认识不仅定性，而且定量，从而为科技成果的作价入股、产权购并、交易变现等提供客观依据。

孵化器要充分利用科技成果标准化评价这一新工具，协助孵化企业开发利用新技术成果。有能力的专业孵化器也可以开展科技成果标准化评价工作。

### 3. 科技成果开发使用

孵化器应协助孵化企业充分开发利用科技成果，将其转化为现实生产力。一是协助企业进一步申请科技部门或产业部门的立项支持，开发成果；二是协助企业募集开发资金，包括可以利用商业银行自行开展或与科技部门合作开展的"成果贷""立项贷""专利质押贷"等新产品，获取债权融资，启动成果开发；可以通过项目路演等形式，约请创业投资机构，为项目单位争取股权投资，开发成果；三是为成果持有单位寻找、匹配合作单位，共同开发项目；四是以许可、转让等方式，将成果转移给有条件的单位实施开发。

## 四、开展四技服务

### （一）四技服务的内容

孵化器应加强具体的技术创新服务活动，特别是专业孵化器应把"四技服务"即技术开发、技术转让、技术咨询和技术服务（含技术培训、技术中介）作为日常向孵化企业提供的"硬"技术服务项目，保障孵化企业创新活动的顺利开展。

技术开发是指孵化器为孵化企业开发新技术、新产品、新工艺或者新材料及其应用系统，包括委托开发和合作开发两种方式；

技术转让是指孵化器向孵化企业转让专利申请权、专利权、专利实施许可和技术秘密等；

技术咨询是指孵化器为孵化企业就特定的技术项目提供可行性论证、技术预测、专项调查、分析评价报告等；

技术服务是指孵化器凭借技术知识为孵化企业解决特定技术问题，但不包括建设工程和承揽。

孵化器应当针对上述各类技术服务，制定相关服务标准，提升服务水平。

### （二）适用政策

根据《技术合同认定登记管理办法》（国科发政字〔2000〕063号），上述"四技服务"合同都可以由出让方按照地域在技术合同登记机构进行技术合同认定登记，并享受相应的税收优惠及奖酬金政策。经认定登记的上述四类技术合同标的金额的总和，即为技术市场合同成交额。

《中华人民共和国企业所得税法实施条例》（国务院令第512号）规定，对符合条件的技术转让所得免征、减征企业所得税，在一个纳税年度内，居民企业技术转让所得不超过500万元的部分，免征企业所得税；超过500万元的部分，减半征收企业所得税（居民企业所得税基本税率为25%）。

《财政部 国家税务总局关于全面推开营业税改征增值税试点的通知》（财税〔2016〕36号）规定，纳税人提供技术转让、技术开发和与之相关的技术咨询、技术服务免征增值税。与技术转让、技术开发相关的技术咨询、技术服务，是指转让方（或者受托方）根据技术转让或者开发合同的规定，为帮助受让方（或者委托方）掌握所转让（或者委托开发）的技术，而提供的技术咨询、技术服务业务，且这部分技术咨询、技术服务的价款与技术转让或者技术开发的价款应当在同一张发票上开具（一般纳税人研发和技术服务的增值税税率为6%）。

《技术合同认定登记管理办法》规定，法人和其他组织可以按照国家有关规定，根据所订立的技术合同，从技术开发、技术转让、技术咨询和技术服务的净收入中提取一定比例作为奖励和报酬，给予职务技术成果完成人和为成果转化作出重要贡献的人员，同时应当申请对相关技术合同进行认定登记，并依照有关规定提取奖金和报酬。表8-1为技术交易合同登记优惠政策列表。

表 8-1 技术交易合同登记优惠政策列表

| 优惠政策 | 技术开发 | | 技术转让 | | 技术咨询 | | 技术服务 | |
| --- | --- | --- | --- | --- | --- | --- | --- | --- |
| | 买方 | 卖方 | 买方 | 卖方 | 买方 | 卖方 | 买方 | 卖方 |
| 奖酬金 | ✓ | ✓ | ✓ | ✓ | ✓ | ✓ | ✓ | ✓ |
| 企业所得税 | | | | ✓ | | | | |
| 增值税 | | ✓ | | ✓ | | | | |
| 研发费用加计扣除 * | ✓ | | | | | | | |

注：* 即技术合同登记非必要前提

根据上述政策，孵化器应当将自身向孵化企业提供的"四技服务"，连同孵化企业对用户提供的"四技服务"，以及通过建立技术服务联盟由大学和科研院所等为孵化企业提供的"四技服务"一起，到技术合同登记机构进行技术合同登记，并到税务机关办理减免税手续。

## 五、开展知识产权服务

### （一）知识产权战略

知识产权是指人们就其智力劳动成果所依法享有的专有权利，通常是国家赋予创造者对其智力成果在一定时期内享有的专有权或独占权。知识产权从本质上说是一种无形财产权，具有价值和使用价值，受到国家法律保护。

知识产权的主要范围包括以下七个方面。

（1）著作权和邻接权。著作权，又称版权，是指文学、艺术和科学作品的作者及其相关主体依法对作品所享有的人身权利和财产权利。邻接权在著作权法中被称为"与著作权有关的权益"。

（2）专利权，即自然人、法人或其他组织依法对发明、实用新型和外观设计在一定期限内依法享有的独占实施权。

（3）商标权，即商标注册人或权利继受人在法定期限内对注册商标依法享有的各种权利。

（4）商业秘密权，即民事主体对属于商业秘密的技术信息或经营信息依法享有的专有权利。

（5）植物新品种权，即完成育种的单位或个人对其授权的品种依法享有的排他使用权。

（6）集成电路布图设计权，即自然人、法人或其他组织依法对集成电路布图设计依法享有的专有权。

（7）商号权，即商事主体对商号在一定地域范围内依法享有的独占使用权。

根据权利主体不同，知识产权战略可以划分为国家知识产权战略、行业或产业知识产权战略和企业知识产权战略三个类别。企业知识产权战略就是作为技术创新主体的企业在进行技术创新活动时，运用专利及其他知识产权制度的特性和功能，从法律、经济和科技的角度，对有关技术创新知识产权的获得、保护、实施和管理等所作的总体安排和统一谋划，是企业从自身条件、技术环境和竞争态势出发，做出的企业技术创新知识产权工作的总体部署，以及为实现创新目标而采取的有关知识产权的根本对策。

对于企业知识产权战略而言，企业专利战略是相对较为成熟的组成部分。专利作为知识产权的重要组成部分，在企业的发展中起着至关重要的作用，建立健全专利战略，是企业在国内外市场竞争中提升核心竞争力的必要手段，企业必须尽快把握国情，掌握规则，规避风险，掌握专利保护这个防身之术和制胜之道。

在现有的法律保护和激励手段中，专利权的取得、维持和保护是企业技术竞争力得到最为安全持久、可靠有效保护的基础性措施。专利权本质上是一种产权激励，它使得技术性资源得到法定权利的确认和界定，在专利权的实施运行实践中逐渐形成的专利战略为这种产权激励提供了企业所及范围的最充分保障。

（二）孵化器的知识产权服务

孵化器要将知识产权服务作为支持科技创业与创新的科技活动的重要部分，加强以下工作。

第一，加强知识产权服务制度建设，将知识产权服务切实纳入对孵化企业培育的全过程。要强化对孵化企业的知识产权保护方面的服务，包括知识产权培训、咨询、管理和保护等方面；指导企业加强知识产权管理制度建设，防止知识产权流失和被盗用；引导孵化企业遵守知识产权法律法规，尊重他人的知识产权。在孵化企业毕业、兼并、产权转让、上市等过程中，要强化知识产权的价值。帮助孵化企业熟悉知识产权国际保护、国内保护的基本规范，使孵化企业能够运用知识产权战略去应对市场竞争。

第二，协助企业制定知识产权战略。使用自有专家或外聘专家，对应建立知识产权战略的孵化企业加强指导，建立起企业的知识产权战略。

第三，孵化器应帮助企业选择适当时机申请专利，并决定是否申请国际专利。

第四，在技术秘密方面，要协助企业采取一切手段防止泄密，及时与研发人员签订保密协议，及时向知识产权行政管理部门申请登记。

第五，协助孵化企业争取地方政府知识产权项目资助。

第六，协助企业获取知识产权保护，帮助其增强保护知识产权的能力。如向相关部门申请加大专利行政执法力度，打击假冒和冒充专利的违法行为等。

第七，与相关机构合作建立知识产权服务平台，提供知识产权检索、文献利用、知识产权托管、知识产权维护、知识产权交易、知识产权融资等服务。

第八，加强知识产权管理统计，反映孵化企业和毕业企业知识产权成果。

## 六、其他服务

### （一）利用外部大型仪器设备资源服务

孵化器要加强与大学或研究院所等技术创新源头的合作，结成联盟，充分利用大学或研究院所已有的设备资源。这也是孵化器为企业提供公共技术服务平台服务的方式之一。

此外，我国很多地方都制定了大型仪器设备共享协作管理办法，建立了大型仪器共享管理网络，对区域内的各级高校、研究院所、重点实验室、工程中心等的大型仪器设备进行整合集成，建立了实现资源合作共享、有效配置的机制，充分提高了大型仪器设备使用效率，节约用户的使用成本，使仪器设备提供方得到合理的使用收益，提高了服务质量。孵化器要主动与大型仪器共享管理网络取得联系，建立合作关系，并协助孵化企业注册登记，进而充分使用共享管理网络提供的大型仪器设备。

### （二）创新券使用服务

近年来，许多地方科技管理部门在支持科技企业发展的方式上有所创新，推出了"科技创新券"这一服务新举措。创新券一般由科技主管部门发放，主要用于支持小微企业购买技术概念验证服务、技术转移服务、检验检测服务、知识产权贯标服务、知识产权法律援助服务、知识产权评估服务、专利检索、专利分析、专利导航服务、军工四证、管理体系认证、产品认证、ITSS 认证服务等，也用于鼓励知识产权创造的补贴、高新技术企业认定奖励、鼓励企业进行综合信用等级评价、高端人才公寓及孵化企业房租补贴、国际交流合作与开拓国内外市场等。创新券的支持额度各地不一。

科技主管部门一般会开设创新券服务平台窗口，小微企业可凭相关申报材料和凭证，到窗口办理。为方便企业办理，科技主管部门还会选择一批创新券推荐机构，组织小微企业和创业团队申请创新券。孵化器一是要争取成为地方的创新券推荐服务机构，二是要为本孵化器的孵化企业集中办理使用创新券和政策兑现的相关手续。

### （三）创新人才引进与服务

#### 1. 创新人才服务

孵化器应充分利用地方政府为海外留学人员回国创业、引进高层次海外人才来国内创业、吸引国内高层次人才创业的政策，为孵化器引进高水平的创业人才和创新人才。

做好人才引进服务，第一，要梳理和掌握本地人才政策，包括针对创新创业人才落户的政策、创新项目的支持政策、创业项目的支持政策、配偶和子女工作与入学的政策、海外人才出入境政策、海外人才社会保障政策、资金支持政策等。

第二，要多方面开拓渠道，精准搜寻适合本地产业和技术创新的人才，建立人才库，利用包括大连海创周、广州留交会、"春晖杯"海外留学生创新创业大赛和推介会等多种方式，开展对这些人才的引进工作。

第三，要利用自身渠道，为高层次人才享受相关政策提供相应服务，为他们解除后顾之忧。

第四，要多方面储备人才信息，协助孵化企业寻找和匹配适用人才，发挥人才猎头作用。

### 2.技术人才蓄水池服务

初创的创新企业往往会遇到人才不足的问题；同时，企业由于缺乏资金实力，无力保持一支强大的创新人才队伍，这就形成了现实中的两难命题。孵化器可以通过建设技术人才蓄水池，服务于创新企业人才供给，帮助企业破解这一难题。

具体做法是：孵化器统一招募某一类或某几类孵化企业共同需要的技术人才，以类似于合同派遣的形式，向不稳定使用技术人才的孵化企业按需派遣技术人才。由于多家共同需要此类人才的孵化企业在人才使用时间段上存在差异，孵化器的技术人才蓄水池就可以在很大程度上保证弱小的孵化企业的技术人才供应。这样的做法在很多软件园的软件工程师供应上取得了满意的效果。

# 第二节　投融资服务

## 一、孵化器投融资服务概述

### （一）创业企业的融资渠道

资金短缺几乎是所有企业普遍存在的现象，而创业企业缺乏资金的问题尤为突出。在本节，我们把筹资作为企业创业过程的一部分，实际分析一下个人创办的初创企业获得所需资金的各种渠道。

首先是启动资金。我国《公司法》规定，企业注册资本实行"认缴登记制"且没有数额限制，理论上"一元公司"是可以存在的。但在实践中，有了一定数额的资本才可以真正启动一个企业。启动资本金一般来源于创业者的个人积蓄、创业者的家庭积蓄、向亲戚朋友的借款等。当然，如果是团队创业，多个股东可以共同筹集资金。这个阶段，由于企业法人主体还不存在，除了可以向创业投资机构筹资以外，其他的筹资方式还谈不上。但仅凭一个未经任何市场检验的商业计划，除非确有让创投机构拍案叫绝的商业想法，否则很难得到创业投资机构的眷顾。

有了启动资金，企业才可以开张，但资金缺乏的状况并没有改变，因为这些资本金往往不足以支撑企业初期的运营费用。这个阶段，企业要购置必需的办公和生产设施，要开发产品或服务，要发工资、打市场、搞公关，还要付房租，到处都需要资金。可这时，企业还没有任何经营业绩，也还没有任何信誉可言，除了依靠尽快把初期的产品和服务销售出去挣得毛利补充短缺的资金以外，较可行的筹资渠道包括赊欠供应商的货款和服务费、提前预收客户的货款和服务费（往往需要让利）。当然，还可以暂不发放工资和奖金。银行此时一般不会提供贷款，对创投机构而言初创企业此时也只能引起他们的关注，实际的投资活动还没开始。一切的筹资或融资活动都要等创业者扛过这个最艰苦的阶段，等创业企业的初期发展走上正轨再说。

公司初期运营阶段获得初步成功后，公司有了一定数量的认可产品或服务的客户，同时会得到一大堆改进产品或服务的意见；公司的管理架构或管理团队经过初期磨合达成了一定程度的默契并正在走向成熟；虽然经过初期运营不一定赚回丰厚的利润，但证明了产品或服务特别是商业模式没有问题，而且前景光明。这时，多种筹资手段就都可以应用了。

第一，向银行贷款，再烦琐的手续也不能为难，因为企业还没有抵押能力，能找到愿意担保的机构已很不简单，能拿到钱才能有大的作为。由于此时的企业还没有积累出信誉，无抵押无担保，贷款 99% 是拿不到的，个别商业银行青睐早期企业，但一般需要一些政府部门的特殊政策配合，如共同开发的科技立项贷、创业贷等。

第二，寻求委托贷款资金。如果创业企业的业务圈子里有机构或个人愿意借钱，又希望通过银行或信托公司来操作，手续会快捷得多。

第三，向个人或其他公司直接借钱。

第四，申请银行和小额贷款公司面向创业者个人的贷款。这种方式一般比较灵活，创业者可以将这种借贷来的资金给企业使用。注意，这里要做好账务处理，记明是股东借款。

第五，增资扩股，请有信心的股东继续注入资金，或吸纳新的股东进来。只要创业者愿意把蛋糕做大并且不独享，希望加入并分享未来的有钱人不在少数。请职工入股也是筹资的好办法，好处当然不只局限于获得运作资金，还可以使团队更稳定。但是向职工借钱要注意范围，不能变成"非法集资"。

第六，可以找天使投资。已被市场证明表现良好的产品或服务特别是商业模式正是天使投资在努力寻找的，而天使投资此时进入也是很好的时机，会比在企业高成长阶段进入获得更大的收益。

第七，政府资助也是筹资的重要渠道。如国家层面的中小企业基金及其他科技项目资助，省市层面的中小企业基金及其他科技项目资助，以及出口信贷等。近年来，各级政府部门设立了越来越多的支持中小企业发展的有偿或者无偿资助的基金，创业者要注意了解和搜集这方面的信息，选准适合的项目进行申报。

第八，一些地方性的商业银行目前已开始办理"创业贷款"，额度一般在 10 万元以下，也有一些社会保障机构或其他机构与银行联合推出了一些"小额贷款"，创业者都可以尝试。一些地方的中小企业管理部门还推出了担保基金，也有助于创业企业获得更多的银行贷款。

其他的融资方式还有很多，比如票据贴现、典当、融资租赁等，但未必适用于初创企业。

### （二）孵化器投融资服务的内容与方式

早期传统孵化器帮助创业者和孵化企业融资的方式和渠道有限。随着我国政府对小微企业发展的重视、科技部门对创业创新支持力度的加大，很多国有孵化器获得了更多资金来源，从而得以通过建立孵化基金等方式支持创业企业融资。同时，随着创业风险投资业的成长，天使投资型孵化器（包括众创空间）也迅速兴起，对天使投资＋创业导师孵化模式认识的深化，社会资本大量投入创新创业，我国孵化器投融资服务实践越来越丰富。

孵化器开展的创业投融资服务大体包括如下内容与方式。

（1）借助政府的支持与自有资金，为孵化企业提供短期直接借款；

（2）借助政府的支持与自有资金，向孵化企业直接投资；

（3）作为中介机构，以平台等方式帮助孵化企业获得商业银行的债权融资；

（4）作为推介机构帮助孵化企业获得股权融资；

（5）孵化器开展员工持股孵化。

这些服务方式与工具适用场景不同，效果也不尽相同。

尽管我国资本市场开设了专门的创业板、新三板等，但它们并不是为尚未启动经营或刚刚启动经营的公司准备的，即使挂牌上市，募集启动资金的效果也很差，孵化器不必指导孵化企业过多涉足。

## 二、孵化器投融资服务实务

### （一）作为中介帮助孵化企业获得债权融资

尽管商业银行的贷款条件相对于起步期的创业企业近乎苛刻，但孵化器还是有可能在为孵化企业获得债权融资上有所作为。

**1. 组建孵化企业信用共同体，获得债权融资**

虽然单个的创业企业实力弱小、缺乏信誉积累，但由于孵化器中的孵化企业创新性强、成长性好，商业银行从培养未来客户等方面考虑，也会有条件地给予孵化企业贷款。这就需要孵化器做好弥补单个孵化企业先天条件不足的工作。组建孵化企业信用共同体是在此方面成功尝试的一个典型做法。

信用共同体可由孵化器及孵化企业、合作银行、合作担保机构及其他关心支持科技型中小企业发展的金融机构共同组成。信用共同体依托孵化器对科技企业聚集孵化的特点，充分发挥其为孵化企业提供大量孵化服务的优势，获得企业真实经营信息。同时，在金融机构的参与下，孵化器可以帮助孵化企业获得最新最全的科技企业融资政策，从而消除金融机构与孵化企业之间的信息不对称，有效建立信用互助系统，克服科技企业信用不足、资产轻量化的难题，进而把科技金融活动在孵化器内开展起来。

信用共同体通过银行获得集体授信可以为孵化企业提供专业化贷款融资服务。服务涉及的贷款方式包括但不限于：信用贷款、不动产抵押贷款、组合贷款、经营性按揭贷款、知识产权质押贷款、第三方担保贷款、供应链融资贷款、投资联合贷款、联合担保贷款、互助担保贷款等多种方式。其中，互助担保贷款是指借款人以互助合作基金的形式认缴部分资金，组成资金集合，并通过信用共同体为其在金融机构提供担保而获得贷款；联合担保贷款是指金融机构在综合考虑借款人资产实力和未来发展前景等因素的基础上，信用共同体内相互熟悉、自愿组成联保体的多个借款人以为其他贷款成员提供连带责任保证为核心担保方式而获得的贷款。

各家孵化器可以参考此模式，建立起符合本地实际的贷款服务。

**2. 利用商业银行创新业务获得债权融资**

商业银行为落实国家支持实体经济和民营经济、小微企业的政策措施，都在开发诸如创业贷、科技立项贷、成果转化贷、专利质押贷等多种形式的新型贷款产品。孵化器要主动联系商业银行搜集相关政策性贷款产品，充分利用商业银行的这些创新产品，组织符合相关条件的孵化企业申请银行贷款。

### 3. 其他方式

孵化器利用孵化企业的集体购买优势，与商业银行的其他各类产品对接，也是为孵化企业融资的方法。比如，孵化器可组织入驻企业集体申办银行发行的信用卡，并就信用卡的使用办法达成一定条款，比如每年年初孵化企业可使用信用卡缴纳房租和物业费，孵化企业可使用信用卡缴纳孵化器技术服务和咨询培训费等，且银行在信用额度、年费、最长免息期及分期还款等方面会提供优惠，但前提是孵化企业将基本户开设在该银行。这些措施有效缓解了孵化企业的资金周转压力，也起到了融资服务的作用。

### （二）作为中介帮助孵化企业获得股权融资

孵化器可以适时、适当地向天使投资人、风险投资公司和实业投资者推荐孵化企业，以获得股权融资。

### 1. 天使投资

天使投资人是指有意投资初创企业但并不参与企业管理的投资者。天使投资人多是私人投资者，但也可能是公司甚至政府（或政府控制的机构）。

天使投资人对个案投入的资金在几十万元至几百万元，相对金额较小，追求较低的监督成本，地域性特点非常明显，通常只关注周围百公里范围内的人才或项目。在做投资决策时，由于投资金额相对较小，天使投资有着审查相对简单、时间短、决策快的特点，而且投入不是以占有企业为目的。他们只要看准、看好某个项目，经过一些调查，凭着自己的经验和判断，就会很快与创业者签约，把资金投给创业者，让创业者迅速启动创业计划，在竞争激烈的市场上，为企业的产品赢得成长的空间和时间。

天使投资人是起步期创业公司的最佳融资对象。天使投资人基于对公司发起人的信任和对企业的商业计划的认同，以及对公司盈利时持股分享利润的预期，对创业者或者初创公司进行投资。很多天使投资人本身就是企业家，了解创业者面对的难处。天使投资人也可能是创业者的邻居、家庭成员、朋友、公司伙伴、供货商、客户、第三方专业人员、经纪人甚至同行竞争者或任何被创业者的创业计划打动或者出于情义愿意支持创业者的人士。他们不一定资金雄厚，但是他们有一定资金可以用来投资，很多时候他们不是作为一个投资家被大家所认识。

基于此，孵化器应当建立潜在投资者的人脉关系和投资项目交流制度，以便当合适的项目在合适的时机出现时，能够让合适的潜在投资人群及时看到和关注。

在引进天使投资人前，孵化器和创业者需要探讨并解决好以下问题。

（1）应当以哪一种投资人为目标？很多天使投资人之所以投资创业者，是因为他对创业者所选择的创业领域十分熟悉，因此他们不但可以带来资金，同时也带来关系网络。如果他们是知名商界人士，或者是企业业务领域的知名人士，还可以提高公司的信誉，为企业带来意想不到的人脉关系和无形资本。

（2）按照《公司法》，持有股权就享有法律规定的股东权利，天使投资人不参与企业管理并不意味着他不具有这种权利，也不表示他日后不能行使股东权利。企业孵化器应当指导创业者思考，是否真的愿意将投资人作为未来的合作伙伴？将公司的商业秘密告诉投资人会有什么潜在后果？是否愿意与他人分享公司的控制权和未来的收益？

（3）愿意放弃多少股份？下一轮融资时，对天使投资人持有的股份如何处理？达成一致的可能性有多大？对于创业者来说，需要注意的是股权出让比例。股权出让比例过大，可能会给日后跟进的股权融资带来麻烦。

（4）天使投资人大部分是"非正式"的风险资本的个人投资者。他们一般不会对项目进行系统的尽职调查和投资分析，投资行为比较简单，投资带有一定的冲动性，凭感觉、感情投资的成分较浓。作为一个负责任的孵化器，越是在这种情况下，越要注意帮助投资人把握投资风险，避免孵化企业成为投资人的资金"陷阱"。出于维护自身信誉的需要，对投资者负责任是孵化器的一项义务。帮助天使投资人尽可能多地了解企业和创业者的资信、提供系统的投资分析数据和方法，在投资者中建立信誉，有利于孵化器构建天使资金资源网络。

（5）在大多数情况下，天使投资人投入了两三笔资金之后，口袋中的钱将会耗尽。这时，孵化器需要帮助企业分析：现有资金是否能完成商业计划书的预定进度？企业能否按计划形成后续发展的现金流？如果不能形成自身的发展现金流，下一轮融资的可行性如何？

**2. 风险投资**

风险投资也称创业投资，是向有巨大发展潜力的成长型、扩张型、重组型的企业提供资金支持并辅以管理参与的商业行为。我国创业风险投资行业取得了迅猛发展，主要以投资商业模式好、市场潜力大、投资回报高、处于成长期的创业公司为主。

虽然孵化器不可能通过风险投资为孵化企业获得普遍融资，但为接近毕业的较成熟企业吸引创业投资，是孵化器投融资工作中的重点。

一般而言，风险投资机构的投资决策主要关注以下因素。

（1）创业者的素质。风险投资家会从各个角度去考察创业团队，包括创业者是否在所从事的领域内具有深刻的经验感受和敏锐的洞察力；创业者是否非常熟悉本企业的目标市场；创业者是否掌握市场全景并具有独特且可行的市场策略；创业者是否具备将自己的技术设想或商业设想变为现实的能力；创业者的背景是否能够证明其具有很强的综合领导能力；创业者的人品、道德底线和商业信誉如何。

这种考察并不是绝对和完全标准化的，具体内容和流程往往取决于风险投资家的自身素质。

（2）市场潜力和资本增值潜力。如果没有广阔的市场基础，任何一项产品或技术潜在的扩张空间都是有限的，风险投资家投入资本的增值潜力亦会受到限制。风险投资家会根据自己的经验和对市场的认识，分别判断：产品或服务是否具有广阔的市场前景；产品或服务是否具备市场竞争优势；竞争对手的优势；市场策略的可行性；能否形成产品和服务的市场竞争能力；预估未来的市场占有率。

（3）创业企业未来的资本需求。对创业企业未来资本需求的预测，是帮助投资者估计出自己要在投资期内保持一个主要投资者地位所需资本量的重要参考，许多风险投资机构在选择项目时往往都会根据自身资金实力选择不同规模的项目进行投资。

（4）产品技术。风险投资家会对产品技术进行如下判断：产品技术设想是否具有超前意识，是否可能实现；是否需要经过大量研究才能变成产品；产品是否具有本质性的技术优势；产品生产是否需要依赖其他厂家；是否有技术诀窍或专利保护；是否易于丧失先进性等。

（5）公司管理。许多风险投资家认为，一流的管理加二流的产品比二流的管理加一流的产品更具有优势。创业者初期往往身兼数职，既要搞研究开发，又要搞市场拓展，还要负责公司管理，而这在社会分工日益细致的现代社会是不足取的。因此，当一个人申请项目时说他全能、将全面负责时，往往是一个危险的信号。风险投资家更看重一个知识结构合理、经验能力互补的管理团队。

（6）投资的流动性。风险投资的流动性表现在退出渠道的通畅和资本保全措施方面，包括转售企业给后续投资者、被其他大企业收购、公开上市、创业者回购股权。

为了评判项目的投资价值和风险，风险投资基金经理们通常会问到以下问题，甚至提出质疑，并要求资金申请人给予合理的说明和解释。

（1）企业管理层具有什么样的业务经验？管理层的每一位成员对引入风险资本又有什

么样的看法？管理层是否能够顺利完成其在商业计划书中描述的每一项工作？

（2）企业及其产品对其所在行业的适应程度如何？目前行业的市场走向如何？在此行业取得成功的关键因素是什么？创业企业家如何判断该行业总的市场容量及其增长率？行业内何种变动因素对企业利润产生的影响将最大？行业内存在哪些季节性因素？

（3）在行业内，企业的业务有何与众不同之处？该项业务为什么具有较高成长潜力？是什么原因使得这项业务在行业中具有特殊地位？该项业务凭什么将取得成功？

（4）企业的产品或服务对顾客的价值体现在什么地方？产品预期的生命周期有多长？技术进步对企业产品或服务会产生什么样的影响？产品的可靠性如何？企业业务和产品的独特性体现在什么地方？

（5）企业在和更大一些的公司竞争时靠什么取胜？企业产品如何满足顾客的特定需求？顾客对产品是否已经有了品牌认知度？产品是否具有重复使用价值？产品的购买者是否是产品的最终消费者？该产品是一种具有广泛吸引力的产品还是只有少数大宗买主？

（6）谁是主要的竞争对手？相对而言，竞争对手具有哪些竞争优势？企业相对于这些竞争对手又具有哪些竞争优势？面对这些竞争对手，企业在价格、服务、销售渠道、促销手段和产品品质保证等方面如何应对？是否存在替代品？你认为竞争对手对企业的兴起会如何反应？

（7）如果你打算拿到一定的市场份额，你会如何去做？在企业的营销计划中，关键的要点是什么？该营销计划主要遵循的是一种零售营销战略还是一种产品市场营销战略？在企业的营销计划中，广告的重要性如何？当产品或服务步入成熟期时，企业的营销战略会如何变动？

（8）产品或服务的客户群有多大？在全部客户中哪些人是最典型的客户？从产品最初与客户接触到形成实际销售，这中间的时滞有多长？

（9）产品的生产能力有多大？当规模发展到何种程度时会出现生产瓶颈？产品质量控制的重要性如何？目前积压的订单有多少？产品是流水线生产还是按照顾客定制进行生产？产品生产过程对员工的健康和安全是否会造成什么不利影响？

（10）主要的供应商是谁？这些供应商和企业合作多长时间了？目前还可以找到哪些供应商？现在还有哪些零部件或原材料是短缺的？

（11）企业目前有多少雇员？在不久的将来预计对劳动力的需求将是多少？这些劳动力的主要供给来源是什么？企业员工的构成如何？培训员工的成本有多高？企业是否存在工会？如果存在，那么工会与企业的关系如何？

（12）企业的有关专利归谁所有？在专利所有人和企业之间有哪些专利许可安排？企业现在的研究开发能力如何？每年的研究开发支出是多少？研究开发在多大程度上影响着企业未来的销售？

虽然每一个风险投资公司都有自己的运作程序和投资制度，但总的来讲都包括以下投资过程步骤。

（1）初审。风险投资家所从事的工作包括：筹资、管理资金、寻找最佳投资对象、谈判并投资，对投资进行管理以实现其目标，并力争使其投资者满意。风险投资家用40%左右的时间去寻找投资机会，其他大部分时间用来管理和监控自己投资的资金。因此，风险投资家在拿到经营计划和摘要后，往往只用很短的时间浏览一遍，以决定在这件事情上花时间是否值得。必须有吸引他的东西才能使之花时间仔细研究。因此第一感觉特别重要。

（2）风险投资家之间的磋商。大的风险投资公司，相关的人员会定期聚在一起，对通过初审的项目建议书进行讨论，决定是否需要进行面谈，或者回绝。

（3）面谈。如果风险投资家对企业家提出的项目感兴趣，他会与企业家接触，直接了解其背景、管理队伍和企业，这是整个过程中最重要的一次会面。如果面谈进行得不顺利，交易便宣告失败；如果面谈成功，风险投资家会希望进一步了解有关企业和市场的情况，或许他还会动员可能对这一项目感兴趣的其他风险投资家共同参与。

（4）尽职调查。如果初次面谈较为成功，风险投资家接下来便会开始对企业家的经营情况进行考察以及尽可能多地对项目进行了解。他们通过审查，对意向企业的技术、市场潜力和规模以及管理队伍进行仔细的评估，这一程序包括与潜在的客户接触、向技术专家咨询并与管理层人员举行几轮会谈。这一过程通常包括参观公司、与关键人员面谈、对仪器设备和供销渠道进行估价，还可能包括与企业债权债务人、客户、相关人员及以前的雇主进行交谈。这些人会帮助风险投资家得出关于企业家个人风险的结论。

（5）条款清单。审查阶段完成之后，如果风险投资家对申请的项目前景看好，那么便开始进行投资形式和估价的谈判。通常企业家会得到一个条款清单，概括出涉及的内容。这个过程可能要持续几个月。因为企业家可能并不了解谈判的内容，他将付出多少？风险投资家希望获得多少股份？还有谁参与项目？对他以及现在的管理队伍会带来哪些影响？对于企业家来讲，要花时间研究这些内容，尽可能将条款减少。

（6）签订合同。风险投资家会力图使他们的投资回报与所承担的风险相适应。根据切实可行的计划，风险投资家会对创业企业未来3～5年的投资价值进行分析，首先计算其现金流或收入预测，而后根据对技术、管理层、技能、经验、经营计划、知识产权及工作进展的评估，决定风险大小，选取适当的折现率，计算出其所认为的风险企业的净现值。

基于各自对企业价值的评估，投资双方通过谈判达成最终成交价值。影响最终成交价值的因素包括以下几点。

- **风险资金的市场规模**。风险资本市场上的资金越多，对创业企业的需求越迫切，会导致创业企业价值攀升。在这种情况下，创业企业家能以较小的代价换取风险投资家的资本。
- **退出战略**。上市与并购均为可能的撤出方式，上市比并购撤出的方式更有利于提高创业企业的价值。市场对上市、并购的反应会直接影响创业企业的价值。
- **风险大小**。通过减少在技术、市场、战略和财务上的风险与不确定性，可以提高创业企业的价值。
- **资本市场时机**。一般情况下，股市走势看好时，创业企业的价值也被看好。

通过讨价还价后，双方进入签订协议阶段，企业家和风险投资家将签订代表双方愿望和义务的合同。一旦最后协议签订完成，创业企业便可以得到资金，以继续实现其经营计划中拟定的目标。多数协议中还包括退出计划，即简单概括出风险投资家如何撤出其资金以及当遇到预算、重大事件和其他目标没有实现的情况时，将如何处理。

（7）投资生效后的监管。投资生效后，风险投资家便拥有了创业企业的股份，并在其董事会中占有席位。多数风险投资家在董事会中扮演着咨询者的角色。作为咨询者，他们主要就改善经营状况以获取更多利润提出建议，帮助企业物色新的管理人员（经理），定期与企业家接触以跟踪了解经营的进展情况，定期审查会计师事务所提交的财务分析报告。由于风险投资家对其所投资的业务领域了如指掌，所以其建议会很有参考价值。为了加强对企业的控制，在合同中通常存在可以更换管理人员和接受合并、并购的条款。

（8）其他投资事宜。还有些风险投资公司有时也以可转换优先股形式入股，有权在适当时期将其在公司的所有权扩大，且在公司清算时，有优先清算的权力。为了减少风险，风险投资家们经常联手投资某一项目，以使每个风险资本家在同一企业的股权份额都不会太高，这样一方面减少了风险，另一方面也为创业企业带来了更多的管理和咨询资源，而且为创业企业提供了多个评估结果，降低了评估误差。

如果创业企业陷入困境，风险投资家可能被迫着手干预或完全接管。他可能不得不聘请其他的能人取代原来的管理团队，或者亲自管理创业企业。

<blockquote>

**>> 延伸阅读——天使投资与风险投资**

天使投资是一种直接投资，一般由富有的家庭或个人直接向企业进行权益投资，是创业企业在最初形成阶段（种子期）的主要融资方式；风险投资是一种间接投资方式，风险投资公司是资本供给者与使用者之间的中介机构，由风险投资家来负责项目投资和投资监管，风险资本主要投向初创期、扩展期或成熟期的创业企业。

创业企业在种子期非常需要利用外界的各种资源来实现企业的成长，天使投资者不仅向创业企业提供资金，往往还会利用其专业背景和自身资源帮助创业企业获得成功，这也是保障其投资的最好方法。而在风险投资界，很多风险投资专家已经演变成了基金经理人，他们不会花太多的时间在被投资公司上。

天使投资一般以个人投资的形式出现，其投资行为是小型的个人行为，相对专业化的风险投资机构，呈现更加明显的个人行为特征。因此，他们对被投资项目的考察和判断不像专业风险机构那么复杂，程序也简单。这对创业企业非常有吸引力，因为对于创业企业来说，在最短时间内找到资金是非常关键的。

风险投资机构出于控制监管成本的考虑，倾向于投资处于发展阶段中后期的企业，而且融资额要达到一定的规模。而天使投资者因为其资金规模较小，所以一般只对规模较小的项目投资。事实上，这些小规模投资的对象大多是处于种子期的企业，也是最难融资的企业。

</blockquote>

### 3. 实业投资

在产业界寻找实业投资者同样是有效的融资方式之一。

实业投资者可以是个人，也可以是公司。他们既可能成为公司的共同发起人，也可能在公司发展到一定阶段后，通过增资扩股成为公司的股东。

具有相关利益的两家公司比较容易基于共同的需要达成投资协议，比如创业企业有商业计划，而发展到一定阶段的企业有钱，正准备进入商业计划书中所涉及的商业领域；创业企业有产品，投资者有这类产品的销售网络；创业者的企业是潜在投资者的上游企业，或成为投资者的供应商，可以提高投资者现有企业产品的竞争力；创业企业推出的服务或产品能够扩大实业投资者现有产品的应用范围，以及其他一些相关情况。

企业孵化器和创业者需要共同努力尝试，找出和创业者商业利益一致的公司。这样的投资者在创业企业的发展中因为业务的接触，可能会自然形成投资关系，也可以通过调查研究，主动寻找投资者。专业孵化器可以将自身的毕业企业作为实业投资者资源库，为他们匹配投资。

### （三）建立孵化基金（种子资金）支持孵化企业

孵化基金是指孵化器或其下属公司自有的，通过无偿资助、周转金或股权投资等形式提供给孵化企业的资金。

建立孵化基金（也称种子资金）对孵化企业直接给予资金支持，是孵化器开展投融资服务中最普遍的做法。孵化基金主要为处于产品开发阶段的孵化企业提供小笔融资，以弥补商业性银行和投资机构对创业期企业支持资金上的不足。这种融资支持主要包括以下类型：借款，即作为流动资金的短期债权融资；股权，与创业风险投资或天使投资的股权投资相同；夹层融资，即介于股权与优先债权之间的投资形式。有些孵化基金也为企业向银行贷款提供担保。

#### 1. 孵化器孵化基金的资金来源

实践中，孵化器孵化基金的资金来源一般有以下几种情况：

一是全部来源于孵化器的自有资金；

二是全部来源于地方政府的支持，比如由地方科技部门支持孵化器设立；

三是在孵化器自有资金的基础上，地方政府再支持一部分，从而扩大孵化基金的规模。

上述孵化基金是完全由孵化器或其下属公司拥有、管理和使用的。

应明确区别的是，一些地方政府部门在年度预算中设立了专门支持孵化器中孵化企业创新发展的无偿使用的财政资金，这种资金名义上叫孵化基金，但实质上是政府专项支持计划资金，不在孵化器的孵化基金之列。

另外，孵化器将所拥有或所获得的任何性质的资金拨付给或转移给孵化企业无偿使用且不再收回的方式，应慎用或不用。

#### 2. 孵化基金的使用方式

*短期小笔借款*

短期小笔借款即将孵化基金直接借给孵化器所孵化的创业企业，解决其流动资金不足的问题，特别是在有订单急用的情况下。

原则上，孵化基金一般主要用于孵化企业三个方面的用途：（1）流动资金，用于支付工资、购买材料与小型设备的周转资金；（2）用于设备租赁，以完成订单或生产预期销售量的产品；（3）用于新产品开发，即作为原型开发、市场测试、前期生产以及试销售所需的资金。需要明确的是，孵化基金一般不应用于孵化企业的固定资产投资，即购买设备等。

小额股权投资

小额股权投资即将孵化基金以股权投资的形式投资于孵化器所孵化的创业企业，支持企业的启动和发展。

孵化基金投资孵化企业时，应以小额（10万~50万元）、短期（一般不超过3年）为主，以最大限度地覆盖尽可能多的孵化企业，尽可能形成快速资金流转。孵化基金本质上扮演着天使资金的角色，在扶持创业企业的同时获得商业利益，但不追求过大的超值收益，不陪伴企业至上市退出。

夹层融资

夹层融资是指在风险和回报方面介于优先债务和股本融资之间的一种融资形式。孵化基金可以利用夹层融资在股权融资与债权融资之间的灵活转换，结合孵化器自身条件和孵化企业的诉求，灵活设定支持条件和方式，以最大限度地实现双方利益。

贷款担保

为孵化企业向银行贷款提供担保，是放大孵化基金作用的有效手段。但担保收益少、赔付数额大造成的运营风险极高，是商业性担保行业的现实难题。孵化基金的贷款担保应首先秉持审慎原则。

### 3. 孵化基金使用流程

建立孵化企业资金使用档案

借助孵化企业档案，建立孵化企业资金使用档案，对孵化企业资金使用方面的情况作出预分析。档案应实行动态管理。

发布孵化基金使用办法，受理申请

孵化器应每年发布孵化基金使用办法和申报指南，并根据情况作出适度调整。申报指南应详细说明企业提出申报的条件和申报文件的相关要求。收到企业使用申请后，应及时作出形式审查，通过后由孵化基金管理部门就申请事项作出尽职调查，内容包括项目的基本情况，进展阶段、项目负责人及项目在企业的资金情况等；基于申请事项的资金使用计划合理性、安全性，分析企业资本运营能力，形成报告，提交孵化基金审查决策会议。

孵化基金审查决策会议决策

孵化基金审查决策会议应以集体决策形式，讨论分析孵化企业申请事项和孵化基金管理部门提交的审查报告，对孵化基金是否支持该申请事项作出决策。

办理支持手续

孵化基金管理部门根据孵化基金审查决策会议的决策，分别办理投资入股、借贷或担保手续，包括签署合同、拨付资金等。

项目实施监管

孵化基金管理部门要对获得孵化基金支持的企业和项目实施监管，包括该企业是否按计划使用资金，经营总体情况的变化等。

对于投资项目，孵化器派出的董事代表要履行相关责任，肩负起创业辅导员或创业导师的责任。

资金回收

孵化基金管理部门要严格执行孵化基金使用合同的相关条款，按时足量收回到期资金和使用费、股息和担保费；发生逾期等违约情况时，应按照相关条款中的违约责任内容即时启动相关程序。

相关合同执行完毕，要即时办理抵押解除手续；担保到期的资金，要即时办理解除担保手续。

**4. 孵化基金运行管理相关事项**

孵化器要建立孵化基金的专门管理部门和专业团队，制定一系列管理制度，规范孵化基金的使用。

孵化器要重视融资偿还监控，掌握回收贷款的技能与技巧。到还款期时，要对全部还款情况进行监控，如果有超期未还款的情况发生，要及时与债务人联系，对于延迟还款的应按合同计收滞纳金及追究违约责任。

孵化器可以考虑把孵化基金集中存放到当地一家商业银行或信托公司里，并争取一定的配套额度，放大孵化基金使用规模。

孵化基金要与孵化器的运营资金分开，设立单独账户专门管理。

**（四）建立孵化器天使投资公司投资创业企业**

孵化器用自有资金直接投资所孵化的创业企业，并占有创业企业的一部分股份，已成为当前我国孵化器创业孵化服务中的标配。这既是针对孵化企业的直接投资活动，通过注入资金来增强创业企业活力，使之更加顺利地开发创新技术与市场，度过"死亡之谷"，同时也是孵化器的经营活动之一，已成为孵化器商业模式的重要构成要素。创立初期，孵化企业对资金的需求最为急迫，议价能力很弱，孵化器容易以较低的价格参股创业企业。待该企业顺利成长起来后，孵化器所占的股份一旦变现，可以为孵化器带来超值收益。当然，这也存在潜在风险，甚至有"九败一成"的说法。

孵化器设立天使投资公司投资孵化企业，需选聘专门的投资经理，将"专业的事情交给专业的人"，更能突出孵化器开展"投资＋导师"模式中天使投资工作的重要性，也体现了孵化活动的专业化方向，提高了孵化器的工作质量和效益。

孵化器天使投资公司开展天使投资业务时，不仅要按照一般投资项目开展的程序，即合法、合规开展项目初选、尽职调查、投资决策会议决策、签订专门的投资协议（可能包括对赌协议等商业条款）、投后管理、变现退出等标准投资程序，还应按照孵化器孵化企业的特定方向，体现孵化器的意志，聚焦创业者潜力和未来趋势，重在挖掘和培育成长型企业，要围绕培育战略性新兴产业种子企业，着眼未来，着力打通创新技术和产品的市场通道，壮大市场规模。

天使投资是"允许失败"的投资。需要看长远、算大账，不计较一城一地的得失，在机制设计上提取投资坏账损失准备金，在公司绩效管理上着重于天使投资公司对孵化器总的经济贡献、培育企业的贡献、声誉与品牌贡献等。

### （五）孵化器员工持股孵化

孵化器管理团队与员工持股孵化，是近年来我国兴起的一种补充孵化器投资功能不足的孵化服务方式，一经提出就得到普遍认可，在具有投资功能的孵化器中也有所尝试。

孵化器管理团队与员工持股孵化包括了两个相互关联紧密的行为，一个是持股，一个是孵化。前者是个人的投资行为，后者是组织的使命行为，也是落实到员工个人的责任。持股孵化将员工的个人行为与组织行为紧密连接在一起，极大地调动了员工服务创业者的积极性，对提升孵化器服务绩效具有很大的正向促进作用。持股孵化还极大地补充了孵化器投资资金的不足，对处于强化投资功能阶段的孵化器来说，无疑是一种有益的选择。

同时，持股孵化也是一把双刃剑。如果被投资的企业业绩不佳，也会反过来打击到持股员工的热情和积极性；而且所投资的孵化企业发展到爆发期还需很长时间，投资回报期长，孵化器员工不可能个个都是腰缠万贯的富翁，保持持股孵化的持续性也具有很强的挑战性。

虽然员工持股孵化的概念得到了普遍认可，但在实践中尚未普及。原因在于，一方面，大部分孵化器还没有将其作为一种孵化服务的制度性安排来落实，在投资活动的组织上缺乏统一安排，在投资阶段的选择上缺乏技术性措施，在人员安排上还没有一定之规，在投资企业与项目选择上还没有辅助措施，在投资风险把控上还缺乏机制保障；另一方面，大部分事业单位性质的孵化器还在职工是否适宜投资上犹豫不定，而具有投资资金实力的员工数量有限，也限制了这一理念的推行。

因此，孵化器急需在制度安排上细化员工持股孵化的措施。就单个孵化器而言，凡是没有任何制度障碍的孵化器，都应积极做好以下工作。

一是明确将管理团队与员工持股孵化作为孵化器的方向与职能，鼓励管理团队与员工开展持股孵化，并对孵化企业予以明示。

二是统一组织员工开展持股孵化，并就投资团队的组建、人员搭配等提供帮助。

三是为持股孵化提供技术性帮助，客观分析项目与企业的发展潜力，为拟投资企业补足缺失环节，加大孵化服务力度，降低投资风险。

四是制定员工个人投资与孵化器投资并行即"跟投"的管理办法，明确收益与风险共担的原则和机制。

管理团队与员工持股孵化代表着孵化与投资相结合的孵化器发展方向，不仅弥补了孵化器投资资金的不足，还将管理团队与员工的利益和孵化器的利益有效衔接，使员工命运与组织命运一致，有利于提高员工工作积极性和归属感。同时，为保证投资的有效回报，孵化器和员工都会更加认真工作，努力提高辨识创业机会和甄别机会型创业者的能力，提高辅导创业者顺利发展的能力，朝着"创业导师＋天使投资"方向发展。此外，管理团队与员工持股孵化也是一块试金石，投资数量的多寡，昭示了孵化器孵化企业的质量和效益。

（六）投融资服务的若干重要环节

**1. 孵化器投融资工作的规划和计划**

孵化器要将上述融资服务系统化、规范化，纳入日常孵化服务管理工作中，形成工作计划。要由专门的部门或人员专职处理这些服务个案，按照创业者和孵化企业所处的不同阶段和不同类别，梳理和制定投融资活动的具体目标和计划。

要定期或不定期开展投融资路演活动。要在一定数量的创业者和创业企业的商业计划书准备成熟时，约请一批天使投资人和创业投资基金经理，共同审看项目。同时，孵化器也不能只想着怎样赢得投资，还要学会保护创业者的创意，在提供商业计划之前，要让投资合作伙伴签署创意或技术保密协议。

孵化器应与孵化企业在投融资的责任、义务等方面达成一致，制定合理的价格政策，收取融资服务费。

特别需要说明的是，国有孵化器特别是事业单位孵化器使用自有资金支持孵化企业要极为慎重，除非直接的上级机关鼓励或者有明确要求。此类孵化器应尽可能多地开展投融资中介服务，以回避管理风险。

**2. 协助企业撰写商业计划书**

商业计划书是孵化企业向天使投资人和风险投资家募集资金时最常用的书面文件。孵化器的辅导员和创业导师要将商业计划书的编制要点和内容向创业者和孵化企业讲解清楚，并帮助他们做好修改完善。

一是要让孵化企业了解清楚商业计划书的意义与作用。

首先，商业计划书是一份全方位的项目计划，它从企业内部的人员、制度、管理，以及企业的产品、营销、市场等各个方面对即将开展的商业项目进行可行性分析。

其次，商业计划书是对企业或者拟建立企业进行宣传和包装的文件，它向风险投资家、银行、客户和供应商宣传企业及其经营方式；同时，又为企业未来的经营管理提供必要的分析基础和衡量标准。

再次，对于投资人来说，一份商业计划书是投资决策的一个重要信息载体；通过计划书中的信息，风险投资家初步评价一个企业是否具有投资或者经营价值。以商业计划书为依据来考察创业者是否能够清晰地分析和把握创业面临的方方面面问题。通过了初步考察，风险投资家对拟投企业的未来持乐观态度，相信能够获得他们预期的回报。另外，透过商业计划书，还可以初步判断创业企业融资人的基本素质和经营理念。所以，商业计划书是风险投资家决定是否投资的重要依据之一。

最后，商业计划书会起到法律证据的作用。从法律上说，风险投资家希望融资者能够准备一份完整的计划书，如果投资失败，风险投资家可以根据创业企业有意或无意提交的信息起诉融资者，尽可能地减少损失。风险投资家是具备专业金融知识，并具有丰富投资经验的专业人员，熟悉证券法中关于私人文书的条款，在商业计划书中如果有不实或致人误解的信息，一旦投资项目失败，投资方有权要求退还投资，甚至对责任人提出法律诉讼，追究相应法律责任，并要求赔偿损失。

二是要指导创业者和孵化企业在编撰商业计划书前收集汇总完整的信息，包括以下几项。

市场信息

（1）创业企业所提供的产品或服务所处的市场领域是新开发的市场还是已有的成熟市场？该市场领域在未来将扩大还是萎缩？

（2）市场前景。产品或服务目前的市场容量以及未来可预期的容量有多大。

（3）市场属性。是关系型客户市场还是大众型客户市场？是技术导向型市场还是服务导向型市场？是需求拉动型市场还是营销推动型市场？企业所拥有的针对性市场资源有哪些？

（4）市场门槛。企业凭借什么跨越门槛、进入市场？有什么技术门槛、营销门槛可以阻止或延缓后来竞争者的加入？

（5）企业产品或服务处于的阶段，比如处于概念阶段、研发阶段、样机或原型阶段、已推出产品阶段等。

（6）市场的领导厂商、竞争者及其所占的市场份额和竞争优势，本企业目前所占的市场份额、对未来市场份额的预期，以及预期的依据。

运营信息

（1）地点。需要确定公司坐落的地点，地点的确定主要需考虑顾客、供应商以及分销商是否容易接近。

（2）制造运营。需要确定企业运作所需要的基本的机器和装配运营，也要确定这些运营是否需要分包以及由谁来分包。

（3）原材料。需要确定所需要的原材料的难易程度、成本以及供应商名录和具体信息。

（4）设备。应该列举研发、生产、储运所需要的设备以及这些设备的取得方式（购置或租赁）及成本。

（5）劳动技能。确定创业企业经营所需的各项技能，每项技能所需要的人员数量及人工成本，并估计这些技能的来源和获得途径。

（6）空间。确定企业运作所需要的空间大小，包括这些空间是否需要自有或租赁。

（7）间接费用。确定对生产经营予以支持的每项费用，如设备维护保养，安全生产措施与装备，员工培育与成长，职业安全与健康，品牌推广与塑造，社会责任与公益等。

财务信息

（1）在起步阶段至少三年中的预计销售额及经营成本与费用；

（2）起步阶段三年中的现金流量测算；

（3）现在的资产负债表数据和起步头三年的资产负债预算表。

根据前面所讨论的市场信息，确定前12个月内每个月以及以后几年的预计销售额和支出费用。每一项支出都应该以月为基础来计算。现金流的估计要考虑到企业在所选定时间内满足费用支出的能力。现金流的预测应该是以整个年内按月为基础，确定初始现金、预计可收款和其他收入以及所有的支出。现在的资产负债表数据提供了企业在特定时间的财务状况，以确定企业的资产、负债和创业者及其合作者的投资。

　　企业家应该做好筹资的准备工作，多了解顾客市场，多收集信息和数据。企业家应该了解，风险投资公司投资的客体是创业企业而不是产品／服务。那些既不能给投资者以充分的信息，也不能使投资者激动起来的商业计划，只会被扔进垃圾桶。

　　三是要帮助创业者和孵化企业撰写好包括以下主要内容的商业计划书。

　　产品。在经营计划中，应提供所有与企业的产品或服务有关的细节，包括企业所实施的所有调查。这些问题包括产品正处于什么样的产业化阶段？它的独特性怎样？企业销售产品的方法是什么？谁会使用企业的产品，为什么？产品的生产成本是多少？售价是多少？企业开发新产品的计划是什么？把投资者拉到企业的产品或服务中来，这样投资者就会和创业企业家一样对产品有兴趣。

　　竞争。在经营计划中，创业企业家应细致分析竞争对手的情况。竞争对手都是谁？他们的产品是如何工作的？竞争对手的产品与本企业的产品相比，有哪些相同点和不同点？竞争对手所采用的营销策略是什么？要明确每个竞争者的销售额、毛利润、收入以及市场份额，然后再讨论本企业相对于每个竞争者所具有的竞争优势，要向投资者展示，顾客偏爱本企业的原因是：本企业的产品质量好、送货迅速、定位合理、价格有竞争力等。经营计划要使它的读者相信，本企业不仅是行业中的有力竞争者，而且将来还会是行业的领先者。在经营计划中，企业家还应阐明竞争者给本企业带来的风险以及本企业所采取的对策。

　　市场。经营计划要给投资者提供企业对目标市场的深入分析和理解。要细致分析经济、地理、职业以及心理等因素对消费者选择购买本企业产品这一行为的影响，以及各个因素所起的作用。经营计划中还应包括一个主要的营销计划，计划中应列出本企业打算开展广告、促销以及公共关系活动的地区，明确每一项活动的预算和收益。经营计划中还应简述一下企业的销售战略：企业是使用外面的销售代表还是使用内部职员？企业是使用转卖商、分销商还是特许加盟商？企业将提供何种类型的销售培训？此外，经营计划还应特别关注一下销售中的细节问题。

　　行动方针。商业计划中应该明确下列问题：企业如何把产品推向市场？如何设计生产线，如何组装产品？企业生产需要哪些原料？企业拥有哪些生产资源，还需要什么生产资源？生产和设备的成本是多少？企业是买设备还是租设备？解释与产品组装、储存以及发送有关的固定成本和变动成本的情况。

　　管理队伍。把一个思想转化为一个成功的创业企业，其关键的因素就是要有一支强有力的管理队伍。这支队伍的成员必须有较高的专业技术知识、管理才能和多年工作经验，没有完美的个人，但有完美的团队。要给投资者这样一种感觉："这支队伍里三观相同，优势互补，职责明确。"在商业计划中，应首先描述一下整个管理队伍及其职责，然后再分别介绍每位管理人员的特殊才能、特点和造诣，细致描述每个管理者将对公司所做的贡献。经营计划中还应明确管理目标以及组织机构图。

执行摘要。商业计划书摘要是企业家所写的最后一部分内容，但却是出资者首先要看的内容，它必须能让读者有兴趣并渴望得到更多的信息。摘要应当从商业计划书中摘录出与筹集资金最相关的细节，包括公司的基本情况，公司的能力以及局限性，公司的竞争对手，营销和财务战略，公司的管理队伍等情况。它需要给风险投资家这样的印象："这个公司将会成为行业中的巨人，我已迫不及待要去读计划的其他部分了。"

---

**案例：××公司的商业计划书提纲**

第一章：公司概况

一、历史情况

二、现状简介

三、技术与产品

四、股本结构

五、管理队伍

六、历年财务

第二章：公司发展战略

一、总体目标（任务）

二、发展战略步骤和未来五年的主要发展指标

三、公司发展思路

    1. 总体思路

    2. 产业经营思路

    3. 资本运作思路

    4. 与各方面的合作计划

第三章：核心技术与研究应用计划

一、背景介绍

二、研发历史

三、成果及认证、专利

四、主要特点

五、经济（社会）价值及应用前景

六、继续研发及应用计划

---

第四章：产品与服务

一、系列产品介绍

二、生产制造过程、工艺

三、设备

四、（单位与总）成本、各项费用、售价、毛利润和净利润

五、未来产品研发规划

第五章：行业与市场竞争性分析

一、行业历史、现状、特点、发展预测

二、竞争形势分析、主要厂家简介

三、本项目/公司的竞争优势/劣势分析

第六章：市场销售、推广与服务

一、市场定位、定价策略

二、销售渠道、网络、伙伴、拓展策略

三、短、中、长期的市场销售计划目标

四、产品服务支持

第七章：公司管理

一、公司管理层人员的详细介绍

二、公司董事会、管理部门、分公司的组织框架图

三、公司管理、财务、销售、科技人员等员工激励制度

第八章：融资需求与使用计划

一、募集资金金额

二、募集资金使用计划

三、其他投资方或剩余资金缺口解决途径

第九章：历年经营状况及分析

一、目前经营财务状况描述

二、静态财务指标分析

三、动态财务指标分析

第十章：未来五年财务预测

一、预测条件假设

二、预测五年的财务收益数据

三、分析与总结

第十一章：投资风险分析

一、风险因素：政策风险、管理风险、技术风险、市场拓展风险、人才风险、知识产权风险、财务风险、融资风险、其他风险

二、风险控制：针对政策风险、针对管理风险、针对技术风险、针对市场风险、针对人才风险、针对知识产权风险、针对融资风险

三、结论

第十二章：推荐理由

总结本项目的几点最关键的地方：团队、核心技术、市场、财务收益、发展前景、社会与经济效益

第十三章：投资保障与投资退出

一、投资增值/最低收益的保障措施

二、投资者权利

三、投资退出的途径

附件：公司201X年、201Y年及201Z年的月资产负债表、损益表、现金流量表

### 3. 举办投融资路演活动

孵化器应根据自身孵化企业的数量、质量以及企业的发展情况，定期或不定期举办投融资路演活动，邀请天使投资人、创投公司基金经理、银行贷款专员等共同出席，对接需要融资的创业企业。

路演活动之前，孵化器应协助企业准备好商业计划书，并对参加路演的每一位创业者做好路演培训，将创业项目中能够打动天使投资人、投资基金经理的部分提炼出来做重点演示。

要提示创业者，演示商业计划是时间有限的，但也是决定性的。如果你的项目或者企业非常之好，当然可以相信即便你的演示过程平淡无奇，甚至有些差，也足以吸引风险投资家投资。但是，绝大多数的商业计划并不能达到这样的高度。更何况风险投资家投资的时候，除了考虑项目本身的优劣外，更重要的是基于创业者的能力和个人魅力，而演示商业计划是创业者展示自己能力的难得机会。很难想象，风险投资家会把资金投给一个说话结结巴巴、连自己的创意都讲不清楚的企业家。

要提示创业者准备一个基本的演示策略。

一是准备充分。事先预估对方可能会提出的各种问题，针对性地设计回答方案以展示重点。无所准备的临时敷衍是致命的，它甚至会造成听者对演讲者品行的质疑。演示应条理清晰，突出市场前景，刺激投资者的兴奋点。演示一开始，创业者就可以声明过程允许双向参与，任何时候都可以被提问或打断。这样做可以活跃现场气氛，实现交流和互动，带动投资者的参与积极性。

二是不要过分强调技术因素或故意使技术环节复杂化。关于技术问题，可以准备一份专门介绍的活页，在需要的时候适时插入。技术类图表的出发点应该是为支持市场与产品的定位和预测服务——引用业内专家或行业期刊的评论，支持产品和市场定位。演示应有针对投资者的技术基础和专业背景，分别做两份完整的演讲方案，一份面向技术背景有限的投资人，另一份则面向熟知专业技术的投资者。

在演示前或演示过程中，不要发放有关经营管理费用的材料。能真正打动听者的是言语诚恳、有理有据的表达。在演示即将结束时，插入一页表格说明五年内的财务状况，包含市场规模及本行业公司的平均股价收益比率（PE 比率）和管理费。PE 比率有助于增强基于最终管理费用的计算结果的信服力——表明投资机会的绝佳性。

通常，第一次演示不要披露太多的专业信息。除非不得已，不要一开始就强求对方签署保密协议，以免在与项目无关紧要的地方滋生不必要的矛盾。但在必要时，一定要事先和对方签署一份保密协议。

孵化器要做好路演活动的组织安排和场地搭建，烘托气氛，营造氛围。要配合路演后的一对一面谈，准备好洽谈室，并请这些孵化企业的创业导师一起介绍企业和项目情况。要对路演对接后的企业考察、洽谈等情况实时跟进，并给予必要的各项协助，力求对接成功。

【思考题】

1. 你所在的孵化器开展了哪些技术创新服务工作？你认为还应开展哪些服务？如何开展？

2. 你如何理解孵化器投融资服务的重要性？你所在的孵化器开展了哪些投融资服务工作？是如何开展的？

# 第九章
# 创业孵化的政府政策支撑

在本章，政府政策包括了党的方针政策、国家立法机关的立法、国家行政机关的规章等。各类企业事业组织、行业组织等发布的内部政策、规范和标准等均不在此列。

## 第一节　国家宏观支持政策

### 一、法律规定

#### （一）《中华人民共和国科技进步法》相关政策

《中华人民共和国科技进步法》是为了促进科学技术进步，发挥科学技术作为第一生产力的作用，促进科学技术成果向现实生产力转化，推动科学技术为经济建设和社会发展服务而制定的法律。

现行《中华人民共和国科技进步法》由第十届全国人民代表大会常务委员会第三十一次会议于 2007 年 12 月 29 日修订通过，自 2008 年 7 月 1 日起施行。其中的第三章第三十七条规定，"国家对公共研究开发平台和科学技术中介服务机构的建设给予支持"，"公共研究开发平台和科学技术中介服务机构应当为中小企业的技术创新提供服务"。

科技企业孵化器是典型的科学技术中介服务机构。该条前款规定国家对科学技术中介服务机构的建设给予支持，即明确了我国对科技企业孵化器这一科学技术中介服务机构建设的支持。该条后款要求科学技术中介服务机构应当为中小企业的技术创新提供服务，科技企业孵化器的设立宗旨与这一要求是完全一致的。可以说，《中华人民共和国科技进步法》为科技企业孵化器的建设和发展奠定了法律基础。

### （二）《中华人民共和国促进科技成果转化法》相关政策

《中华人民共和国促进科技成果转化法》是为促进科技成果转化为现实生产力，规范科技成果转化活动，加速科学技术进步，推动经济建设和社会发展制定的。现行法律由全国人民代表大会常务委员会于 2015 年 8 月 29 日修订。

该法第三十二条直接指出，"国家支持科技企业孵化器、大学科技园等科技企业孵化机构发展，为初创期科技型中小企业提供孵化场地、创业辅导、研究开发与管理咨询等服务"。该法直接肯定了科技企业孵化器等科技企业孵化机构对科技成果转化的积极促进作用，进一步明确了支持科技企业孵化器发展的国家意志。

该法第三十八条还指出，"国家鼓励创业投资机构投资科技成果转化项目。国家设立的创业投资引导基金，应当引导和支持创业投资机构投资初创期科技型中小企业"。第三十九条要求，"国家鼓励设立科技成果转化基金或者风险基金，其资金来源由国家、地方、企业、事业单位以及其他组织或者个人提供，用于支持高投入、高风险、高产出的科技成果的转化，加速重大科技成果的产业化"。这些内容把创业投资与初创期科技型中小企业列明为支持对象，而创业投资即是孵化器发展科技创业的重要手段，初创期科技型中小企业即是孵化器的孵化对象，孵化器从内容到形式与其完全贴合，也为孵化器以孵化基金形式支持科技创业企业提供了合法性基础。

### （三）《中华人民共和国中小企业促进法》相关政策

《中华人民共和国中小企业促进法》是为了改善中小企业经营环境，促进中小企业健康发展，扩大城乡就业，发挥中小企业在国民经济和社会发展中的重要作用而制定的法律。该法于 2017 年 9 月 1 日第十二届全国人民代表大会常务委员会第二十九次会议修订。

该法在第二章财税支持的第八条要求，"中央财政应当在本级预算中设立中小企业科目，安排中小企业发展专项资金。县级以上地方各级人民政府应当根据实际情况，在本级财政预算中安排中小企业发展专项资金"。第九条进一步指出，"中小企业发展专项资金通过资助、购买服务、奖励等方式，重点用于支持中小企业公共服务体系和融资服务体系建设"。"中小企业发展专项资金向小型微型企业倾斜，资金管理使用坚持公开、透明的原则，实行预算绩效管理"。第十条指出，"国家设立中小企业发展基金。国家中小企业发展基金应当遵循政策性导向和市场化运作原则，主要用于引导和带动社会资金支持初创期中小企业，促进创业创新"。"县级以上地方各级人民政府可以设立中小企业发展基金"。第十一条要求，"国家实行有利于小型微型企业发展的税收政策，对符合条件的小型微型企业按照规定实行缓征、减征、免征企业所得税、增值税等措施，简化税收征管程序，减轻小型微型企业税收负担"。第十二条要求，"国家对小型微型企业行政事业性收费实行减免等优惠政策，减轻小型微型企业负担"。这些内容以多方面的财税优惠政策支持科技创业企业发展。

该法第四章创业扶持的第二十八条明确指出，"国家鼓励建设和创办小型微型企业创业基地、孵化基地，为小型微型企业提供生产经营场地和服务"。第二十九条要求，"地方各级人民政府应当根据中小企业发展的需要，在城乡规划中安排必要的用地和设施，为中小企业获得生产经营场所提供便利"。"国家支持利用闲置的商业用房、工业厂房、企业库房和物流设施等，为创业者提供低成本生产经营场所"。这一内容明确了孵化器在我国创业扶持体系中的重要地位，并为使用各类场地建设孵化器开辟了广阔空间。

## 二、中共中央、国务院发布的中长期发展专项规划

### （一）国家中长期科技人才发展规划（2010—2020 年）

《国家中长期人才发展规划纲要（2010—2020 年）》是根据党的十七大提出的更好实施人才强国战略的总体要求，着眼于为实现全面建设小康社会奋斗目标提供人才保证制定的，以中发〔2010〕6 号《中共中央国务院关于印发〈国家中长期人才发展规划纲要（2010—2020 年）〉的通知》发布。

《人才发展规划纲要》的第四部分重大政策中的第四条实施人才创业扶持政策提出，"继续加大对创业孵化器等基础设施的投入，创建创业服务网络，探索多种组织形式，为人才创业提供服务"。这里，孵化器被列入国家实施人才创业扶持重大政策，成为实施人才强国战略的具体措施，既是对孵化器发展人才创业作用的肯定，也对孵化器进一步发挥好服务人才创业功能提出了殷切希望。

### （二）国家中长期科技发展规划纲要（2006—2020 年）

党的十六大从全面建设小康社会、加快推进社会主义现代化建设的全局出发，要求制定国家科学和技术长远发展规划，国务院据此制定本纲要，于 2006 年 2 月发布。

《国家中长期科技发展规划纲要（2006—2020 年）》在第八部分若干重要政策和措施中的第 6 条加速高新技术产业化和先进适用技术的推广中提出，"把推进高新技术产业化作为调整经济结构、转变经济增长方式的一个重点。积极发展对经济增长有突破性重大带

动作用的高新技术产业"。要求要"优化高新技术产业化环境。继续加强国家高新技术产业开发区等产业化基地建设。制定有利于促进国家高新技术产业开发区发展并带动周边地区发展的政策。构建技术交流与技术交易信息平台，对国家大学科技园、科技企业孵化基地、生产力促进中心、技术转移中心等科技中介服务机构开展的技术开发与服务活动给予政策扶持"。

这是我国政府首次将支持科技企业孵化基地的发展列入国家中长期科技发展规划纲要这一高层级的政策文件中，突显了科技企业孵化器在我国科技事业发展中的重要地位，也为财政部和国家税务总局日后出台具体税收优惠政策奠定了坚实基础。

## 三、政府规章

### （一）国务院的相关政策

#### 1. 加快创业孵化等科技服务业发展

2014 年 10 月，国务院发布《关于加快科技服务业发展的若干意见》（以下简称《意见》）指出，科技服务业是现代服务业的重要组成部分，具有人才智力密集、科技含量高、产业附加值大、辐射带动作用强等特点。加快科技服务业发展，是推动科技创新和科技成果转化、促进科技经济深度融合的客观要求，是调整优化产业结构、培育新经济增长点的重要举措，是实现科技创新引领产业升级、推动经济向中高端水平迈进的关键一环，对于深入实施创新驱动发展战略、推动经济提质增效升级具有重要意义。针对总体上我国科技服务业仍处于发展初期，存在着市场主体发育不健全、服务机构专业化程度不高、高端服务业态较少、缺乏知名品牌、发展环境不完善、复合型人才缺乏等问题，提出要充分发挥市场在资源配置中的决定性作用，以支撑创新驱动发展战略实施为目标，以满足科技创新需求和提升产业创新能力为导向，深化科技体制改革，加快政府职能转变，完善政策环境，培育和壮大科技服务市场主体，创新科技服务模式，延展科技创新服务链，促进科技服务业专业化、网络化、规模化、国际化发展，为建设创新型国家、打造中国经济升级版提供重要保障。

《意见》提出，要重点发展研究开发、技术转移、检验检测认证、创业孵化、知识产权、科技咨询、科技金融、科学技术普及等专业科技服务和综合科技服务，提升科技服务业对科技创新和产业发展的支撑能力。

《意见》要求通过有序放开科技服务市场准入、引导社会资本参与国有科技服务企业改制、加快推进具备条件的科技服务事业单位转制等健全市场机制；积极推进科技服务公共技术平台建设、建立健全科技服务的标准体系、实行有利于科技服务业发展的土地政策以及完善价格政策等，强化基础支撑；将科技服务内容及其支撑技术纳入国家重点支持的高新技术领域，落实国家大学科技园、科技企业孵化器相关税收优惠政策等，加大财税支持；引导银行信贷、创业投资、资本市场等加大对科技服务企业的支持，支持科技服务企业上市融资和再融资以及到全国中小企业股份转让系统挂牌，鼓励外资投入科技服务业，利用中小企业发展专项资金、国家科技成果转化引导基金等渠道加大对科技服务企业的支持力度，探索以政府购买服务、"后补助"等方式支持公共科技服务发展等拓宽资金渠道；开展科技服务人才专业技术培训，提高从业人员的专业素质和能力水平等加强人才培养；支持科技服务企业"走出去"等深化开放合作；以及开展科技服务业区域和行业试点示范等政策措施，来保证科技服务业加快发展。

**2. 发展众创空间推进大众创业创新的指导意见**

2015 年 3 月，国务院办公厅发布《关于发展众创空间推进大众创业创新的指导意见》（以下简称《意见》），指导和推动各地众创空间健康发展。该《意见》是我国政府首次明确部署推进大众创业、万众创新工作，指出顺应网络时代大众创业、万众创新的新趋势，加快发展众创空间等新型创业服务平台，营造良好的创业创新生态环境，是加快实施创新驱动发展战略，适应和引领经济发展新常态的重要举措，对于激发亿万群众创造活力，打造经济发展新引擎意义重大。

该《意见》明确，推进大众创业创新要坚持市场导向、加强政策集成、强化开放共享、创新服务模式。除了构建一批低成本、便利化、全要素、开放式的众创空间，还要重点抓好降低创业创新门槛、鼓励科技人员和大学生创业、支持创业创新公共服务、加强财政资金引导、完善创业投融资机制、丰富创业创新活动、营造创业创新文化氛围等方面的任务。

**3. 大力推进大众创业万众创新若干政策**

国务院 2015 年 6 月印发的《关于大力推进大众创业万众创新若干政策措施的意见》（以下简称《意见》），是我国首次集中性推出推动大众创业、万众创新的系统化、普惠性政策。

该《意见》从战略高度指出，推进大众创业、万众创新，是经济发展的动力之源，也是富民之道、公平之计、强国之策，对于推动经济结构调整、打造发展新引擎、增强发展新动力、走创新驱动发展道路具有重要意义，是稳增长、扩就业、激发亿万群众智慧和创造力，促进社会纵向流动、公平正义的重大举措，宣示了我国政府推动大众创业、万众创新，建设创业型社会的战略意志。

该《意见》从9大领域、30个方面明确了96条政策措施，一是创新体制机制，实现创业便利化；二是优化财税政策，强化创业扶持；三是搞活金融市场，实现便捷融资；四是扩大创业投资，支持创业起步成长；五是发展创业服务，构建创业生态；六是建设创业创新平台，增强支撑作用；七是激发创造活力，发展创新型创业；八是拓展城乡创业渠道，实现创业带动就业；九是加强统筹协调，完善协同机制。这一整体政策覆盖了市场体制与机制、财税激励与保障、创业融资便利化、推进创业股权融资、提供创业服务、打造创业基础设施、培育创业主体、拓展创业渠道以及政府组织保障等众多关键环节，涉及政治、经济、财税、金融、科技、教育、人力资源与社会保障、宣传与文化等多个领域，既体现了我国政府对创业创新政策的系统性思考，又体现了与我国实际相结合的全面部署。

该《意见》的提出，标志着我国初步形成了较为完整的双创政策体系框架，是我国创业创新型国家建设政策的重要里程碑。今后一个时期，我国政府将深化细化该政策框架中的各项政策内容，将这一指导性政策转化为具体的部门规章并加以实施。

**4. 加快众创空间发展服务实体经济转型升级的指导意见**

2016年2月14日，国务院办公厅发布《关于加快众创空间发展服务实体经济转型升级的指导意见》（国办发〔2016〕7号，以下简称《意见》），积极促进众创空间专业化发展，为实施创新驱动发展战略，推进大众创业、万众创新提供低成本、全方位、专业化的服务。通过龙头企业、中小微企业、科研院所、高校、创客等多方协同，打造"产学研用"紧密结合的众创空间，吸引更多科技人员投身科技型创新创业，促进人才、技术、资本等各类创新要素的高效配置和有效集成，推进产业链、创新链深度融合，不断提升服务创新创业的能力和水平。

该《意见》在充分肯定众创空间工作的基础上，进一步明确众创空间建设要围绕"坚持科技创新的引领作用""坚持服务和支撑实体经济发展"来展开，不仅鼓励重点产业领域建设众创空间，更要鼓励龙头骨干企业、科研院所、高校等利用产业资源和创新资源优势发展专业化的众创空间，提供专业化、特色化的服务，与科技企业孵化器、加速器及产业园等共同形成创新创业生态体系。

该《意见》在政策创新方面有新的突破，比如在税收优惠方面，众创空间的研发仪器设备符合条件的可以加速折旧，众创空间发生的研发费用符合规定的可适用研发费用税前加计扣除，还有本单位科研人员带项目和成果到众创空间创新创业的，经原单位同意，可在 3 年内保留人事关系等。这些政策创新举措，实质上已经将众创空间作为科技型初创企业来看待，为将来出台更有效的支持政策设定了基调。

**5. 其他相关政策**

2015 年 5 月，国务院办公厅进一步发出《关于深化高等学校创业创新教育改革的实施意见》，鼓励各地区、各高校充分利用各种资源建设大学科技园、大学生创业园、创业孵化基地和小微企业创业基地，作为创业教育实践平台，建好一批大学生校外实践教育基地、创业示范基地、科技创业实习基地和职业院校实训基地。

2015 年 9 月，国务院印发《关于加快构建大众创业万众创新支撑平台的指导意见》，就加快构建大众创业万众创新支撑平台、推进四众持续健康发展作出部署，要求全面推进众创，释放创业创新能量，要大力发展专业空间众创，鼓励推进网络平台众创，培育壮大企业内部众创。

2018 年 12 月，国务院发布《关于做好当前和今后一个时期促进就业工作的若干意见》，提出加大创业担保贷款贴息及奖补政策支持力度。符合创业担保贷款申请条件的人员自主创业的，可申请最高不超过 15 万元的创业担保贷款。小微企业当年新招用符合创业担保贷款申请条件的人员数量达到企业现有在职职工人数 25%（超过 100 人的企业达到 15%）并与其签订 1 年以上劳动合同的，可申请最高不超过 300 万元的创业担保贷款。鼓励各地加快建设重点群体创业孵化载体，为创业者提供低成本场地支持、指导服务和政策扶持，根据入驻实体数量、孵化效果和带动就业成效，对创业孵化基地给予一定奖补。

**（二）政府部门规章**

**1. 税收政策**

财政部、税务总局、科技部、教育部于 2018 年 11 月发出《关于科技企业孵化器大学科技园和众创空间税收政策的通知》，明确了科技企业孵化器、大学科技园、众创空间有关税收政策，进一步鼓励创业创新。具体要求如下。

（1）自 2019 年 1 月 1 日至 2021 年 12 月 31 日，对国家级、省级科技企业孵化器、大学科技园和国家备案众创空间自用以及无偿或通过出租等方式提供给在孵对象使用的房产、土地，免征房产税和城镇土地使用税；对其向在孵对象提供孵化服务取得的收入，免征增值税。

本通知所称孵化服务是指为在孵对象提供的经纪代理、经营租赁、研发和技术、信息技术、鉴证咨询服务。

（2）国家级、省级科技企业孵化器、大学科技园和国家备案众创空间应当单独核算孵化服务收入。

（3）国家级科技企业孵化器、大学科技园和国家备案的众创空间认定和管理办法由国务院科技、教育部门另行发布；省级科技企业孵化器、大学科技园认定和管理办法由省级科技、教育部门另行发布。

本通知所称在孵对象是指符合前款认定和管理办法规定的孵化企业、创业团队和个人。

（4）国家级、省级科技企业孵化器、大学科技园和国家备案的众创空间应按规定申报享受免税政策，并将房产土地权属资料、房产原值资料、房产土地租赁合同、孵化协议等留存备查，税务部门依法加强后续管理。

2018 年 12 月 31 日以前认定的国家级科技企业孵化器、大学科技园，自 2019 年 1 月 1 日起享受本通知规定的税收优惠政策。2019 年 1 月 1 日以后认定的国家级、省级科技企业孵化器、大学科技园和国家备案的众创空间，自认定之日次月起享受本通知规定的税收优惠政策。2019 年 1 月 1 日以后被取消资格的，自取消资格之日次月起停止享受本通知规定的税收优惠政策。

这是自 2013 年财政部、税务总局首次以《关于科技企业孵化器税收政策的通知（财税〔2013〕117 号）》明确我国对科技企业孵化器、大学科技园实施税收优惠政策以来，又一次明确对科技企业孵化器、大学科技园的税收优惠政策。本次发布的政策还首次将国家备案的众创空间纳入政策覆盖范围，同时，还将孵化器的政策范围从原来只有国家级扩大到省级，在享受减免税收入的范围上也做了适当扩大。

此外，"向在孵对象提供孵化服务取得的收入，免征增值税"的政策导向意义突出。相比以前政策主要基于减免房产土地类税收，服务收入的免税更加贴合孵化器创业孵化增值服务活动的本意，将进一步鼓励和引导孵化器开展为在孵对象提供经纪代理、经营租赁、研发和技术、信息技术、鉴证咨询等服务，不再一味依靠房租作为主要收入来源。

**2. 资助政策**

目前，我国支持创业孵化器发展的直接资助政策主要是通过中央中小企业发展专项资金实施。

2018 年 10 月，财政部发布《关于下达 2018 年中小企业发展专项资金预算（第一批）的通知》，根据财政部、工业和信息化部、科技部联合制定的《关于支持打造特色载体推动中小企业创新创业升级的实施方案》，中央财政采取奖补结合的方式，重点支持引导开发区发展专业资本集聚型、大中小企业融通型、科技资源支撑型、高端人才引领型四种类型的创新创业特色载体。中关村科技园区昌平园、中关村科技园区海淀园、杭州高新技术产业开发区、厦门火炬高技术产业开发区等 99 家开发区获得中小企业发展专项资金共 24.75 亿元,专项用于支持创新创业特色载体提升可持续发展能力,拓展孵化服务功能和辐射范围,为中小企业提供市场化、专业化、精准化的资源和服务。

## 四、地方区域性政策

随着我国创新驱动战略的实施,以及科技企业孵化器绩效影响的不断加大,各省、自治区、直辖市对孵化器工作的重视程度不断提高,相继出现了大量以省(区、市)委、省(区、市)政府名义出台的推动和促进孵化器建设和发展的意见、措施,也见诸省(区、市)人大制定的法规中。2000 年 12 月北京市人民政府以京政发 (2000)40 号文印发的《北京市关于加快科技企业孵化器发展若干规定(试行)》是此类政策最早的文件。当然,作为科技企业孵化器工作主管部门的省(区、市)科技厅(委、局)以及市县科技局(委),也制定发布了很多适合当地孵化载体发展的部门性政策。

2015 年,国务院发布《关于发展众创空间推进大众创业创新的指导意见》和《关于大力推进大众创业万众创新若干政策措施的意见》后,全国各地进一步积极响应,密集出台落地政策,部署本地区推进大众创业、万众创新工作。初步统计,各地区各部门出台的相关政策文件累计超过 2000 件,形成了从创意培育、项目支持、企业孵化到价值实现、创业板上市的全周期政策支持链条。

比如,2014 年,北京市发布实施了《加快推进科研机构科技成果转化和产业化的若干意见(试行)》(简称"京科九条")和《加快推进高等学校科技成果转化和科技协同创新若干意见(试行)》(简称"京校十条"),深化科技成果使用、处置和收益管理改革,鼓励科研人员和高校学生在岗在校创业。2015 年,北京市进一步发布实施了《关于进一步创新体制机制加快全国科技创新中心建设的意见》《关于大力推进大众创业万众创新的实施意见》,积极完善创业创新政策体系,激发主体热情,营造创业创新生态,以科技创新全面带动大众创业万众创新发展。

天津市在 2010 年开始实施加快科技型中小企业发展政策,大力扶植创业创新的基础上,2012 发布《关于进一步促进科技型中小企业发展的政策措施》,持续推进科技型中小企业铺天盖地、科技小巨人顶天立地。2015 年制定出台了《天津市人民政府印发关于发展众创空间推进大众创业创新政策措施的通知》,就支持众创空间建设发展,推进创业创新提出了加大财政资金支持引导力度等 10 条政策措施。市科委、市教委、市财政局、市人力社保局等 10 余个部门围绕贯彻落实市政府要求，从各自职能出发，制定出台了 20 余个落实办法和实施细则。各区县也结合自身实际，出台了相应的执行文件和支持政策，形成了全市发展众创空间、推进大众创业创新的政策体系。

江苏省省委、省政府印发了《关于进一步做好新形势下就业创业工作的实施意见》《关于进一步推进"三证合一"改革的意见》和《关于深化省级财政科研项目和资金管理改革的意见》等 12 个文件。围绕众创空间建设、创业服务提升，职能部门配套制定实施细则，研究制定了《江苏省推进众创空间建设工作方案》《关于支持电子商务创业就业工作的意见》等 21 份规范性文件。同时，面对制约创业创新的体制机制难点问题，研究起草了《关于鼓励高校、科研院所专业技术人员创业创新的若干人事政策规定》《江苏省海外高层次人才居住证制度补充意见》等文件。

目前，全国绝大部分省份都出台了针对孵化器、众创空间发展的相关政策，其中，"关于发展众创空间推进大众创业创新"类政策最为普及，一些省份还形成了围绕众创的系列化政策，在人才、财政与金融、创新环境、创新主体及产业发展、自主创新示范区发展等方面形成了全方位政策体系。

由于地方区域性政策数量巨大、类别庞杂，不同地区侧重点差异很大，此处不再详述。

# 第二节　孵化器建设相关规范文件解读

## 一、科技部发布的《科技企业孵化器管理办法》的规范要求

为贯彻落实《中华人民共和国中小企业促进法》《中华人民共和国促进科技成果转化法》《国家创新驱动发展战略纲要》，引导我国科技企业孵化器实现高质量发展，构建良好的科技企业成长生态，推动大众创业、万众创新上水平，加快创新型国家建设，科技部 2018 年 12 月制订发布新版《科技企业孵化器管理办法》（以下简称《管理办法》），于 2019 年 1 月 1 日实施。该《管理办法》在规范要求上有以下重要特点。

### （一）概念表述与功能

结合新形势下的新发展，《管理办法》对科技企业孵化器做了新的概念性表述，即：科技企业孵化器（含众创空间等，以下简称"孵化器"）是以促进科技成果转化，培育科技企业和企业家为宗旨，提供物理空间、共享设施和专业化服务的科技创业服务机构。孵

化器是国家创新体系的重要组成部分，是创新创业人才的培养基地，是大众创新创业的支撑平台。这一新表述将众创空间、创业苗圃、加速器以及创新型孵化器等宗旨相同、手段一致的科技创业服务机构统一到"孵化器"概念中，避免产生认识和操作上的混乱。

《管理办法》指出，孵化器的主要功能是围绕科技企业的成长需求，集聚各类要素资源，提供创业场地、共享设施、技术服务、咨询服务、投资融资、创业辅导、资源对接等服务，降低创业成本，提高创业存活率，促进企业成长，以创业带动就业，全面激发社会创新创业活力。

### （二）国家级孵化器基本规范条件

#### 1. 孵化器自身条件

第一，成为国家级孵化器的组织类型是开放的，既可以是企业组织，也可以是事业组织；既可以是营利性组织，也可以是非营利性组织，但必须"具有独立法人资格，发展方向明确，具备完善的运营管理体系和孵化服务机制。机构实际注册并运营满3年，且至少连续2年上报真实完整的统计数据"。

这里，所谓"发展方向明确"，是指作为科技创业服务机构这一方向，而不是其他方向；"机构实际注册并运营满3年"，是指该机构成为科技创业服务机构并运营满3年。

第二，该科技创业服务机构要拥有职业化的服务队伍，专业孵化服务人员占机构总人数80%以上，每10家在孵企业至少配备1名专业孵化服务人员和1名创业导师。

其中，专业孵化服务人员指经过创业服务相关培训或具有创业、投融资、企业管理等经验的孵化器专职工作人员。创业导师是指接受科技部门、行业协会或孵化器聘任，能对创业企业、创业者提供导向性、专业性、实践性辅导服务的企业家、投资专家、管理咨询专家等。

第三，孵化场地集中，可自主支配的孵化场地面积不低于10000平方米。其中，在孵企业使用面积（含公共服务面积）占75%以上。

第四，在孵企业的数量和质量具有一定规模。其中，综合孵化器不低于50家且每千平方米平均在孵企业不低于3家，专业孵化器不低于30家且每千平方米平均在孵企业不低于2家。

第五，孵化器配备自有种子资金或合作的孵化资金规模不低于500万元人民币，获得投融资的在孵企业占比不低于10%，并有不少于3个的资金使用案例。

第六，专业孵化器在同一产业领域从事研发、生产的企业占在孵企业总数的75%以上，且提供细分产业的精准孵化服务，拥有可自主支配的公共服务平台，能够提供研究开发、检验检测、小试中试等专业技术服务。

**2. 在孵企业与企业毕业**

《管理办法》要求，国家级孵化器的在孵企业要具有一定的创新能力。在孵企业中已申请专利的企业占在孵企业总数比例不低于50%或拥有有效知识产权的企业占比不低于30%。

同时，在孵企业还应具备以下条件：

（1）主要从事新技术、新产品的研发、生产和服务，应满足科技型中小企业相关要求；

（2）企业注册地和主要研发、办公场所须在本孵化器场地内，入驻时成立时间不超过24个月；

（3）孵化时限原则上不超过48个月，从事生物医药、现代农业、集成电路等特殊领域的企业，孵化时限不超过60个月。

《管理办法》对国家级孵化器要求符合条件的毕业企业要达到累计数量要求。其中，综合孵化器累计毕业企业须达到20家以上，专业孵化器累计毕业企业须达到15家以上。

企业毕业应至少符合以下其中一条：

（1）经国家备案通过的高新技术企业；

（2）累计获得天使投资或风险投资超过500万元；

（3）连续2年营业收入累计超过1000万元；

（4）被兼并、收购或在国内外资本市场挂牌、上市。

此外，《管理办法》充分考虑不同地区孵化器不平衡发展的状况，制定了差别化政策。对于属全国艰苦边远地区的科技企业孵化器，其在孵企业的总体数量、在孵企业的创新能力、种子资金、毕业企业等方面所涉的数量和比例要求可降低20%。

（三）申报与认定管理规范

**1. 申报认定规范**

《管理办法》规定，申报国家级科技企业孵化器的机构，应向所在地省（区、市）科技厅（委、局）提出申请，并由省（区、市）科技厅（委、局）负责组织专家进行评审并实地核查。评审结果要对外公示。对公示无异议的机构，由省（区、市）科技厅（委、局）书面推荐到科技部。

科技部负责对地方推荐机构的申报材料进行审核并公示。合格机构以科技部文件形式确认为国家级科技企业孵化器。

申报机构在申报过程中存在弄虚作假行为的，一经发现和查实，将取消其国家级科技企业孵化器评审资格，且 2 年内不得再次申报；组织机构和专家在评审过程中存在徇私舞弊、有违公平公正等行为的，一经查实，将按照有关规定追究相应责任。

**2.认定后管理**

一是科技部依据经国家统计局备案审批的科技企业孵化器统计报表，对孵化器统计工作进行管理。国家级科技企业孵化器须按要求及时提供真实完整的统计数据。

二是科技部依据孵化器评价指标体系定期对国家级科技企业孵化器开展考核评价工作，并进行动态管理。对连续 2 次考核评价不合格的，取消其国家级科技企业孵化器资格。

三是国家级科技企业孵化器发生名称变更，或运营主体、面积范围、场地位置等认定条件发生变化的，应在三个月内向所在地省（区、市）科技厅（委、局）报告。经省（区、市）科技厅（委、局）审核并实地核查后仍符合本办法要求的，函报科技部进行变更；不符合本办法要求的，取消其国家级科技企业孵化器资格。

## 二、科技部发布的众创空间工作指引及备案暂行规定

### （一）科技部《发展众创空间工作指引》的规范要求

2015 年 9 月，科技部发布了《发展众创空间工作指引》（以下简称《指引》），明确了众创空间的功能定位、建设原则、基本要求和发展方向，指导和推动众创空间科学构建、健康发展。

《指引》指出，众创空间是顺应新一轮科技革命和产业变革新趋势、有效满足网络时代大众创新创业需求的新型创业服务平台。众创空间作为针对早期创业企业的重要服务载体，为创业者提供低成本的工作空间、网络空间、社交空间和资源共享空间，与科技企业孵化器、加速器、产业园区等共同组成创业孵化链条。众创空间的主要功能是通过创新与创业相结合、线上与线下相结合、孵化与投资相结合，以专业化服务推动创业者应用新技术、开发新产品、开拓新市场、培育新业态。

《指引》提出，各类社会组织和有志于服务大众创新创业的个人，都可以根据各自的发展目标和资源禀赋，创办各具特色的众创空间。一般应具备的建设条件如下。

（1）众创空间的发起者和运营者，要具备运营管理和专业服务能力，可以是法人或其他社会组织，也可以是依托上述组织成立的相对独立的机构。

（2）众创空间的服务团队和主要负责人要具备一定行业背景、丰富的创新创业经历和相关行业资源，人员的知识结构、综合素质、业务技能和服务能力能够满足大众创新创业

服务需求；

（3）众创空间应具备完善的基本服务设施，能够为创新创业者提供一定面积的开放式办公空间。专注于特定产业或技术领域的众创空间，还应提供研究开发、检验测试等公共技术平台；

（4）众创空间应提供免费或低价的办公空间，建有线上服务平台，整合利用外部创新创业资源，开展多元化的线下活动，促进创新创业者的信息沟通交流。

在服务功能上，《指引》要求，发展众创空间重在完善和提升创新创业服务功能，要通过便利化、全方位、高质量的创业服务，让更多人参与创新创业，让更多人能够实现成功创业。

（1）集聚创新创业者。要以专业化服务与社交化机制吸引和集聚创新创业群体。充分激发创业者创新潜能和创业活力，发现和培育优秀创业团队和初创企业，针对不同类型创业人群特点，提供满足个性化需求的服务，提升创业者能力。

（2）提供技术创新服务。加强与高新技术产业开发区、科技企业孵化器、大学科技园、高校、科研院所及第三方科技服务机构的全面对接，为创业者提供检验检测、研发设计、小试中试、技术转移、成果转化等社会化、专业化服务，提高技术支撑服务能力。

（3）强化创业融资服务。利用互联网金融、股权众筹融资等方式，加强与天使投资人、创业投资机构的合作，完善投融资模式，吸引社会资本投资初创企业。拓展孵化服务模式，在提供一般性增值服务的同时，以股权投资等方式与创业企业建立股权关系，实现众创空间与创业企业的共同成长。

（4）开展创业教育培训。积极与高校合作，开展针对大学生的创业教育与培训，引导大学生科学创业。鼓励众创空间开展各类公益讲堂、创业论坛、创业训练营等活动，建立创业实训体系。

（5）建立创业导师队伍。建立由天使投资人、成功企业家、资深管理者、技术专家、市场营销专家等组成的专兼职导师队伍，制定清晰的导师工作流程，完善导师制度，建立长效机制。

（6）举办创新创业活动。积极开展投资路演、宣传推介等活动，举办各类创新创业赛事，为创新创业者提供展示平台。积极宣传倡导敢为人先、百折不挠的创新创业精神，大力弘扬创新创业文化。

（7）链接国际创新资源。有效整合利用全球创新创业资源，广泛开展与海外资本、人才、技术项目及孵化机构的交流与合作，实现创新创业要素跨地区、跨行业自由流动。引进国外先进创业孵化理念和模式，搭建国际创新创业合作平台，开拓国际合作业务，促进跨国科技企业孵化，提升孵化能力。

（8）集成落实创业政策。深入研究和掌握各级政府部门出台的创新创业扶持政策，向创业者宣传并协助相关政府部门落实商事制度改革、知识产权保护、财政资金支持、普惠性税收政策、人才引进与扶持、政府采购、创新券等政策措施。

### （二）科技部《国家众创空间备案暂行规定》的规范要求

2017年10月12日，科技部火炬中心印发《国家众创空间备案暂行规定》（以下简称《备案规定》），是众创空间行业规范管理的进一步明确细化，明确指出众创空间是提供创业场地、投资与孵化、辅导与培训、技术服务、项目路演、信息与市场资源对接、政策服务、国际合作等方面服务的专业创新创业平台。

1. 申请国家备案的众创空间，应同时满足以下条件。

（1）发展方向明确、模式清晰，具备可持续发展能力。

（2）应设立专门的运营管理机构，原则上应具有独立法人资格。

（3）运营时间满18个月。

（4）拥有不低于500平米的服务场地，或提供不少于30个创业工位。同时须具备公共服务场地和设施。提供的创业工位和公共服务场地面积不低于众创空间总面积的75%。

公共服务场地是指众创空间提供给创业者共享的活动场所，包括公共接待区、项目展示区、会议室、休闲活动区、专业设备区等配套服务场地。公共服务设施包括免费或低成本的互联网接入、公共软件、共享办公设施等基础办公条件。

（5）年协议入驻创业团队和企业不低于20家。

（6）入驻创业团队每年注册成为新企业数不低于10家，或每年有不低于5家获得融资。

（7）每年有不少于3个典型孵化案例。

（8）具备职业孵化服务队伍，至少有3名具备专业服务能力的专职人员，聘请至少3名专兼职导师，形成规范的服务流程。

（9）每年开展的创业沙龙、路演、创业人赛、创业教育培训等活动不少于10场（次）。

（10）按科技部火炬中心要求上报统计数据，且数据真实、完整。

从趋势上看，国家提出的"双创"升级版对众创空间提出了更高的要求，众创空间的创业服务要更加专业化，服务对象要更加接近实体经济和科技型创业，服务成效要更加注重有效产出而不仅是烘托氛围。所以，国家众创空间备案条件在实际执行时，会或多或少有逐步严格的倾向。

2. 国家备案众创空间的服务对象如下。

（1）服务于大众创新创业者，其中主要包括以技术创新、商业模式创新为特征的创业团队、初创公司或从事软件开发、硬件研发、创意设计的创客群体及其他群体。

（2）入驻时限一般不超过 24 个月。

3. 备案管理规范

（1）科技部火炬中心负责国家备案众创空间的管理工作，每年开展一次备案工作，经备案的众创空间纳入国家级科技企业孵化器管理服务体系。

（2）各省、自治区、直辖市、计划单列市、新疆生产建设兵团科技行政主管部门（简称"省级科技行政主管部门"）负责各地众创空间的备案工作，并依照本办法择优推荐。

（3）各省级科技行政主管部门负责本地备案申报受理工作，组织专家进行评审和实地核查，将评审结果对外公示，公示期不少于 5 个工作日。公示无异议，推荐到科技部火炬中心进行审核。

（4）经科技部火炬中心审核后，对符合条件的国家众创空间，报国家科技行政主管部门备案。

（5）科技部火炬中心对地方推荐的众创空间进行审核，如发现众创空间的申报材料存在虚假、瞒报等作假行为，一经查实，取消备案资格，且 2 年内不得再次申报。

（6）科技部火炬中心对国家备案众创空间进行动态管理，并适时开展国家备案众创空间的考核评价工作。每年公布一次备案名单，对连续 2 次未上报统计数据的众创空间取消国家备案资格。

# 第三节　科技企业孵化器绩效评价与管理

## 一、国家级孵化器绩效评价

### （一）评价指标体系的设计原则和评价实施

为提高国家级科技企业孵化器对科技型创业企业和科技创业人才的孵化服务水平，加强和规范国家级孵化器的管理，引导我国科技企业孵化器健康发展，促进孵化器提升孵化能力和绩效，提高社会贡献率，并作为制定政策、引领发展和动态管理的主要依据，科技部火炬中心研究制定了国家级科技企业孵化器评价指标体系（试行），用于国家级孵化器工作绩效评价。

该绩效评价体系以《科技部火炬中心关于印发国家级科技企业孵化器评价指标体系（试行）的通知（国科火字〔2013〕182号）》发布。其中，评价的原则包括三个方面。

一是目标和导向性原则。以培育战略性新兴产业的源头企业和科技创业人才为目标，以加强孵化环境和能力建设为导向。

二是科学和客观性原则。按照定性与定量、总量与比值相结合的方式，对孵化器的综合能力、整体水平和可持续发展状况进行客观评价。

三是公平和公正性原则。依据各孵化器报送科技部火炬高技术产业开发中心的统计数据和报告，通过定量分析和专家评审方式实施评价，并适时公布评价结果。

在评价的组织实施上，以国家级孵化器为对象，由科技部火炬高技术产业开发中心按照规定、标准和程序，定期组织专家进行评价，并发布评价结果，作为考核国家级孵化器的重要依据。国家级孵化器按照火炬计划和指标评价体系的有关要求，按期如实上报有关数据、报告和佐证资料。各省级科技行政管理部门，对本辖区国家级孵化器的数据统计、报告、评价工作负有指导、监督和协助的职责。

（二）评价指标体系框架

该绩效评价体系的评价指标分为三级，如表9-1所示。

表 9-1　三级绩效评价指示

| 一级指标 | 二级指标 | 三级指标 | 权重 |
|---|---|---|---|
| 服务能力 45% | 团队建设 | 1.1 服务人员数量与在孵企业总数的比例 | 3 |
| | | 1.2 接受专业培训的孵化器从业人员比例 | 5 |
| | 资源集聚 | 1.3 创业导师数量与在孵企业总数比例 | 4 |
| | | 1.4 孵化器签约的中介服务机构数量 | 3 |
| | 基础服务 | 1.5 考核期内公共技术服务平台建设情况和服务效果 | 5 |
| | | 1.6 统计和总结报告的完整性、准确性和时效性 | 4 |
| | 融资服务 | 1.7 考核期内孵化基金投资在孵企业的数量占在孵企业总数的比例 | 4 |
| | | 1.8 考核期内获得投融资的在孵企业数量与在孵企业总数的比例 | 5 |
| | 拓展服务 | 1.9 考核期内孵化器在创业苗圃和加速器建设方面的工作 | 3 |
| | | 1.10 考核期内孵化器开展国际合作和海外高层次人才引进的工作 | 3 |

（续表）

| 一级指标 | 二级指标 | 三级指标 | 权重 |
|---|---|---|---|
| 服务能力 45% | 持续发展 | 1.11 考核期内孵化器服务收入占总收入的比重 | 3 |
| | | 1.12 考核期内孵化器获得省级以上各级政府部门支持的各类项目和荣誉的数量 | 3 |
| 孵化绩效 30% | 孵化效率 | 2.1 考核期内新增在孵企业数量占在孵企业总数的比例 | 4 |
| | | 2.2 考核期内毕业企业数量占在孵企业总数的比例 | 4 |
| | 研发效率 | 2.3 获得知识产权的在孵企业数量占在孵企业总数的比例 | 5 |
| | | 2.4 考核期内在孵企业研发总投入占营业总收入的比重 | 5 |
| | 获奖情况 | 2.5 考核期内获得省级以上科技计划和科技奖励的在孵企业数量占在孵企业总数的比例 | 3 |
| | | 2.6 考核期内孵化器中获得省级以上科技领军人才计划的人数 | 3 |
| | 毕业企业 | 2.7 考核期内毕业企业的平均营业收入 | 3 |
| | | 2.8 考核期内毕业企业平均缴税金额 | 3 |
| 社会贡献 25% | 吸纳就业 | 3.1 考核当年在孵企业就业人员总数 | 4 |
| | | 3.2 考核期内大学生创办企业数量 | 3 |
| | 成功企业 | 3.3 考核期内获得高新技术企业的在孵企业数量占在孵企业总数的比例 | 4 |
| | | 3.4 孵化器毕业企业中上市、被并购或销售收入超过 5000 万元的企业数量 | 4 |
| | 品牌特色 | 3.5 考核期内孵化器开展的特色工作及突出服务案例 | 5 |
| | | 3.6 孵化模式在区域范围内的辐射效应及对当地创新创业文化氛围的营造能力 | 5 |

### （三）评价方法

#### 1. 定量指标的计分方法

首先，定量指标数据采用各国家级孵化器每年度上报的统计数据和年度报告中的部分数据 $X_{ij}$。专家评分时对定量数据进行核实。

其次，对定量指标值计分的方法是，对二级指标数据采用功效函数法进行无量纲化和百分化处理，$Y_{ij}$ 表示 $j$ 国家级孵化器第 $i$ 个指标的数值得分，$X_{ij}$ 为该项指标实际值，$X_{ij}^{(s)}$ 为该项指标不允许值，$X_{ij}^{(k)}$ 为该项指标满意值，即：

$$Y_{ij} = \frac{(X_{ij} - X_{ij}^{(s)})}{X_{ij}^{(k)} - X_{ij}^{(s)}} \times \mathrm{Pi} + \mathrm{Qi}$$

其中，$i$ 代表某项指标，$j$ 代表第 $j$ 个国家级孵化器，Qi、Pi 为常数。

### 2. 定性指标的计分方法

一是定性指标定量化。专家主要通过国家级孵化器年度报告、实地考察等方式，获得定性评估的依据。各定性指标分优秀、良好、合格、不合格四个等级，并按照等级予以赋值。

二是专家根据各定性指标不同等级的描述，根据所获得的实际资料，通过集体评议决定指标的等级。在此基础上，各位专家在所确定等级的赋值范围内进行打分，然后对所有专家的打分进行算术平均，并做无量纲化处理，得到定性指标的定量化分值。

### 3. 综合评价得分

最终综合评分为 $Z_j = \sum_{i=1}^{n} Y_{ij} S_i W_i T_i$。

其中，$S_i$ 为第 $i$ 项指标的权重，$W_i$ 为第 $i$ 项指标所属二级指标权重，$T_i$ 为第 $i$ 项指标所属一级指标权重。

### （四）指标意义与原理

### 1. 服务能力

（1）服务人员数量与在孵企业总数的比例：指孵化器服务人员数量与孵化器内在孵企业总数的比例。该指标也称孵化幅度，比例过大意味着孵化器投入的孵化服务人员力量不足，服务能力差，过小则意味着人力资源浪费。

（2）接受专业培训的孵化器从业人员比例：指孵化器的从业人员参加国家孵化器行业认可的专业培训，并取得资格或证书的人数与孵化器从业人员总数的比例。该比例显示了孵化器对于自身从业人员专业培训的投入力度，比例越大，证明更多的从业人员接受了培训，该孵化器应具有较强的服务能力。

（3）创业导师数量与在孵企业总数比例：指孵化器聘请的，并在省级以上科技主管部门备案的创业导师的数量与在孵企业总数的比例。该比例显示了孵化器对创业导师工作的投入力度，比例越大，证明孵化器聘请的创业导师越多，更具有创业咨询辅导能力。

（4）孵化器签约的中介服务机构数量：指与孵化器签订合同的为在孵企业提供各类专业服务的中介机构的数量，包括会计师事务所、律师事务所等。该数量应匹配孵化器的专业化服务工作，表明孵化器利用社会化服务的水平。数量过少，表明孵化器利用社会化服务的水平低、能力差；数量过大则有服务不够深切落地、追求虚名之嫌。

（5）考核期内公共技术服务平台建设情况和服务效果：指考核期内，孵化器对公共技术服务平台的建设和完善情况，以及在孵企业使用公共服务平台的情况。该情况由孵化器撰写上报的年度工作报告反映，应包括报告期公共技术服务平台的种类和数量，建设投入情况，平台的状况，使用人次、频率等的记录情况，产生的成效、发生的费用与收入情况，以及存在的问题和解决的对策等。

（6）统计和总结报告的完整性、准确性和时效性：指考核期内，孵化器承担的火炬计划统计、总结报告及有关数据调查等工作，是否完整、真实、准确、及时。该指标反映了孵化器管理的合规性，以及管理的能力和水平。

（7）考核期内孵化基金投资在孵企业的数量占在孵企业总数的比例：指考核期内，获得孵化基金股权投资的在孵企业的数量与在孵企业总数的比例。该指标反映孵化器孵化基金的投资能力，也反映在孵企业的质量。但如果该比例过高，即投资企业的数量超过了本孵化器在孵企业数量的合理限度，则不具合理性。

（8）考核期内获得投融资的在孵企业数量与在孵企业总数的比例。该指标反映孵化器融资服务能力，也反映在孵企业的质量。但如果该比例过高，即融资企业的数量超过了本孵化器在孵企业数量的合理限度，则不具合理性。

（9）考核期内孵化器在创业苗圃和加速器建设方面的工作。该工作情况由孵化器撰写上报的年度工作报告反映，应包括报告期内孵化器如何聚集资源，建设了什么样的创业苗圃和加速器，创业苗圃和加速器工作开展得如何，取得了什么样的成效。

（10）考核期内孵化器开展国际合作和海外高层次人才引进的工作：指考核期内，孵化器在开展国际孵化业务培训、国际技术转移、国际项目对接，以及引进留学人员和海外高层次人才到孵化器创业等方面的工作。该内容由孵化器撰写上报的年度工作报告反映，应全面描述报告期上述工作开展的情况。

（11）考核期内孵化器服务收入占总收入的比重：指考核期内，孵化器为在孵企业提供各类服务所获得的收入（不包括房租或物业管理等收入）与孵化器总收入的比例。该指标反映孵化器的服务能力，也反映孵化器的运行机制与商业模式。该比例过低，表明孵化器的服务能力差，运行机制与商业模式合理性差；与场地面积不相协调的高比例，意味着孵化器的运行处于不协调状态。

（12）考核期内孵化器获得省级以上各级政府部门支持的各类项目和荣誉的数量：指考核期内，孵化器本身获得省级以上各部门（包括科技、教育、人社、工信、商务等）支持的各类项目和荣誉的数量。该指标反映孵化器的发展能力，并反映孵化器做出的社会贡献及被认可的程度。

**2.孵化绩效**

（1）考核期内新增在孵企业数量占在孵企业总数的比例：指考核期内，新增入孵企业数量与在孵企业总数的比例。该指标反映孵化器的运行是否正常、合规，以及创造新的孵化绩效的潜力。正常合规运行的孵化器，每年都应有一部分企业毕业，同时吸纳一部分新的入驻企业。该比例应该在一个合理的区间，除非该孵化器当年新增了一部分孵化场地，或集中毕业了一大批企业。

（2）考核期内毕业企业数量占在孵企业总数的比例：指在考核期内，孵化器的毕业企业数量占在孵企业总数的比例。该指标直接反映孵化器的孵化绩效，以及孵化器运行是否正常。该比例应该在一个合理的区间，除非该孵化器当年新增了一部分孵化场地，或集中毕业了一大批企业。

（3）获得知识产权的在孵企业数量占在孵企业总数的比例：指获得各类知识产权授权（包括专利、软件著作权、集成电路布图设计、植物新品种等）的在孵企业数量与在孵企业总数的比例。该比例反映在孵企业的运行质量，也反映孵化器的创新业绩。

（4）考核期内在孵企业研发总投入占营业总收入的比重：指考核期内，在孵企业用于技术研究开发的资金总额与在孵企业营业总收入的比例。该比例反映在孵企业的运行质量，也反映孵化器的创新业绩。该比例应该在一个合理的区间。

（5）考核期内获得省级以上科技计划和科技奖励的在孵企业数量占在孵企业总数的比例：指考核期内，获得各类省级以上科技计划（基金）立项和省级以上科技奖励的在孵企业的数量占在孵企业总数的比例。科技计划包括但不限于：自然科学基金、"973计划"、"863计划"、科技攻关计划、重点新产品计划、科技惠民计划、成果重点推广计划、科技型中小企业技术创新基金、农业科技成果转化资金、火炬计划、支撑计划、星火计划、科技基础条件平台建设计划、国际科技合作计划、重点试验计划、工程技术研究中心、软科学研究计划、科研院所计划开发专项等。该比例反映在孵企业的运行质量，也反映孵化器的创新业绩。

（6）考核期内孵化器中获得省级以上科技领军人才计划的人数：指考核期内，在孵化器内获得省级以上科技领军人才计划的人数，包括"千人计划""万人计划""长江学者"等。该比例反映在孵企业的运行质量，也反映孵化器的创新业绩。

（7）考核期内毕业企业的平均营业收入：指在考核期内毕业企业实现的平均营业收入。该比例反映在孵企业的运行质量，也反映孵化器对当地经济发展的贡献。

（8）考核期内毕业企业平均缴税金额：指在考核期内毕业企业实现的平均缴税金额。

该比例反映在孵企业的运行质量，也反映孵化器对当地经济发展的贡献。

**3. 社会贡献**

（1）考核当年在孵企业就业人员总数。该指标是考核孵化器社会贡献的突出指标之一，反映孵化器对社会所做贡献的程度。

（2）考核期内大学生创办企业数量：指考核期内，大学生在孵化器内创办的科技企业数量。该指标反映孵化器服务大学生创业的能力和贡献。

（3）考核期内获得高新技术企业认证的在孵企业数量占在孵企业总数的比例：指在考核期内，获得省级高新技术企业认证的在孵企业的数量与在孵企业总数的比例。该指标是我国科技企业孵化器的特色指标，反映孵化器为高新技术产业化做出的贡献，也同时反映孵化服务质量和创业企业质量。

（4）孵化器毕业企业中上市、被并购或销售收入超过 5000 万元的企业数量：指从孵化器毕业的企业中，上市、被其他企业收购或控股的，或销售收入超过 5000 万元人民币的企业的累计数量。该指标是考核孵化器社会贡献的核心指标，是孵化器是否成功的标志，也反映了孵化器跟踪服务毕业企业的状况。

（5）考核期内孵化器开展的特色工作及突出服务案例：指考核期内，孵化器组织的有关人员培训、项目对接、产品展示、人才引进、市场开拓、国际合作等特色服务活动，以及考核期内孵化器对在孵企业服务中成效显著的案例。该情况由孵化器撰写上报的年度工作报告反映，应详细描述所要求报告的内容，至少要突出自身特色方面的内容。

（6）孵化模式在区域范围内的辐射效应及对当地创新创业文化氛围的营造能力：指孵化器的孵化和服务模式在当地的引领和辐射作用，以及通过宣传火炬创新创业品牌，在当地营造的文化氛围。该情况由孵化器撰写上报的年度工作报告反映，应将自身在这些方面所起到的作用尽可能反映出来。

## 二、孵化器绩效评价管理实践

### （一）评价结果与运用

《科技企业孵化器管理办法》规定，科技部依据孵化器评价指标体系定期对国家级科技企业孵化器开展考核评价工作，并进行动态管理。对连续 2 次考核评价不合格的，取消其国家级科技企业孵化器资格。这表明，对科技企业孵化器的发展既有政策支持，又有政策约束。

自 2011 年开始，科技部即已开始实施国家级科技企业孵化器动态管理机制，连续两年复核或评价结果不合格的国家级孵化器，取消其国家级资格，形成了国家级科技企业孵化器退出机制。自 2013 年开始，根据科学制定的《国家级科技企业孵化器评价指标体系（试行）》，科技部开展了国家级孵化器绩效评价工作。评价结果分为优秀（A）、良好（B）、合格（C）和不合格（D）四个等级。评价结果为优秀的国家级孵化器，在安排相关科技计划项目和表彰时，予以优先考虑。不按规定时间和要求提供评价资料的或提供虚假评价资料的国家级孵化器，视为不合格。

经过对 2013 年度 504 家国家级科技企业孵化器的考核评价，73 家被评为优秀，213家良好，192 家合格，26 家不合格；2014 年度对 608 家国家级科技企业孵化器的考核评价结果为，97 家被评为优秀，247 家良好，246 家合格，17 家不合格，另有 1 家因机构合并原因未参加此次评价。在这两个年度的考核评价中，获得优秀国家级科技企业孵化器的共计 131 家，其中 39 家国家级孵化器连续两年被评为优秀，成为我国国家级孵化器中的标杆。

对 2015 年度 603 家国家级科技企业孵化器的考核评价结果为，100 家优秀，240 家良好，241 家合格，22 家不合格；对 2016 年度 863 家国家级科技企业孵化器的考核评价结果为，140 家优秀，347 家良好，347 家合格，29 家不合格；对 2017 年度 988 家国家级科技企业孵化器的考核评价结果为，139 家被评为优秀，414 家良好，405 家合格，30 家不合格。

2014 年至今，总计已有 19 家孵化器因评价不合格或主动放弃评价，被取消了国家级科技企业孵化器资格。这项工作的开展，使得我国保持了一支高标准、高质量、高绩效的国家级孵化器队伍，并引导和促进了全国孵化器健康发展。

（二）参加评价工作需注意的事项

统计报表的填报是评价的重要基础。各孵化器应建立完善的档案管理制定和统计工作体系，完整搜集相关数据和情况，认真填报。要特别注意避免因数据单位谬误（如将应该填写为"千元"的填成了"元"或"万元"）、小数点谬误造成的数据失实，更不得在统计数据上造假。

各国家级孵化器除了应按时认真填报每年度上报的统计数据外，还必须认真撰写年度工作报告，并将统计表中无法体现但考核评价有所涉及的相关内容突出出来，以全面反映孵化器所做的各方面工作，并供考核评价使用。实际工作中，个别国家级孵化器对年度工作报告不够重视，或文不对题，或简单敷衍，对考核评价工作产生了极大的消极影响。

【思考题】

　　1. 请描述你所在省、市、县孵化器的支持政策。

　　2. 你所在的孵化器通过参加孵化器考核评价活动获得了什么样的启发？改进了什么工作？

## 第十章
# 孵化器发展的转型升级

我国经济发展进入了新时代，正处于新旧动能转换和经济结构升级的关键时期。深入实施创新驱动发展战略，营造更好的创新创业环境，深入推动大众创业、万众创新，构建大中小企业跨界融合发展，资源与收益共享的新型产业生态，打造动力更加强劲的经济发展新引擎，对孵化器提出了转型升级要求。孵化器行业的进步，需要解决一些孵化器活力不足、能力不够的问题，也对孵化器自身提出了转型升级要求。

孵化器转型升级，要求孵化理念升级、手段升级、方式升级、层次升级、能力升级、规模升级、水平升级，最终体现为孵化成效升级，在新时代推动质量变革、效率变革、动力变革。孵化器转型升级的核心是服务升级，关键是构建良好的双创生态体系，推动双创主体协同融通，进一步优化创新创业资源配置，打通从创业载体到实体产业的链条，提升服务实体经济能力。

## 第一节　科技企业孵化器的发展趋势

### 一、21 世纪创新创业活动的新特点

当前，全球正在兴起新一轮科技革命和产业变革，正处于生产方式转变、传统产业调整、新的主导产业诞生的经济发展新周期。创新资源全球配置加速，新技术、新产品、新业态、新模式层出不穷，共享价值、商业生态圈与企业竞争范式发生重大变革。创新与创业相生相长，创新成为创业的原动力，创业为创新的价值实现提供出口。世界各国都寄希望于通过更多的创新创业活动触发经济发展新动能，例如美国在 2011 年推出"创业美国计划"，韩国制定了"创造经济"发展战略。创业正在全球范围内流行，大量经济参与者

拥有无穷动力和激情进行创新，互联网与传统产业的跨界融合催生出大量创业领域，消费长尾需求令创业机会俯拾即是，新技术手段提供便捷工具，让社会大众可以快捷地将创意和想法转化为现实产品和服务，降低了大众创新创业的门槛和成本，"鼓励创业、宽容失败"的社会氛围吸引更多人投身创业。创业大爆炸引发创业服务的巨量需求，创业孵化服务变得更加重要。

新经济的兴起是企业家时代的兴起，主要受企业家精神和中小企业所驱动。新经济时代的变化是持续加速的，其特征是收益增加、正反馈、规模经济性弱、进入障碍低，脑力和智力成为关键资产，真正短缺的资源是人的想象力和知识而不是基本的原材料。

面对新一轮科技与产业革命创造的历史性机遇，我国经济发展进入高质量发展时期，大众创业、万众创新成为发展新引擎。我国实施创新驱动发展战略，更加注重发挥企业家才能、科技进步和全面创新，加快内外开放，市场要活、创新要实、政策要宽。科技创新要服务于经济社会发展大局，为我国经济发展培育新的增长点，更广泛释放全社会的创新创业活力，不断增强创新发展的驱动力。要加快包括创业孵化在内的科技服务业发展，顺应网络时代推动大众创业、万众创新的形势，构建面向人人的创业服务平台，激发亿万群众创造活力，培育各类创新人才和创新团队，带动扩大就业，打造经济发展新的发动机。

我国已形成创新创业的良好环境和发展格局。遍布各地的国家高新区、大学科技园、企业孵化器和众创空间，有力促进了科技与经济紧密结合，支撑了经济社会快速发展。创新创业环境不断改善，带动全国创新创业活动，规模加速扩大，活跃度大幅提高，效率显著提升，创新创业成为具有时代气息的价值导向和生活方式。同时，国务院和各地方政府不断完善推动创新创业的系统政策，为我国创新创业大发展、提供了政策环境保障。

当前，我国创新创业呈现出诸多新特点，创业热潮汹涌澎湃。随着科技进步加快和社会高速发展，科技创业的形态、特征不断演化，发展出了一些新趋势：创业主体从"小众"到"大众"，出现了众多草根创业者、大企业高管及连续创业者、科技人员创业者、留学归国创业者；创业活动从内部组织到开放协同，内生创业、衍生创业以及公司创业活动动力十足，大公司和高校院所衍生创业活动体现出资源基础优势；创新与创业融合发展，云计算、信息安全、生物技术、智能社会等大批高水平创业企业伴随着高水平创新集中涌现；高校院所和大企业开放仪器设备与创新平台，互联网、开源平台降低了创业成本；创业理念从技术供给到需求导向，出现了更多商业模式创新，改变了商品供给和消费方式；社交网络连接了青年创客的奇思妙想与用户的个性化需求，用户体验成为创新创业的出发点。跨区域的创业活动越来越发达，哪里有新市场，哪里就有创业，创业活动也反过来不断拓宽新市场；创业活动与资本的结合越来越紧密，创业资本强度大幅增加，风险资本切入创业活动的阶段不断前移；跨国创业活动日益活跃；在个体创业成功的同时涌现出更多的团队协同创业；创业成功的周期大大缩短，明星企业短短几年就能达到惊人的销售收入；围绕产业创新的创业活动不断缔造新兴产业；成功企业家开始担负创业导师天使投资人角色，形成了创业资源与知识人才之间的良性促进与循环。

## 二、科技企业孵化器面临的新挑战新机遇

我国创新创业进入新一轮高潮，成为全球创业最活跃地区之一，创业的形态和特征也不断演化。这些新变化对营造创业环境提出了新的挑战和要求，要求建成主体协同、要素聚合、机制健全、环境友好的，各类创新创业主体以及人才、资金、技术和信息等要素全面融入的创新创业生态。

我国创新驱动战略深入实施，国家着力推动科技成果转化，鼓励科研人员创新创业，推进制度改革，营造有利于创新创业的市场环境。国务院出台一系列支持和鼓励创新创业的政策文件，综合利用财政、税收等多种政策工具，支持构建大中小企业、高校、科研机构、创客多方协同的新型创新创业生态，提倡打造众创、众包、众扶、众筹平台，倡导创新创业文化。

孵化器发展已经上升到国家发展战略层面，在营造优良的创新创业生态环境，促进科技成果转化和产业化，汇聚更广泛的创新创业资源，激发社会各界力量参与创新创业，开辟新的经济增长点等方面，将发挥关键作用。

孵化器行业发展面临新变革，孵化器的核心是创业服务。科技创业的大发展，对孵化器行业产生了巨大需求，创业服务向高端化发展。创业的本质既是创新，也是企业家创造性的资源组织过程，包括创新技术的市场化过程与知识产权的转移和商业化过程，人才、资本的组织与调度，技术与商业伙伴的缔结，市场的开发等，都是孵化器提供创业服务的重要切入点。

我国孵化器行业尽管面临着很多发展中的挑战，同时也迎来了全面深化发展的新机遇。孵化质量提升引导孵化器向专业化、链条化、多层次、立体化发展。在形态上，物理空间的重要性相对降低，导致更加关注新奇创意的众创空间大量出现，形态不拘一格。孵化器与外界联系更加密切，平台功能显现，产业组织者地位不断加强。孵化器的建设主体更加广泛，管理团队更加专业；创业社区、集团发展、连锁经营等新组织模式的出现逐渐实现了孵化器跨地区发展。这些变化对于孵化器的资源组织、人才团队、运营管理等多方

面能力建设提出了更高要求，也指出了未来发展的关键领域。

## 三、发展导向与趋势

新时期，孵化器行业将体现出以政府主导转向市场与政府共同发力，科技孵化由"器"之形转向"业"之态，产业孵化器将不断涌现，孵化模式由以孵化器为中心转向以用户为中心，以基于国内资源的创业孵化转向全球配置资源等主要趋势。孵化服务将更加重视创新创业生态建设，各类市场主体进入孵化服务市场，不断创造新模式与新机制，形成多种力量、多种模式、多种机制共同促进的全链条、多层次、立体化格局。

第一，市场与政府共同发力。围绕市场在资源配置中的决定性作用，我国启动了一系列政策释放市场潜能，通过进一步简政放权、商事制度改革等系列举措，推动大众创业创新，释放创业红利。我国孵化器将出现公益型与营利型并行、后者逐渐发挥主导作用的态势。政府直接创办孵化器的行为会越来越少，同时加大对各类组织建立孵化器的资助力度。各类市场主体建立的孵化器更多采用营利型模式，兼顾公共服务的提供。另一方面，在推进有条件的事业单位转为企业或社会组织的过程中，传统的国有创业中心面临分类改革或改制，一部分将转变为混合所有制企业，探索所有权和经营权分离运营模式。这将有利于传统孵化器去行政化，调动经营团队的创造力，增强市场竞争力。

第二，科技孵化由"器"之形转向"业"之态。我国创业经济初露端倪，大量经济参与者持续进行创新，大量创业公司迅速崛起，前沿性或突破性的创新成果不断涌现。因此，我国创业孵化机构数量必将大幅增长，孵化机构的形态也会更加丰富，比如创客与极客空间、科研院所与企业内设孵化机构、虚拟孵化器、高校实训与创业教育相结合的导师工作站等。

第三，产业孵化器将会涌现，孵化重心不再是单个初创企业，而是专注于某个细分产业，沿着产业链条提供精细的产业孵化服务、垂直细分服务。这种重度垂直孵化模式包括"互联网＋"的模式，大企业内生创业模式等，将在互联网、智能制造等新兴产业及传统产业与新兴产业跨界融合等领域，催生新的产业形态，并带动传统产业转型升级。

第四，孵化模式由以孵化器为中心转向以用户为中心。越来越多的人认识到，孵化业绩并不主要依赖于孵化硬件，而要靠有效的孵化模式。孵化模式是孵化器促进科技创业企业成长的策略方法，包括给创业者提供何种资源、如何提供等。我国从学习美国孵化器的基础商务服务模式开始，到吸纳以色列的"教练＋投资"模式，随着孵化实践不断深化，创业经济的发展将推动孵化器以市场为导向，探求更为有效的服务供给方式。面向产业、面向创业企业问题，组织技术、资本、人才、产业等创新创业资源要素，在提供第三方乃至第四方服务上成为服务方式不断创新的资源组织者、集成者。

未来的孵化器将建立以市场需求为导向的创业生态，实行小批量、高强度、集约化孵化，包括提供直接投资和一对一或多对一的创业导师服务，创业资源高度集聚，完成高增值服务，帮助创业者制造出满足个性化需求的高质量利基产品，从而满足市场的个性化、多样化消费需求，引导社会资本投向新技术、新产品、新业态和新商业模式，不断创造新的投资空间，创新投融资方式。

第五，从基于国内资源的创业孵化转向全球配置资源。我国高速发展的经济和庞大市场资源与全球愈加高度融合，对国际创业者的吸引力越来越强，有利于我们利用两个市场、两种人力、两方资源，更有效地从事创业孵化活动。"哑铃型"结构的国际企业孵化器发展正当其时。在"哑铃"的一端，是我国一部分孵化器转型或建立的国际企业孵化器，以及国外孵化机构来华建立或合作建立的孵化机构；在另一端，我国孵化器赴海外建立或合作建立海外孵化基地。"哑铃"两端一体化的孵化活动将使分阶段孵化、技术与资金互补合作等变得更加高效，加速了企业成长。这类孵化器孵化成功的企业也更加国际化，将促进我国经济与世界经济深度融合。

第六，我国的孵化器将形成集聚整合趋势。面对创新创业活动的复杂化、全球化，单个孵化器将难有大作为，全行业以及全链条的协调融合显得不可或缺。

创业社区型孵化器将得到发展。众多小而精的孵化机构与专业特色明显的创业服务资源高度聚集，包括了导师、天使投资、财务、法律、咨询、创业公寓等创业及生活服务，形成创业者找圈子、找技术、找项目、找钱、找人、找咨询、找代办等创业生活生态圈。社区型孵化器主要扮演服务管理者角色，服务这些专业机构，并统一规划，协调促进。

# 第二节　转型升级的战略方向

## 一、通过理念升级提升孵化服务

### （一）从依赖硬件设施向强调软服务和软环境升级

孵化器建设者和管理者必须要更新理念，充分认识孵化服务过程中企业管理经验的传授、创新创业制度建设等方面的重要作用，要更多发挥人的创业精神，从强调孵化场地和设施等硬件，转变到更加强调软服务和软环境的建设上来。优秀的孵化器要讲好两条"故事线"，一个是创业者自身创业的故事线；另一个是孵化器如何通过软服务和软环境切实促进创业的故事线，即如何为那些具有创新优势和良好市场发展前景的创业企业提供一系列服务支持，降低创业者的创业风险和创业成本，提高创业成功率。

### （二）从政策性保护与支持向价值创造升级

随着我国创业环境大幅改善，孵化器对天使投资、创业导师、专业技术等创业要素资源凝聚能力显著提高，对创业企业的影响已不再偏重政策性保护与支持，孵化服务价值链从价值转移向价值创造过渡，即孵化服务的价值不再局限于政策的传递、物业与设施等有形价值的"转移"，而是利用孵化器内外部资源，通过筛选、咨询、投资等孵化活动，重新塑造孵化服务价值链。

### （三）从提供普遍性资源向服务定制化升级

孵化器管理团队的孵化知识和经验逐步积累，孵化服务逐步从为所有孵化企业提供普遍性资源转向对每个孵化企业提供个性化、定制化、一对一的帮扶。孵化器通过向不同的创业者提供各具特色的深度孵化解决方案来为科技企业创造价值，加速其成长。孵化器的孵化服务要逐步加深对创业活动的介入程度，孵化活动要有针对性地辅助创业活动，增强与孵化企业的融合，使孵化企业对孵化器资源与指导的依赖性、黏性增强。

### （四）从大而全的服务体系向突出重点服务升级

科技企业孵化器从最初的基本服务做起，逐步拓展服务范围，正在开发更多的服务种类和项目，加大服务广度。同时，孵化器也不断深化服务，力图以更加专业的方式和专业的内容服务创业企业发展，增强服务深度。我国科技企业孵化器已形成了整体上内容丰富的服务体系。随着孵化实践的深入，创业企业成长的关键环节得到普遍认同和把握，孵化服务重点也愈加突出。随着我国社会化服务体系愈加发达，单个孵化器不再需要追求大而全的服务体系，更应该结合自身特点，深刻把握并突出具有鲜明特色和实际成效的服务。

### （五）从坐等孵化向主动孵化升级

我国孵化器需要转型到技术驱动、市场驱动、人才驱动、资本驱动、创新驱动的新阶段，要更多运用市场化手段、资本化途径，深度孵化企业。孵化活动要进一步增强主动性，预先完成需求挖掘、产品定义、用户定位、功能设定及市场定位等多方面的创业方案，再逆向寻找符合特定要求的创业团队并给予强大的导师辅导和高强度训练，辅之以必要的资本、资源、人才、产业链以及市场渠道等，促进创新产品和服务开发，实现组织创业、逆向孵化和产业链融入，加速团队和企业成长，提升孵化活动对创业活动的影响力、创造力。

### （六）从传统服务手段向现代服务手段升级

当代技术特别是信息技术的创新发展，为孵化服务提供了大量新的选择，互联网、大数据、开源平台、人工智能等新工具、新手段层出不穷。创业管理作为管理科学日臻完善，不仅为创业孵化提供了创业与企业成长的普遍规律，还提供了企业发展评价、商业模式设计等技术手段。同时，创新和创业活动越来越不受地理空间约束。虚拟孵化、云孵化、跨境孵化、开放孵化、智能孵化、接力孵化、垂直孵化、精细孵化等基于现代技术和手段以及新型商业模式的孵化模式正在显露出无穷魅力和潜力。

## 二、扩张与创新发展

孵化器的转型升级是发展的升级，而发展不仅是能力提升，更要在扩张中创新发展。

### （一）集团化连锁经营发展

虽然创业孵化服务的地域特色很明显，特别是创业服务的个性化尤为突出，但是资本、市场、技术、人才、渠道等创业孵化要素的普适性在不同地域之间仍然存在，使孵化器建设与发展的成功经验进行异地复制成为可能。具有较雄厚经济实力、管理经验和人才积淀的孵化器可向集团化连锁经营发展。连锁经营发展可以是本地卫星型发展、跨区域连锁发展和跨国连锁发展。

连锁、品牌化发展促进了国内区域创新资源的协同互补。国内创新资源分布具有不均衡的特点，孵化器通过连锁经营等模式，可以紧密结合当地的创业需求，输出成功的管理、服务、运营模式等，形成创新资源的传导效应，帮助资源匮乏地区实现有效创新创业，极大优化区域创新体系。

我国一些跨地域甚至跨国成功发展的孵化器，已经为孵化器集团化连锁经营提供了鲜活的榜样。这样的成功案例包括：武汉东湖创业中心在成都、苏州实现异地发展；苏州博济科技创业园在上海、常州、南京等地实现了异地发展；清控科创在全国多地实现连锁发展等。

> **>> 延伸阅读——博济科技创业园**
>
> 　　博济是国内最早一批以民营力量进入科技园区的企业，拥有博济科技园、O'Park 中国园区在线、创客邦三大品牌。创客邦是建立创业服务、天使投融资对接和资源整合的平台。目前，创客邦已与 100 家投资机构合作投入 8 亿元创业基金，打造"O2O 创业孵化＋创业投资＋增值服务"的创业孵化融合发展新模式，在南京、上海、深圳、广州、杭州、武汉、成都等 20 多个城市运行了 30 多个孵化基地，建成"公共苗圃-创业孵化-加速器"的创业全链条，培养创客团队 200 余个。O'Park 中国园区依托互联网平台，开发了企业社区、在线办公、企业服务、项目路演、空间共享等功能，能够充分发挥互联网工具、平台、市场的作用，指导全国各地众创空间建设及创新创业双创服务，是创新与创业相结合、线上与线下相结合、孵化与投资相结合的园区。

## （二）国际化拓展发展

　　孵化器走出去吸引整合海外创新资源是我国孵化器转型升级的重要环节。随着移动互联网的深化，全球科技产业发展呈现出新的趋势，国内外创新创业项目在技术、商业模式上日趋同步，孵化器必须要通过有效整合全球创新创业资源，广泛开展与海外资本、人才、技术项目及孵化机构的交流与合作，实现创新创业要素跨国、跨行业自由流动，在国际孵化中充分对接全球创新链，要充分利用全球资金链和充分吸纳全球创新创业人才。

　　我国孵化器正在加快"走出去"步伐，已在全球布局 123 家海外孵化器。比如，启迪控股在美国硅谷、韩国、俄罗斯、日本等地设立创源孵化器、美-中硅谷工程创新孵化器等海外孵化器；西安高新区创业园发展中心与 US-MAC 美国市场拓展服务中心、德国柏林安德尔斯霍夫科技园、新加坡科学院等多个科技园及孵化器共建海外共同孵化网络，获得 2015 年度亚洲企业孵化器协会"最佳孵化器奖"。

> **>> 延伸阅读——瀚海的国际化发展**
>
> 　　2012 年 2 月，中关村瀚海硅谷科技园在中美经贸合作论坛上成功签约，并于 2012 年 6 月在美国硅谷正式开业。中关村瀚海硅谷科技园由瀚海控股集团投资建立，是中国第一家在海外投资置业建立的高科技园区。2013 年 5 月，美国加州定量生物科学研究所（QB3）与瀚海集团联合发起建立了瀚海 QB3 生物医药孵化器，该孵化器利用加州大学在医药科学与生命科学领域的优势积极构建生物医药产业国际科技合作平台，创新服务模式，促进中美医药产业的发展。2013 年 7 月，淄博瀚海慕尼黑科技园在德国巴伐利亚州慕尼黑市成立，搭建中德先进制造国际孵化服务平台。瀚海还部署计划形成了"7+7"格局，即国内 7 个园区与机构，海外 7 个园区与机构，以"旧金山—洛杉矶—波士顿—多伦多—温哥华—慕尼黑—新加坡"为主线，构造欧美亚"科技＋文化＋旅游"三位一体跨国产业链，搭建国际创新交流云服务平台，实现中外共赢发展。

（三）多形态转型发展

孵化器转型升级中，形态多样化是孵化器行业持续发展的标志。

我国大众创业、万众创新的时代已经来临。知识群体在人口中的比重大幅上升，已经形成大规模知识群体的聚集；人民富裕水平的提高，已经形成"资本＋知识"的大众化；在互联网环境下，"个脑"变成"群脑"，开放代替了封闭，在线组织的力量解决了群脑的价值创造困境；新业态带来了新需求，握有小资本的大众也可以实现软产品、智力产品的灵活制造。新时代的双创更加体现了劳动者的主体性、创造性，改变了劳动模式、就业模式、经济发展模式，"去中心化"的社会组织行为改变了生产经营的组织方式、产生了新的财富创造方式，使得个体劳动变成了集体劳动进而演变成大协作生产。

在相互分享、协同与竞争中共生的众多孵化器，是以线上线下相结合方式汇集资源的平台。适应双创经济发展，众多开放式、社会化、专业化的平台，将在促进全球化、长链条合作经济发展中起到不可或缺的作用。不再强调孵化场地、办公设施、研发硬件设备的孵化器也可以是好的孵化器；利用互联网去中心化的，由集中供给变为多点分散供给的互联网虚拟孵化器同样有可能成功。基于孵化场地和硬件供应的传统孵化器面临变革；以用户为中心的细分市场孵化器必将大行其道；孵化器在扁平化发展的同时，产业孵化器将会沿着产业链条提供精细的产业要素孵化服务。开放式、小批量、高强度、集约化孵化的小而精的孵化器将得到认同与发展。

>> **延伸阅读——猪八戒网**

猪八戒网以"创新互联、创业互通"为理念，致力于成为中国领先的服务众包平台。自2005年成立以来，已成为中国领先的双创支撑平台，讲诚信的服务交易平台，中小微企业的成长伙伴。2015年，注册用户已超1800万，交易额75亿元。猪八戒网2011年成立了美国休斯敦分公司，在英国、马来西亚设有分支机构，合作伙伴包括微软、惠普、金山、阿里巴巴、谭木匠等，已为中国、美国、英国和马来西亚等25个国家和地区的用户提供了定制化创意服务。

2005年，《重庆晚报》记者朱明跃以500元人民币发帖悬赏外包开发猪八戒网初始版；2006年CCTV《新闻联播》报道猪八戒网威客模式，猪八戒网开始商业运作；2007年猪八戒网被评为"中国最佳商业模式100强"，获得博恩科技集团500万元人民币天使投资；2008年猪八戒网入选"中国商业网站百强""最具投资价值网站"；2009年猪八戒网启动"腾云计划"，业绩实现跨越式增长；2010年猪八戒网注册用户规模列同行业第一名，举办首届"全球威客大会"；2011年，猪八戒网获IDG资本666万美元A轮投资，开始进入国际服务众包市场；2012年，猪八戒网被评为"国际文化产业示范基地"，获中国企业"未来之星"称号；2013年，猪八戒网注册用户超过1000万，被评为"国际电子商务示范企业";2014年,猪八戒网获IDG资本和重庆文投集团1750万美元B轮投资,成为中国领先的服务众包平台;2015年,猪八戒网获赛伯乐投资集团和重庆北部新区产业投资引导基金26亿元C轮融资,放弃佣金模式,实施"数据海洋+钻井平台"战略并全面推进;2016年,猪八戒网围绕打造创业创新生态,进一步打造百城双创服务平台。

猪八戒网实现了华丽的转型升级:在猪八戒网1.0佣金时代,买方(技术或设计需求方)提出悬赏金额,注册用户(供方)提交完成工作,猪八戒网收取20%项目成交佣金;在猪八戒网2.0双边时代,盈利模式扩展到"项目成交佣金+会员费+广告费";进入猪八戒网3.0众包时代,猪八戒网基于用户大数据进行挖掘,利用海量的中小微企业用户、有专业技能的服务商和原创作品库等客户资源和设计资源,为海量的中小微企业用户推送服务,通过这些服务获取更大的收益,开发了新的商业模式,为客户创造了更大商业价值。

具体模式是,猪八戒网拓展数据海洋,构建"钻井平台":在雇主和服务商之间做"交易撮合",通过线上交易平台获取数据海洋,同时,利用在众多城市设立的智能园区、教育平台和创业孵化器等八戒园区,整合跨领域的知识产权、金融、工程、印刷等业务,以一站式服务提供给海量的中小微企业用户。猪八戒网已成为中国最大的创新创业的服务众包平台,成为企业服务平台型生态系统(如图10-1所示)。

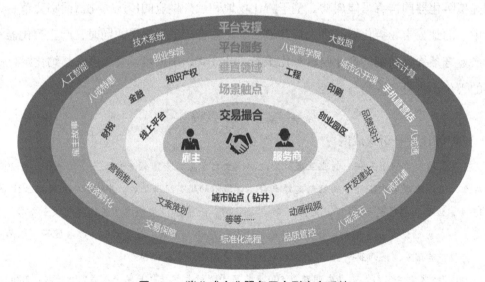

**图10-1 猪八戒企业服务平台型生态系统**

当前,猪八戒网进入了两轮驱动时代:通过"大数据+钻井平台"和"百城双创"(即到100座城市建猪八戒创业园区服务创新创业),以"线上+线下园区模式",既推动各地双创发展,又实现自身壮大,实现自身价值。猪八戒网已在北京、上海、广州、深圳、天津、成都、武汉和宁波等28个城市开设八戒园区。

### （四）孵化器衍生区域创新创业载体集群——创业社区

孵化器向区域创新创业载体集群发展，拓展了孵化器发展的维度，以便利的生活服务设施和有利于思想交流的环境，大幅度降低创业者的创业成本并提高工作效率，还将创业孵化演变成创新创业文化，对经济发展和社会生活产生深远影响。随着"产城一体"的理念逐渐获得认同，那些在建设规划时就能够兼顾生产、生活两方面需求的孵化器，在入驻招商和成功孵化方面比其他同行而言，更加具有竞争优势。人们不再将孵化器简单地视为一个孤立的生产性设施，而是将其看作围绕创业者高效创业、有品质生活的创新创业综合体的核心部分，孵化器已成为创业社区衍生发展的最活跃要素。孵化器或孵化器集群不仅培育高新技术产业，在地域形态上也发挥着营造创业社区的功能。通过双创社区形式实现线上服务平台与线下创新创业资源的有效对接，改造旧城市或社区并使其焕发新的活力从"全楼"孵化发展为"全城"孵化，形成"创业＋工作＋社交＋文化＋消费＋居住"的综合体，将创业生态植入城市社区。

在创业社区中，聚集了大量的服务于创新创业的研究开发、投融资、技术转移、知识产权、检验检测、创业咨询等各类科技创业服务机构，形成人才、资本、技术、市场等创新创业要素汇集的创业服务业新生态，面向创业者提供投融资、展示、交流、会客、媒体、培训、产业链对接等全方位创业服务。创业社区的核心功能包括创业融资、创业展示、创业培训、专业孵化、创业交流、创业媒体等，从而为创业者找人、找钱、找技术、找市场、找圈子、找组织、找信息搭建专业场所，使有创意、想创业的人源源不断地集聚，新企业源源不断地诞生，形成科技企业发源地。武汉光谷创业街、北京中关村创业大街、深圳创业湾、苏州金鸡湖、杭州梦想小镇、成都菁蓉国际广场等就是这样的创业社区。

---

>> **延伸阅读——创业社区**

**中关村创业大街**

作为我国创新创业最为活跃的地区之一，中关村涌现出创新工场、车库咖啡、36氪等一批运作模式新、创新能力强、专业水平高、平台搭建好的新型创业服务机构，推动各种创新要素快速融合，搭建了创业高端要素的集聚平台，营造了良好的创新创业氛围。这些机构服务内容涵盖投资、孵化、培训、媒体等各个环节，服务范围涉及项目发现、团队构建、企业孵化、后续支撑等全价值链的区域创业服务生态体系，掀起了中关村创业服务发展的新浪潮，成为中关村创业服务体系的一支重要新兴力量。2014年6月12日，中关村创业大街正式开街，入驻了车库咖啡、3W咖啡、36氪、Binggo咖啡、联想之星、创业家等十余家创业服务机构。

---

中关村创业大街致力于构建服务功能完善的创业生态，以创业企业的需求为导向，以全球范围内的服务资源整合为基础，街区积极引进各类创业服务机构，重点打造"创业投融资＋创业展示"两大核心功能，以及"创业交流＋创业会客厅＋创业媒体＋专业孵化＋创业培训"五大重点功能。

2016年，北京"中关村创业大街"迎来开街两周年。两年来，这条200多米长的大街上的一间间"咖啡馆"里，日均举办2.2场创业活动、孵化1.4家科技企业，每1.5天有一个团队在街区获得融资、平均融资700万元。同时，一批海内外专业研发、产业链资源丰富、原始科技创新力量强的产业巨头陆续入驻，加速激发着创新创业对实体经济的引领能力。"中关村创业大街"这条国内首个高度聚集创业服务元素的街区迎来了新"街坊"——生物医药企业药明康德、芯片巨头英特尔等。作为全国创新企业风向标，中关村创业大街从"咖啡馆"到"产业派"的转变，预示着我国"双创"将开启新阶段。创业创新团队的力量将得到更好的释放：一方面，大批核心技术持续突破；另一方面，关键技术成果将支撑产业转型。

### 杭州梦想小镇

杭州梦想小镇集聚了以阿里系、浙大系、海归系、浙商系为代表的创业人群，目前已引进海外高层次人才1850余名，成为全省海外高层次人才最为密集、增长最快的人才特区。小镇是为互联网创业者量身打造的众创空间。在这里，建设者努力将互联网精神和"互联网＋"的思维体现在建设的全过程和各层面。小镇精心谋划布局职住配套，为创业者量身打造舒适便捷的社交空间，引导创业者从分割隔离的写字楼走向极速分享的大社区，促进思维碰撞和创意迸发。在商业和公共配套上，注重与互联网的特征相结合，引进众筹书吧、粮库咖啡、便利店、健身房等休闲设施，通过细节打磨和活动安排，引导形成小镇特有的创业氛围。正式开园以来，小镇已聚集创业项目近640个，其中有74个项目获得一百万元以上融资，融资总额达15.8亿元，两家企业挂牌新三板。

### （五）资本运作与上市发展

孵化器同样具有商业价值，具备作为一个企业来运营盈利的可能性和现实性。作为一种商业模式，孵化器通过培育企业来创造价值，以发现创业者的潜在价值并培育创业企业的市场价值，来实现孵化器自身的增值。特别是在新经济发展过程中，不断涌现的新的增长点成为孵化器孵化的"种子"，使孵化器成为"生产企业的企业"。

孵化器商业性运营的现实基础如下。

（1）孵化器运作的规模经济性（批量生产企业）；

（2）创业企业的高成长性；

（3）孵化活动的增值性；

（4）资源的充分利用和孵化活动的持续性；

（5）风险投资与孵化器相结合，既可作为孵化工具，也可作为营利工具。

孵化器追求与孵化企业共同成长，并最终体现在经济效益上，从而使孵化器可以设计为一种特殊的营利性企业。孵化器与企业的关系，不仅仅是传统的服务与被服务的关系，同时也是投资与被投资的关系。这种投资既可以是实际资本的投入，也可以是服务的投入，即把服务转化为资本，当企业成长起来时，再索取回报。同时，孵化器连锁经营是一种规模扩大的营利公司的运营模式。孵化器不仅可以孵化出上市企业，自身也同样可以以良好的商业模式发展资产运营，上市发展。

优秀的孵化器和众创空间正受到资本青睐，并得到社会极大关注。截至 2018 年底，共有 1169 家众创空间获得社会资本投资，主要分布在江苏、广东、浙江、山东等地区，四省合计占总数的 40.89%。

2017 年 8 月 10 日，创业黑马在深圳创业板上市，成为国内首家创业服务领域的上市公司，引领中国孵化器市场化、资本化发展的新浪潮。

# 第三节　转型升级的实现路径与目标成效

## 一、转型升级的实现路径

### （一）树立明确的转型升级方向

#### 1. 决策者与管理者进入反思情境

孵化器决策者和管理者必须直面转型升级问题。在外部创新创业环境剧烈变化的今天，任何一家孵化器都不能置身事外、以不变应万变，而是要主动应变，迎接挑战，迅速适应新环境、新变化。各孵化器的决策者和管理者都要深刻思考本孵化器转型升级的相关问题，并找出明确答案。

- 实现孵化器使命的战略是否适应当前的环境变化？是否需要更新？

- 核心竞争力是否突出？能否带来显著的社会效益和经济效益？

- 服务能力是否突出？是否拥有为创业者补短板的专业服务能力与孵化机制？获取优秀项目的能力如何？

- 孵化器是在孵化数量众多的一般性创业公司，还是在孵化少量质量较高的创业公司？

- 如何保证创业项目成功？具有什么保障手段与措施？孵化器具有什么样的创新、创业、创造、创富机制？

- 管理服务团队是否能满足创业企业需要？是否拥有具备点石成金的实战辅导能力的导师？团队成员能否帮助创业者答疑解惑传经验？是否富有创业激情和服务热情？

- 创收能力如何？如果收入一般，制约收入增长的瓶颈是什么？

- 目前收入来源结构如何？增值服务收入占比如何？能够从创业企业成长的价值中获得回报吗？孵化器更倾向于要租金还是股权？当前的商业模式先进有效吗？

- 孵化器具有直投能力吗？有多少可用资金？有几位有能力的投资经理？有多少创业企业值得投资？

- 孵化器具有什么样的资源对接能力？这些资源能够构建创业生态圈吗？这些资源在发挥着什么样的作用？

- 孵化器在持续毕业质量优良的企业吗？毕业企业愿意与孵化器开展什么样的合作？

- 孵化器具有很强的影响力吗？周边区域认可吗？企业家认可吗？

- 孵化器具有什么样的拓展性？有足够的拓展资金和人力资源储备吗？有什么样的拓展渠道和空间？孵化模式具有可复制性吗？

- 近年来新吸纳的创业者的创新特征有何改变？需要用变化了的服务措施应对吗？如何应对？

- 孵化器中的创业者大都在谈论什么事情？他们对孵化器的服务有什么新要求吗？孵化器做出应对了吗？如何应对的？

- 周边区域的孵化器都在做什么事情？本市、本省、国内其他地区的孵化器都在做什么事情？国外的孵化器落户本地在做什么事情？对我们有什么影响吗？

对这些问题的回答，如果有哪怕 10% 不能令人满意，孵化器决策者和管理者就不能高枕无忧了；有 20% 不能令人满意，就说明孵化器有问题了，决策者和管理者应该警觉了；如果有 30% 以上不能令人满意，就说明孵化器问题很大，决策者和管理者应该坐不住而寻求改变了；如果有 40% 以上不能令人满意，说明孵化器问题很严重，决策者和管理者就要立即行动，研究问题的解决方案并马上实施了！这些问题也许是拖了很久没有解决的一堆小问题，决策者和管理者还都在"温水煮青蛙"状态中；也许是近年来新出现的问题，决策者和管理者还没有注意到。但不管怎么样，决策者与管理者都应立即进入反思情境，思考要不要做出改变、做出什么改变。

### 2. 学习借鉴先进经验

"与其闷在屋里冥思苦想，还不如走到外面的精彩世界好好看看"。孵化器的决策者和管理者们要抽出时间，到各地有代表性、成绩卓著的孵化器去游学参访，去品味鲜活景象的魅力。当然，如果能够和那些有思想、有韬略的孵化器管理者系统性请教，或者与孵化器员工乃至孵化企业的负责人进行谈话，能够帮助大家了解更多宏观和微观细节。游学参访前要做好预习功课，可以事先了解清楚表面上的情况，避免实地访问时一般性介绍占用过多时间。

参加各地创业孵化协会组织的年会、专题研讨会也是很好的学习方式，这种会议上的典型发言都经过了会议组织者精心挑选和演讲者精心准备，能够直接接触到各类问题的核心。参会时可以带着问题直接请教演讲者，不耻下问者可以获得更多真经。

有些地方还开办了孵化器中高级培训班。这类培训班一般不再讲授普及型知识，更多的是研讨一些重要的核心性问题，并且经常会请到富有经验的领导、孵化器管理者答疑解惑，可以碰撞出思想的火花。"磨刀不误砍柴工"，抽出几天时间参加这样的学习讨论，一定会受益匪浅。

### 3. 应用标杆管理等战略管理方法制定目标和方案

反思孵化器自身情况，又了解了他人的先进经验，其实自身该怎么做转型升级的工作就大致有了一个粗略蓝图了。如果希望这幅蓝图更加精细，变成可操作的方案，就应该组织孵化器的核心骨干共同反复研讨来确定，这也是大家统一思想的过程。

要使新的方案更加科学且经得起推敲，还应该使用诸如产业分析法、标杆管理法、SWOT 分析法、五力模型、波士顿矩阵、内外部成长分析法等多种战略管理工具，用数据、事实和严谨的逻辑，展开详细论证。这些管理工具的运用可以避免一些似是而非的概念、措施的误用，使得最终方案方向明确、措施有力。有时，借用业内专业咨询力量也是很好的办法。

### （二）链接并开发新的资源

所有的转型升级行为一定都会用到新的资源。这需要孵化器创建者与管理者审视自己已有的资源与渠道，将未开发利用的既有资源作为新的资源加以利用，更需要为了达成新的目标链接并开发外部资源。要得到资源就要与合作者，协商并实现利益互换，或者出价购买新的资源。

孵化器创建者和管理者要主动出击，以出色的方案对接下列资源，整合利用好这些资源，实现转型升级。地方政府掌握大量资源，对创业孵化发展具有政策偏好。一些握有闲置资源的国企与民企、握有科技成果急需转化的大学与科研院所、从投资成熟企业转向投资早中期项目的投资公司等也都对发展创业孵化业务抱有预期。国外欲到中国开发创业孵化市场的机构日益增多。同时，在"一带一路"倡议指引下，开发国际市场的各类主体也越来越多。

### （三）孵化服务管理团队升级

孵化器转型升级也伴随孵化模式的迭代，而模式的迭代意味着孵化器管理团队人员思想和能力的迭代。

当前，我国孵化器数量迅速增长，从业人员大幅增加。他们当中的很多带头人是跨领域而来，有的有产业背景，有的有商业背景、媒体背景、投资背景，比如李开复曾在苹果、SGI、微软和谷歌等多家 IT 公司担当要职，毛大庆以前是万科的高管。他们给创业孵化行业注入了新鲜血液，带来一股春风，新资源、新模式、新做法、新渠道层出不穷。他们强调培养创业意识、创业思维、创业技能等综合创业素质，最终使创业者具备战略眼光、良好的沟通能力、企业经营能力；他们强调颠覆性技术和良好的用户体验，帮助创业者做专业的产品策划和产品需求梳理，为用户做体验设计和咨询服务等；他们提供标准的网站、微信公众号、App、微信营销插件模板，或定制的软件外包服务等技术研发服务，提供云服务器的运维和租赁服务，大数据支持服务等；他们以营销推广策略咨询、媒体推广等协助创业者做产品推介；他们利用创业媒体广泛介绍创业者并牵资本线、搭市场桥。他们成为了创业孵化业新的学习标杆。

另一方面，孵化器 30 年发展为创业孵化行业积累了很大一批从业者，其中有些从业者热情已不高、惯性还很大，专业素质和孵化能力一般，面对新形势、新环境、新发展，业务水平和思维方式都亟待提升。孵化器的转型升级首先要依赖于人的思想转变。"不换思想就换人"，孵化器的建设者和管理者必须痛下决心，解决好孵化服务管理团队升级这个首要问题。

## 二、转型升级的目标成效

手段是为目的服务的。孵化器的转型升级不是为转型而转型、为升级而升级，而是着眼于孵化器自身的持续健康稳定发展，着力提升孵化服务水平，着力提升孵化器经济效益与社会效益。

### （一）着力提升孵化服务水平

孵化器转型升级方案要能够帮助孵化器提高孵化服务能力，提升孵化效益。

### 1. 提高孵化能力

孵化器的孵化能力是孵化器全部问题的核心，一般包括以下几点。

（1）孵化器硬件设施对创业者和创业企业的容纳能力，表现为场地规模、专业设施等；

（2）环境支持能力，表现为政策环境、营商环境、文化环境、人才环境等；

（3）孵化项目聚集能力，表现为整合营销能力、品牌传播力等；

（4）创业支持能力，表现为商务服务、代理服务、技术创新服务、创业培训与咨询诊断服务等，包括创业导师、辅导员、联络员和其他服务人员数量与质量；

（5）资金支持能力，表现为融资渠道、融资方式、融资信誉、融资金额、自有孵化基金等；

（6）管理能力，表现为组织、团队建设、运行模式、制度、毕业机制等；

（7）人才聚集能力，如人才的待遇、人才的使用、人才的开发、激励机制；

（8）市场开拓能力，如市场评估、营销能力等；

（9）资源集聚能力，表现为链接管、产、学、研，与相关中介机构结盟等。

孵化器转型升级的目标与结果，就是要使孵化器的上述孵化服务能力得到显著提高，从而使得孵化器能够更好地服务创新创业。

### 2. 提升孵化效率

作为"生产"企业的企业，以更高的孵化效率生产出毕业企业，应该成为孵化器转型升级的重要目标。这需要算大账，也要算细账，涉及以下几个指标。

（1）年度毕业企业率，即每年能有多少合格企业从孵化器中毕业；

（2）全部在孵企业毕业率，即有多少在孵企业可以毕业1家企业；

（3）场地面积毕业企业产出率，即多大的场地面积可以产出1家毕业企业；

（4）经费投入毕业企业产出率，即需多少投入才能产出1家毕业企业，为年度毕业企业数与年度总成本之比；

（5）经费投入创业企业营业收入产出率，即需多少投入才能使创业企业产出1万元营业收入；

（6）场地面积就业率，即多大的场地面积可以产出1个就业机会；

（7）经费投入就业率，即需多少投入才能产出1个就业机会；

（8）创新产出率，即多大的场地面积和需多少孵化器经费投入才能产出1项知识产权、1种新产品或服务等。

### 3. 提升孵化效益

创业孵化既要有效率，更要有效益，体现在孵化器自身的经济效益和社会效益上，包括以下几点。

（1）孵化器经营利润率，即年度利润与全部收入之比；

（2）经费投入利润产出率，即需多少投入才能产出1万元利润，为年度利润与年度总成本之比；

（3）孵化器经营利润增长率、资产利润率等；

（4）高新技术企业产出率，即孵化器毕业企业中高新技术企业占比；

（5）金牛企业产出率，即孵化器毕业企业中上市、被并购或销售收入超过5000万元的企业数量与全部毕业企业之比。

孵化效益是孵化器可持续发展的前提。没有效益或效益很差，即使创造了再好的"业绩"，也只能是徒有虚名。

### 4. 管理规范化

沿着科技企业孵化器发展的总目标，创业孵化行业发展出一系列规范化标准。这些标准虽然还没有正式确定为团体标准、行业标准乃至国家标准，但已经体现在科技部历年发布的孵化器管理办法、发展规划和其他文件中，也在30年的发展历程中约定成俗，衡量着科技企业孵化器在经营管理方面的规范性，引导科技企业孵化器自身的可持续发展。

第一，从孵化对象方面讲，只有潜在科技创业者、正在创业的科技创业者、刚刚创业的小型科技企业才能成为行业认可的孵化对象。反之，一切非科技企业，不论规模大小与所处阶段，都不是科技企业孵化器的孵化对象。同时，成熟的科技企业也不是科技企业孵化器的孵化对象，虽然在发展阶段上还是初创期，但一起步就拥有巨额投资且规模很大的企业也不是科技企业孵化器的孵化对象。

第二，从孵化行为方面讲，孵化器必须要有孵化服务，孵化服务必须要有孵化行为。那些只有孵化场地和设施，缺少孵化服务和孵化行为的不是孵化器；只将孵化服务项目写在纸上、挂在墙上而没有孵化行为的也不是孵化器。

第三，从孵化绩效方面讲，孵化器就要产出毕业企业，不能产出明确毕业企业的不是孵化器。那些没有实在的毕业企业但宣称在提供孵化服务的"孵化器"，是在混淆"企业发展服务"与"孵化服务"两个概念之间的关系。"企业发展服务"是一个广泛的概念，包括为企业成长发展所设立和提供的一切政府服务、商业服务，孵化服务只是其中特定的一种而且是有特定指向的。换句话说，孵化服务一定是企业发展服务，但企业发展服务不一定是孵化服务，比如，专业的技术经纪服务、会计服务、法律服务、融资服务、企业发展咨询服务等。同时，孵化器的孵化服务还是循环往复的，不断接收新的创业者和创业企业，并将毕业企业迁出孵化器，如此连续不断。

### （二）着力提升孵化器经济效益与社会效益

实现孵化器持续健康发展是孵化器转型升级的题中应有之意。除了为社会贡献更多的创新企业、就业机会等社会效益之外，孵化器实现收入来源多元化，壮大自身实力，实现品牌化发展都应当成为重中之重。这也是创造更多更好的社会效益的基础。

**1. 收入来源多元化**

长期以来，我国大部分孵化器的收入结构单一化严重，表现为场地租金、物业费收入在孵化器总收入中的比例较大；而服务收入、投资收入过小甚至为零。这使得一些人误以为创业孵化是房地产行业的一部分。同时，有的孵化器长期依靠政府支持"过日子"，自身创造收入的能力极为弱小。

孵化器的经营者们有责任、有义务通过转型升级改变这种现状，遵循服务科技型创新创业这一主线，拓展综合服务能力和综合服务的收入来源。

（1）加大投资力度，拓展投资服务收入，从企业成长的价值增值中获得孵化器应得的服务收入；

（2）加大融资服务能力建设，在为企业获得融资过程中收取合理报酬；

（3）加大培训、咨询等创业辅导能力建设，通过为企业提供有价值的培训和咨询服务获取相应回报；

（4）加大技术服务力度，在向创业企业提供技术咨询、技术服务、技术开发、技术转让中获得收益，在为企业提供技术仪器设备使用、检测服务、技术鉴证中获取收入；

（5）加大政策服务力度，在为创业企业提供委托申报等服务中获取应得收入；

（6）提高商务服务水平和服务质量，把看似细小的服务收入积少成多；

（7）加大经纪代理服务拓展力度，为创业企业提供人才服务、法律服务等各类方便服务的同时取得自身应得回报；

（8）加大信息服务能力建设，在帮助企业拓宽渠道、拓展市场的同时，取得经济收入；

（9）按照市场经济原则合理提供经营租赁、设施使用服务，并获取相应回报；

（10）落实好国家和地方对科技企业孵化器、孵化基地等多方面的支持，取得正当收益。

## 2. 壮大实力

具备强大经济实力、人员队伍实力、品牌影响力的孵化器才能获得长期稳定健康发展。孵化器转型升级的过程也是人员提升的过程，要在适应新形势、担当新任务中培养锻炼孵化器员工，培养有思路、有抱负、有实力的新一代孵化器人。要通过转型升级，使孵化器的品牌更加响亮、更加耀眼夺目。

【思考题】

请分析你所在的孵化器如何适应新形势、新挑战，应采取什么样的战略与措施实现转型升级。